만만한 세계도전

스페인어 첫걸음

만만한 세계도전 스페인어 첫걸음

스페인어 첫걸음

지은이 조경호
발행인 서덕일
발행처 오르비타

초판 3쇄 인쇄 2022년 3월 10일
초판 3쇄 발행 2022년 3월 18일

책임편집 서민우
일러스트 홍승표
디자인 디자인가게 싱타 고희선
성우 Juan de Dios Kim, Angélica Aparicio

출판등록 제2014-66호(2014년 11월 17일)
주소 (10881) 경기도 파주시 회동길 366(서패동)
전화 (02) 499-1281, 2 / **팩스** (02) 499-1283
Youtube www.youtube.com/moonyelim
전자우편 info@moonyelim.com

값 15,800원(본책＋동영상 강의＋MP3)

ISBN 979-11-954448-3-0 13770

만만한 세계도전

Primer paso,
desafío fácil de español

세계를 향한 가장 쉬운 도전

스페인어 첫걸음

조경호 지음

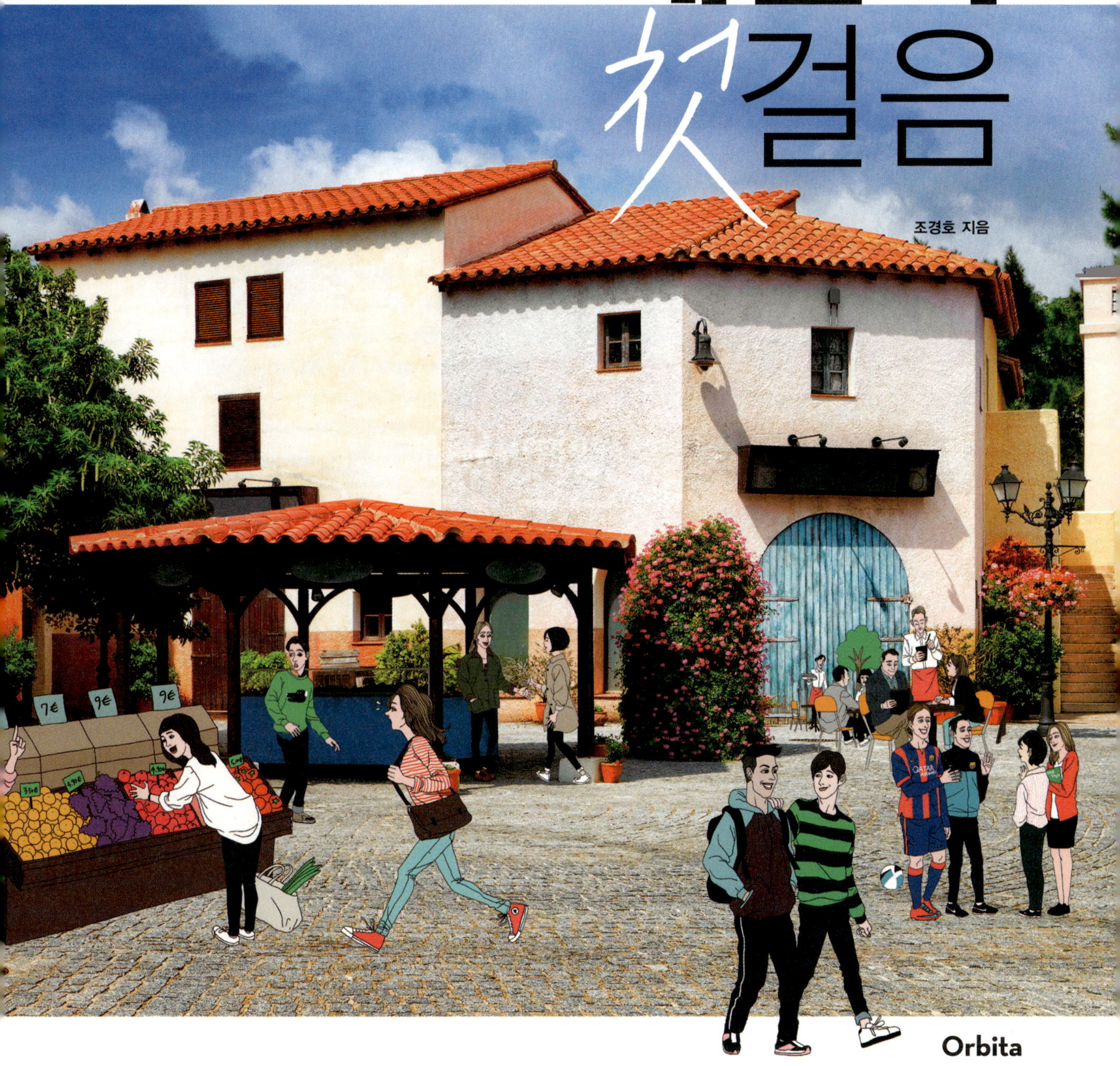

Orbita

머리말

"스페인어를 배우고 싶어요"라는 이야기를 근래에 들어 많이 듣습니다. 스페인어를 가르치면서 이렇게 스페인어를 배우고 싶다는 이야기를 자주 들은 적이 없을 정도입니다. 이제 대한민국의 많은 사람들이 특정 국가만 방문하는 게 아니라 스페인어권 국가도 많이 여행하는 것으로 보입니다. 더욱이 TV를 통해 스페인어권 국가의 문화, 음식, 스포츠 특히 축구가 인기를 끌면서 사람들이 스페인어에도 관심을 보이고 있는 것 같습니다.

그럼에도 불구하고 영어나 중국어 책과 같이 학습 분야나 난이도에 따라 다양한 다양한 독자의 수요를 따라가지 못하고 있다는 사실에 스페인의 문화와 스페인어 전달자로서 큰 책임을 느낍니다. 앞으로 만들어갈 다양한 책의 시작인 이번 〈만만한 세계도전 시리즈〉는 초급 단계 학습자의 궁금함을 모두 해결해주고자 야심 차게 준비했습니다.

〈대화 시작하기〉로 기본 회화와 발음, 그 회화와 관련된 어휘를 익히고, 〈만세 포인트〉로 요점을 다시 한번 파악할 수 있도록 했습니다. 〈문법 따라잡기〉에서는 충실한 해설과 함께 핵심 문법을 살펴보고, 〈연습문제〉에서는 배운 내용의 반복 학습을 유도했습니다. 〈현지에서 사용하는 생생한 만세 표현〉과 〈현지에서 사용하는 생생한 만세 단어〉는 일상에서 쓰는 표현과 단어를 수록하여 표현력을 확장할 수 있도록 했고, 〈스페인을 알면 스페인어가 보인다〉에서는 스페인어권 문화에 대한 독자들의 궁금함을 채우려 노력했습니다.

하지만 글자로만 모든 독자의 궁금함을 채운다는 것이 얼마나 어려운지 이 책을 준비하며 또 한번 느끼게 되었습니다. 지면의 부족함을 동영상 강의와 출판사 홈페이지의 Q&A 공간에서 소통하며 채우도록 노력하겠습니다. 책이 나올 때까지 여러 번 확인하고, 어려운 출판 여건에도 불구하고 책이 출간될 수 있도록 해주신 출판사 임직원께 고마움을 전합니다.

조경호

S'ESCALINATA

이 책의 구성 및 활용

시작하기(준비)

알파벳과 발음 익히기로 스페인어의 특징(문법의 격, 어순)을 미리 알아봅니다. 유창한 원어민과의 대화도 알파벳부터 시작되는 꾸준한 반복이 비결입니다. 이 책 또한 반복학습을 충분히 활용하여 자연스럽게 익힐 수 있도록 구성되어 있습니다.

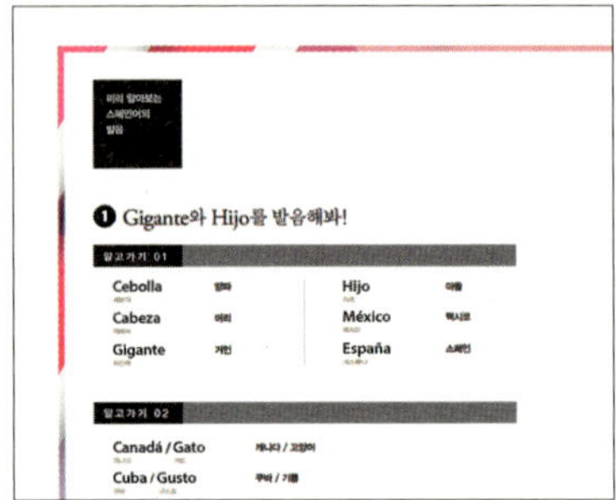

20개의 챕터 소개

해당 챕터에서 학습하는 대표 회화 표현과 문법을 소개합니다.

대화 시작하기

각 챕터마다 공부하기에 부담스럽지 않을 정도의 한 가지 상황을 소개합니다. 이 책의 〈대화 시작하기〉에는 1과부터 10과까지 한국어 독음이 기재되어 있습니다. 하지만 스페인어는 한국어로 정확한 발음을 표현할 수 없기 때문에 원어민 음성으로 꼭 먼저 듣고 학습해야 합니다. 학습하면서 스페인어 발음이 익숙해지면 스페인어 문장만 보면서 반복 학습하도록 합니다.

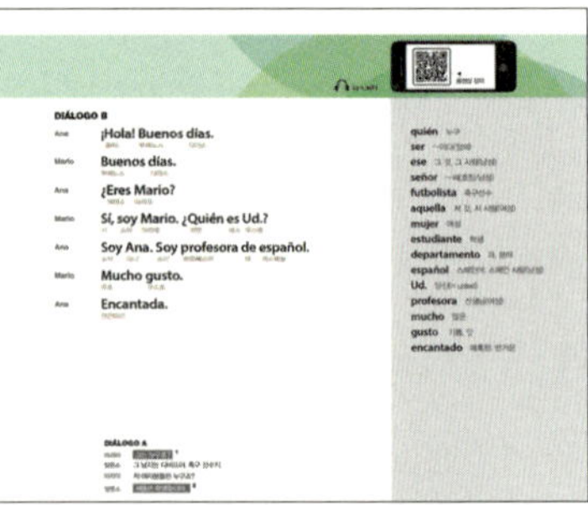

단어

회화에 연관되는 새로운 단어를 소개하고 있습니다. 다양한 회화표현을 위하여는 단어암기가 필요하니 조금씩 확장하여 암기하도록 합니다. 주제별 기본단어는 〈생생한 만세 단어〉에서 학습하도록 합니다.

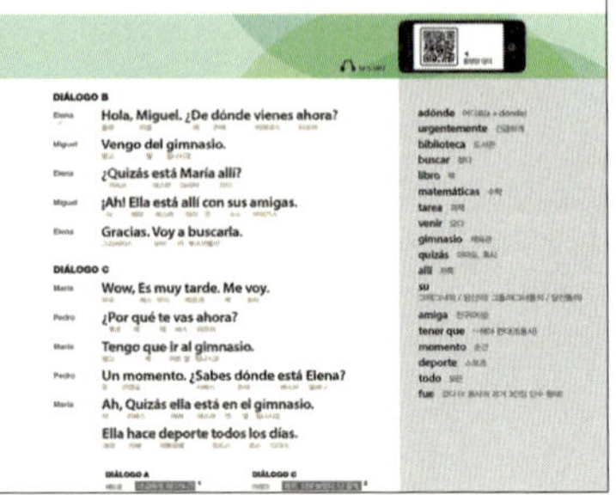

만세 포인트

해당 챕터에서 꼭 알아두어야 하는 3가지 포인트를 단순하고 명확하게 설명하고 있으며, 문법 부분에서 다시 자세하게 설명하니 꼭 주의 깊게 보아야 합니다. 각 챕터의 〈만세 포인트〉는 꼭 기억해둡니다.

문법 따라잡기

앞부분에서 학습한 상황별 기본회화와 〈만세 포인트〉를 자세하게 설명하고 안내해줍니다. 〈대화 시작하기〉 부분과 연계하여 문법학습을 진행하는 동시에 동영상 강의를 통한 풍부한 해설로 차근차근 학습해보세요. 기본문법에 대한 실력을 잘 쌓아야 스페인어 실력이 향상될 수 있습니다.

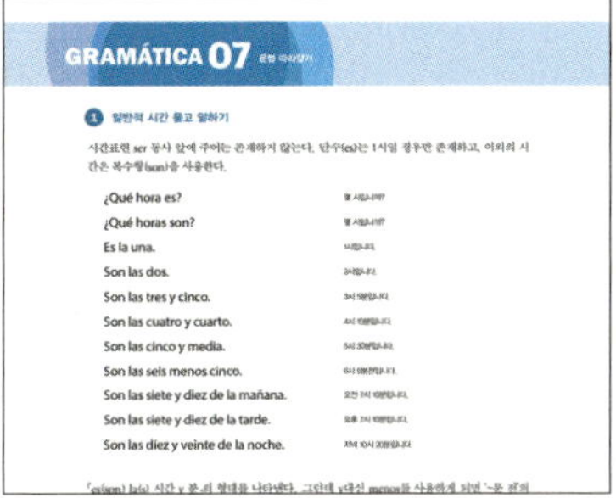
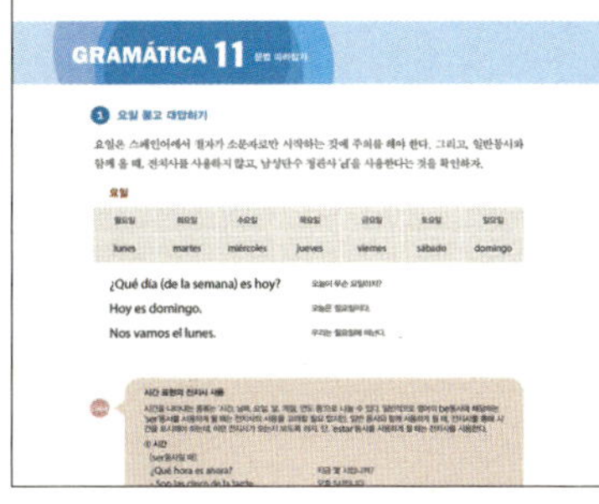

연습문제

각 챕터에서 학습했던 내용을 이해했는지 확인해봅니다. 틀린 내용은 〈대화 시작하기〉와 〈문법 따라잡기〉에서 꼭 다시 확인하세요.

읽기　쓰기　말하기　문법　듣기

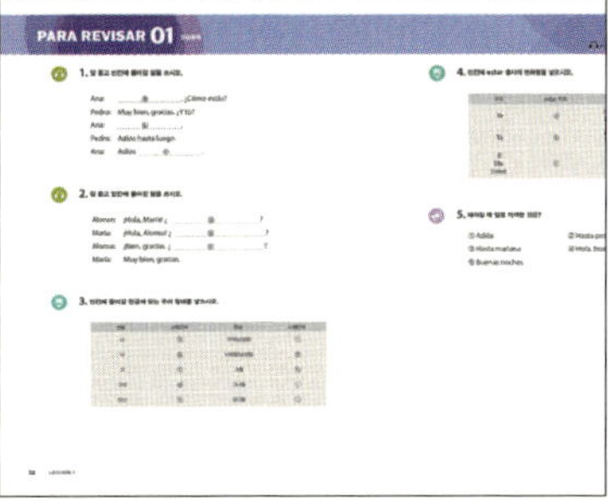
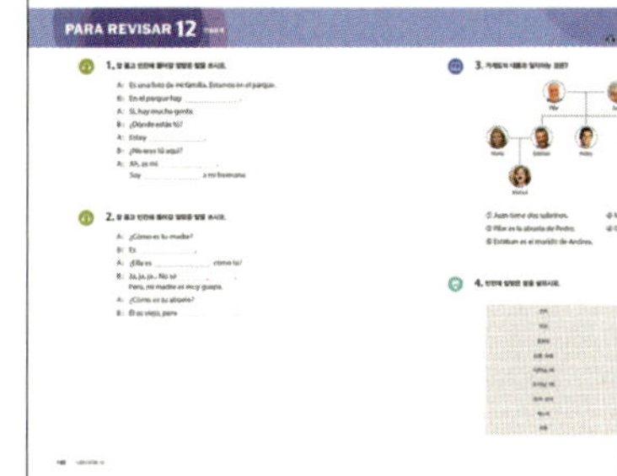

생생한 만세 표현

스페인어가 쓰이는 현지에서 꼭 필요한 실용표현들이 우선적으로 정리되어 있으니 한층 더 스페인어와 가까워질 수 있습니다. 〈생생한 만세 표현〉으로 다양한 표현을 시도하여 보세요.

생생한 만세 단어

주제별로 필요한 단어입니다. 모두 외우지 않아도 되지만, 회화표현의 확장을 위해 암기하도록 노력합니다.

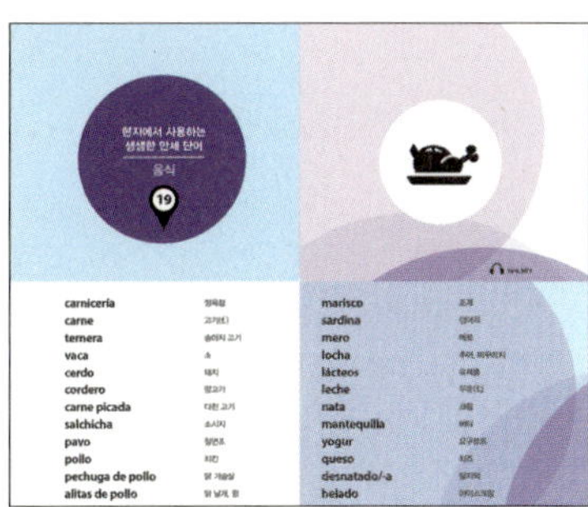

스페인을 알면 스페인어가 보인다

언어는 사회와 문화의 터전 속에서 끊임없이 변화하고 발전하고 있으므로 현재의 문화를 통해 스페인을 알고 이해하다 보면 어렵게만 느껴지던 스페인어에도 어느새 자연스럽게 한걸음 더 가까워질 것입니다.

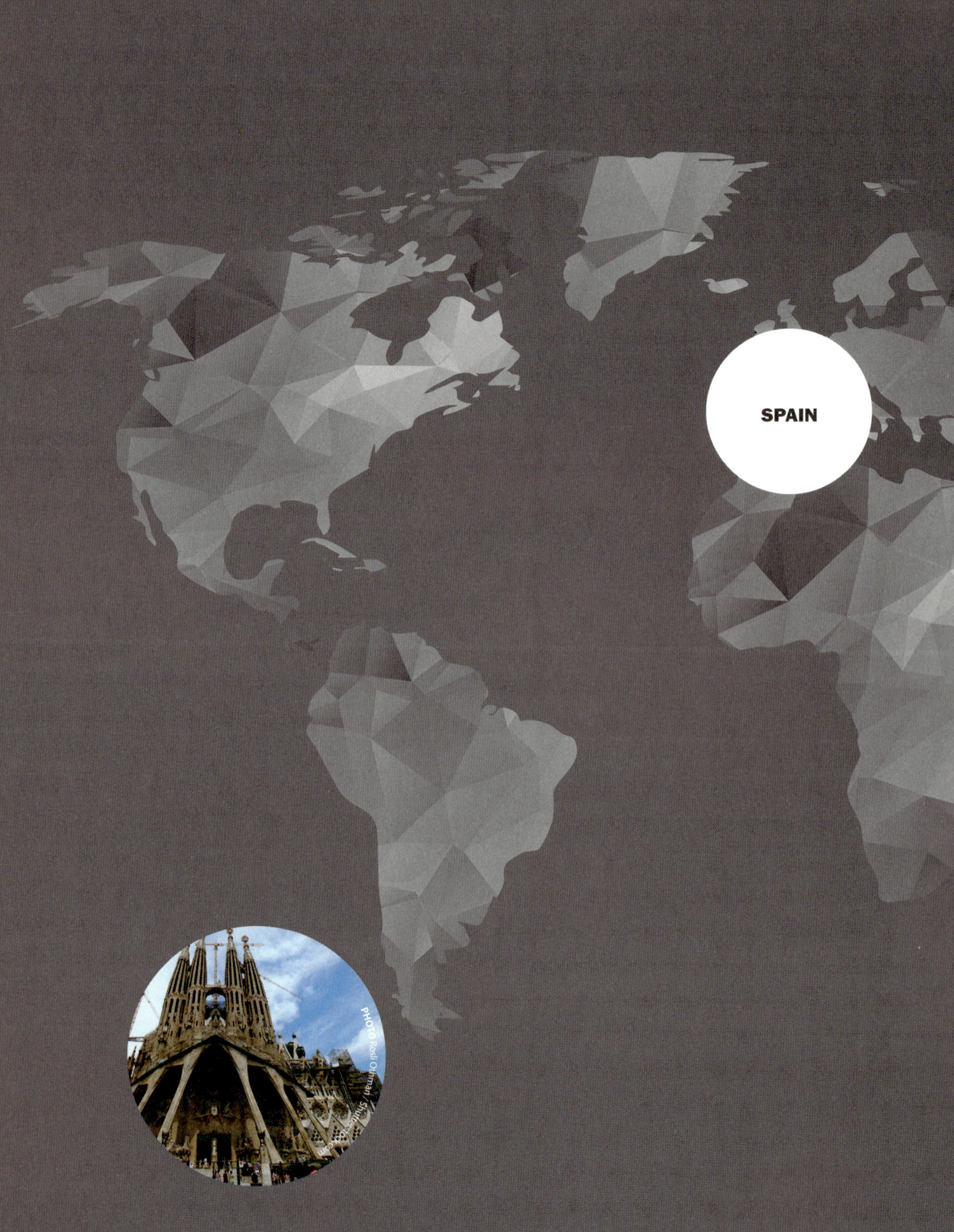

SPAIN
PHOTO Rasil Othman, Sculpins.com

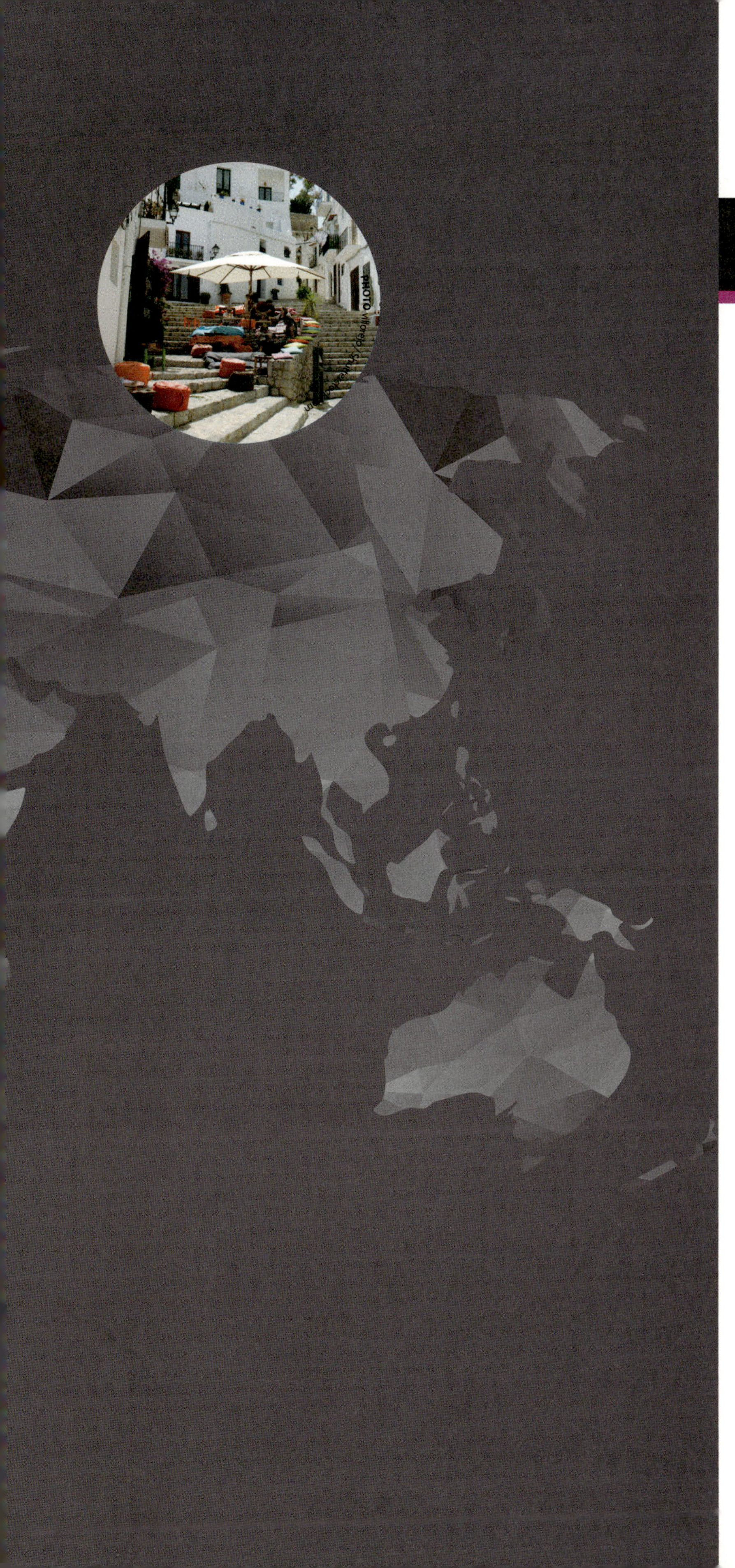

PRÓLOGO

스페인어를 공부하기 전에

스페인어 알파벳과 발음

대문자	소문자	발음	한글음
A	a	[ah]	아—
B	b	[beh]	베—
C	c	[theh]	쎄—
*CH	ch	[cheh]	체—
D	d	[deh]	데—
E	e	[eh]	에—
F	f	[efe]	에페
G	g	[heh]	헤—
H	h	[atcheh]	아체—
I	i	[ee]	이—
J	j	[hota]	호따—
K	k	[kah]	까—
L	l	[eleh]	엘레—
*LL	ll	[ey-eh]	에예—
M	m	[emeh]	에메—

대문자	소문자	발음	한글음
N	n	[eneh]	에네-
Ñ	ñ	[enyeh]	에녜-
O	o	[oh]	오-
P	p	[peh]	뻬-
Q	q	[coo]	꾸-
R	r	[ereh]	에레-
*RR	rr	[erreh]	에ㄹ레-
S	s	[eseh]	에세-
T	t	[teh]	떼-
U	u	[oo]	우-
V	v	[ooveh]	우베-
W	w	[dobleh oo]	도블레 우-
X	x	[eh-kis]	에끼스-
Y	y	[yeh]	예-
Z	z	[thetah]	쎄따-

❶ Gigante와 Hijo를 발음해봐!

알고가기 01

Cebolla 쎄보야	양파		**Hijo** 이호	아들
Cabeza 까베싸	머리		**México** 메히꼬	멕시코
Gigante 히간떼	거인		**España** 에스빠냐	스페인

알고가기 02

Canadá / Gato 까나다　　　　가또	캐나다 / 고양이
Cuba / Gusto 꾸바　　　구스또	쿠바 / 기쁨
Corea / Gordo 꼬레아　　　고르도	한국 / 뚱뚱한
Cita / Gimnasio 씨따　　　힘나시오	약속 / 체육관
Cereal / General 쎄레알　　　헤네랄	씨리얼 / 일반적
Examen / México 엑사멘　　　메히꼬	시험 / 멕시코
Calle 까예	길
Niño 니뇨	소년

▶ 모음의 발음 규칙

❶ 모음으로 끝나는 어휘 (자음 n 또는 s로 끝나는 어휘도 동일함)

예) **Sonata**　　　　　　　　　　　　　음율
　　소나따
　　Damas　　　　　　　　　　　　　부인들
　　다마스

❷ 자음으로 끝나는 어휘 (자음 n 또는 s로 끝나는 어휘는 다른 규칙임)

예) **Matiz**　　　　　　　　　　　　　뉘앙스
　　마띠쓰

❸ 강세는 모음에

예) **Santa Fe**　　　　　　　　　　　성스러운 신념
　　산따 페

❹ 이중모음일 경우 강세는 강모음에

예) **Buenos Aires**　　　　　　　　　부에노스 아이레스 (좋은 공기)
　　부에노스 아이레스

▶ 모음에 따라 변하는 자음

❶

		a	**casa** 까사	집
c	+	o	**cómo** 꼬모	어떻게
		u	**escuela** 에스꾸엘라	학교

		e	**cebolla** 쎄보야	양파
c	+	i	**ciudad** 씨우닫	도시

❷

		a	**gato** 가또	고양이
g	+	o	**tango** 땅고	탱고
		u	**guerra** 게ㄹ~라	전쟁

		e	**gente** 헨떼	사람들
g	+	i	**gitano** 히따노	집시

▶ 지명과 국명의 발음이 바뀌는 경우

x +		[ks]	**examen** 엑사멘	시험
		[x]	**México** 메히꼬	멕시코

▶ u 발음이 묵음이 되는 경우

qu +		e	**qué** 께	무엇
		i	**quién, aquí** 끼엔, 아끼	누구, 여기

gu +		e	**guerra** 게ㄹ~라	전쟁
		i	**alguien** 알기엔	누구

▶ rr의 발음이 되는 어휘

❶ r로 시작할 때

예) **Rata**   쥐

 ㄹ~라따

❷ 어간에 있을 경우는 **rr** 두개가 함께 있을 때

예) **Perro**   개

 뻬ㄹ~로

❸ r+자음 / 자음(n/l/s) + r이 될 때

Argentina   아르헨티나

 아르~헨띠나

Alrededor   주위

 알ㄹ레데도르

▶ **알파벳에 따른 발음**

Avante 앞으로 [아반떼]	**B**ongo 봉고 (카누의 일종) [본고]

amor	agua	banco	boca
[아모르]	[아구아]	[반꼬]	[보까]
사랑	물	은행	입

Corea 한국 [꼬레아]	Chocolate 초콜릿 [초꼴라떼]

ciencia	ciudad	chico	Chile
[싸엔씨아]	[씨우닫]	[치꼬]	[칠레]
과학	도시	소년	칠레(국가명)

Diablo 악마 [디아블로]	Economía 경제 [에꼬노미아]

Dios	doble	Europa	elefante
[디오스]	[도블레]	[에우로빠]	[엘레판떼]
하나님	두 배(의)	유럽	코끼리

Foto 사진 [포또]	Gigante 거인 [히간떼]

futuro	flor	goma	gente
[푸뚜로]	[플로르]	[고마]	[헨떼]
미래	꽃	고무	사람들

Hijo 아들
[이호]

hospital	historia
[오스삐딸]	[이스또리아]
병원	역사

Isabel 이사벨(사람 이름)
[이사벨]

Iris	pepino
[이리스]	[뻬삐노]
무지개	오이

Joven 젊은이
[호벤]

Japón	julio
[하뽄]	[훌리오]
일본	7월

Kungfu 쿵푸
[꿍푸]

kilo	kiosco
[낄로]	[끼오스꼬]
킬로그램(미터)	구멍가게

Lotería 복권
[로떼리아]

lengua	luz
[렌구아]	[루쓰]
언어	빛

Llama 라마(동물)
[야마]

lluvia	calle
[유비아]	[까예]
비	길

México 멕시코
[메히꼬]

metro	museo
[메뜨로]	[무세오]
전철	박물관

Niño 소년
[니뇨]

nombre	número
[놈브레]	[누메로]
이름	숫자

Ojo 눈		**Papá** 아빠	
[오호]		[빠빠]	
oso	ofi**c**ina	Pe**rú**	Pl**a**za
[오소]	[오피씨나]	[뻬루]	[쁠라싸]
곰	사무실	페루(국가)	광장

Qu**é** 무엇		**Real** 진짜의	
[께]		[ㄹ레알]	
Qui**én**	que**s**o	**P**ero	pr**im**o
[끼엔]	[께소]	[뻬로]	[쁘리모]
누구	치즈	그러나	사촌(남)

Perro 개		**Sol** 태양	
[뻬ㄹ로]		[솔]	
Argen**ti**na	Alreded**o**r	s**i**lla	sal**u**d
[아르ㄹ헨띠나]	[알ㄹ레데도르]	[시야]	[살룯]
아르헨티나	주위	의자	건강

Taxi 택시		**Uruguay** 우루과이(국가)	
[딱시]		[우루구아이]	
t**i**gre	t**o**ro	**u**no	**u**va
[띠그레]	[또로]	[우노]	[우바]
호랑이	(투우)소	하나	포도

Vino 포도주
[비노]

veinte	viva
[베인떼]	[비바]
20	살아 있는

Windsurf 윈드서핑
[윈드수르프]

web	Wagner
[웹]	[바그네르]
웹	바그너(이름)

Examen 시험
[엑사멘]

extra	México
[엑스뜨라]	[메히꼬]
엑스트라	멕시코

Yo 내(는)
[요]

ya	yerno
[야]	[예르노]
이제	사위

Zumo 주스
[쑤모]아

zorro	zapatos
[쏘르로]	[싸빠또스]
여우	구두

❷ Buenos Aires와 Luis 발음은?

Abuelo 아부엘로	할아버지	**Exámenes** 엑사메네스	시험들
Adiós 아디오스	잘가	**Jóvenes** 호베네스	젊은이들
Cumpleaños 꿈쁠레아뇨스	생일	**Televisión** 뗄레비시온	텔레비전
Paseo 빠세오	산책		

Cafetería 까페떼리아	카페	**Veintidós** 베인띠도스	22
Después 데스뿌에스	이후에	**El alumno** 엘 알룸노	남학생
Fiesta 피에스따	파티, 축제	**La ciudad** 라 씨우닫	도시
Habitaciones 아비따씨오네스	방들		

이중모음

❶ 강약

Aire, Restaurante, Treinta
공기, 식당, 30

❷ 약강

> **Piano, Asia, Colombia,**
> 피아노, 아시아, 콜롬비아(국가)
>
> **Pie, Bien, Siete,**
> 발, 좋게, 7
>
> **Bueno, Escuela**
> 좋은, 학교

❸ 약약

> **Luis, Cuidado, Ruido**
> 루이스(이름), 조심, 소음

❹ 강강

> **Empleado, Aseo, Día**
> 직원, 화장실, 하루(낮)

음절분해

❶ 자음 + 모음 = 1음절

so + na + ta

❷ 자음 + 모음 + 자음

so + nan + ta

❸ 분리가 되지 않는 자음군

> **gl : globo, glaciar**
> 구(체), 빙하
>
> **gr : sangre, gritar**
> 피, 소리 지르다
>
> **dr : drama, madrugada**
> 드라마, 새벽
>
> **tr : tres, tropa**
> 3, 군대

❶ 남성, 여성 구별하기 (어미로 구별)

- 여성 : -a, -d, -z, -umbre, -ión
- 남성 : -o

▶ 예외 경우 파악하기

la flor, la calle, la llave　꽃, 길, 열쇠

el día, el lápiz, el mapa　낮, 연필, 지도

❷ 관사의 사용 (명사 앞에 붙이기)

정관사

	단수	복수
남성	el	los
여성	la	las

부정관사

	단수	복수
남성	un	unos
여성	una	unas

❸ a-, ha-로 시작하는 강세가 있는 여성어휘

el agua	물
→ toda el agua fría	모든 차가운 물
el hacha	도끼
→ el hacha aguda	날카로운 도끼
la ambulancia	구급차
mucha agua	많은 물

발음이 합쳐져 소리가 명확하게 들리지 않을까봐 임시로
관사의 형태만 바뀔 뿐, 원래 성(性)은 유지함.

el agua (여성)

¡Hola,
buenos días!
안녕, 좋은 아침!

LECCIÓN
1

- 만나고 헤어질 때 인사
- 컨디션 묻고 답하기
- estar 동사 이해하기
- 의문문 만들기

DIÁLOGO A

Ana	**Buenos días. ¿Cómo estás?** 부에노스　디아스　꼬모　에스따스
Pedro	**Muy bien, gracias. ¿Y tú?** 무이　비엔　그라씨아스　이 뚜
Ana	**Más o menos.** 마스　오 메노스
Pedro	**Adiós, hasta luego.** 아디오스　아스따　루에고
Ana	**Adiós, hasta mañana.** 아디오스　아스따　마냐나

만세
포인트

1 좋은 아침! ¡Buenos días!

'bueno'는 '좋은'이라는 의미로 뒤에 따라오는 명사에 따라 그 형태가 변형된다. 특히 인사말로 사용될 때 복수형으로 사용하는 표현이다.

¡Buenas tardes! 좋은 오후!
¡Buenas noches! 좋은 저녁!

2 컨디션 어때? ¿Qué tal?

이 표현은 '하루의 상태'를 묻는 가장 간단한 표현으로 글자 그대로의 의미는 『¿Cómo?(어때)』이지만, 이 표현에 내포된 의미는 컨디션을 묻는 표현이다. 다른 표현으로는 다음과 같다.

¿Cómo estás tú? 넌 컨디션 어때?
¿Cómo está usted? 당신 컨디션 어떠세요?

DIÁLOGO B

Alonso ¡Hola, María! ¿Qué tal?
올라   마리아   께   딸

María ¡Hola, Alonso! ¿Cómo estás?
올라   알론소   꼬모   에스따스

Alonso ¡Bien, gracias! ¿Y usted?
비엔   그라씨아스   이 우스뗃

María Muy bien, gracias.
무이   비엔   그라씨아스

bueno 좋은
día 날, 하루
cómo 어떻게
estar ~이다(상태)
más 더, 플러스
o 또는
menos 덜, 마이너스
adiós 안녕(헤어질 때)
hasta ~까지
luego 뒤에, 후에
hola 안녕(만날 때)
qué tal 어떻게
gracias 감사, 고마움
usted 당신

DIÁLOGO A

아나 좋은 아침. [1] 컨디션 어때? [2]
페드로 매우 좋아. 고마워. 넌 어때?
아나 그저 그래.
페드로 잘가, 나중에 보자. [3]
아나 잘가, 내일 보자.

DIÁLOGO B

알론소 안녕, 마리아! 컨디션 어떠세요?
마리아 안녕, 알론소! 컨디션 어때?
알론소 좋아요, 고마워요. 그리고 당신은요?
마리아 매우 좋아. 고마워.

3 잘 가, 나중에 봐! ¡Adiós hasta luego!

헤어질 때, 가장 기본적으로 사용하는 표현은 「adiós(잘 가)」이다. 하지만, 만날 시기를 명사나 부사로 표현해 나타낼 수 있다.

Adiós hasta mañana. 잘 가, 내일 봐!
Adiós hasta pronto. 잘 가, 곧 봐!

1 주격 인칭 대명사

당신(usted)은 의미상으로는 2인칭이지만, 문법적으로는 3인칭 취급한다는 것에 유의해야 한다. 그리고 복수형을 사용할 때, 혼성을 표현하고자 하면, 남성형을 사용한다는 것에도 유의해야 한다.

| Usted está bien. | 당신은 컨디션이 좋다. |
| Nosotras estamos mal. | 우리(여성)들은 컨디션이 나쁘다. |

나	Yo	우리들	Nosotros, Nosotras
너	Tú	너희들	Vosotros, Vosotras
그	Él	그들	Ellos
그녀	Ella	그녀들	Ellas
당신	Usted	당신들	Ustedes

▶ Usted을 줄여서 Ud.으로 사용할 수 있고, Ustedes는 줄여서 Uds.이라고 사용할 수 있다.

  Usted = Ud.

  Ustedes = Uds.

2 estar 동사 변화

스페인어에서 estar는 영어에서 be동사와 동일하다. 하지만, '상태, 컨디션, 위치' 등의 의미로만 사용을 하며, 영어 be동사에서 사용하는 다른 의미들은 'ser동사(2과 문법 참조)'로 사용한다. 스페인어 동사는 '인칭, 수'에 따라 변화함으로 그 변화형을 유의해서 알아두어야 한다.

| Yo estoy bien. | 나는 컨디션이 좋다. |
| Ellos están mal. | 그들은 컨디션이 나쁘다. |

주어	estar 변화	주어	estar 변화
Yo	estoy	Nosotros Nosotras	estamos
Tú	estás	Vosotros Vosotras	estáis
Él Ella Usted	está	Ellos Ellas Ustedes	están

③ 헤어질 때, 인사말

헤어질 때, 인사말에서 『hasta + 만날 시기』의 방법을 이용하는데, 'hasta'는 전치사로 의미가 '~까지'의 의미를 가지고 있다.

¡Adiós!	잘 가!
¡Hasta luego!	나중에 봐!
¡Hasta mañana!	내일 봐!
¡Hasta pronto!	곧 봐!
¡Hasta lunes!	월요일에 봐!
¡Buenas noches!	좋은 밤 돼라!

▶ 위 표현의 경우는 만날 때 사용하는 인사말도 되지만, 헤어질 때도 사용할 수 있는 표현이다.

④ 컨디션을 나타내는 말에 대한 패턴

『(Estoy) bien, gracias. ¿Y tú? (난) 좋아, 고마워. 그리고 넌 어때?』의 형태로 기본적으로 자신의 컨디션을 얘기하고 상대의 안부를 묻는 형태로 구성이 된다. 물론 이때, 'estar 동사'를 생략하는 경우가 대부분이다.

나의 컨디션		고마움 표현	상대 안부 묻기	
Muy bien	매우 좋아			
Bien	좋아			
Así. así	그저 그래	Gracias	¿Y tú?	그리고 너는?
Más o menos	그저 그래		¿Y usted?	그리고 당신은?
Mal	안 좋아			
Muy mal	매우 안 좋아			

▶ 물론, 일반적으로 컨디션이 '안 좋은' 경우에 고마움 표현이나 상대 안부 묻기로 연결되는 경우는 그리 많지 않다.

5 스페인어의 주어 생략과 위치

■ 생략

스페인어에서 주어는 생략되는 경우가 많다. 동사가 인칭과 수에 따라 변화하기 때문에 생략하는 경우가 많은데, 여러 가지 형태를 가지는 3인칭에서는 써주는 경우가 많다.

Yo estoy bien.   난 좋다.
= Estoy bien.   난 좋다.

■ 위치

스페인어에서 주어와 동사의 어순의 경우 자유롭게 '주어 + 동사'를 '동사 + 주어'로 사용할 수 있다. 약간의 의미적 차이를 가질 수 있지만, 큰 틀의 의미는 바뀌지 않는다. 의문사를 만들 때는 일반적으로 '동사 + 주어'의 형태를 보여준다. 의문문에서는 물론 의문사를 맨 앞에 쓰는 것은 기본 형태이다.

¿Cómo estás tú?   넌 컨디션이 어때?

6 의문문 만들기

ⓐ 의문사가 없는 경우

일반적으로 주어와 동사의 어순이 바뀌고, 앞뒤에 의문부호가 붙으면 의문문이 될 수 있다.

[평서문] **Ella está bien.**   그녀는 컨디션이 좋다.

[의문문] ¿**Está ella bien**?   그녀는 컨디션이 좋은가요?

ⓑ 의문사가 있는 경우

의문사가 붙는 경우는 맨 앞에 의문사가 있고, 이후에 '동사 + 주어' 순서로 하는 것이 일반적인 형태이다.

¿Cómo está ella?   그녀는 컨디션이 어떤가요?

= ¿Qué tal está ella?   그녀는 컨디션이 어떤가요?

▶ 영어 의문사와 비교한 스페인어 의문사

Who = Quién	Which = Cuál	What = Qué
How = Cómo[= Qué tal]	Where = Dónde	When = Cuándo
Why = Por qué	How much = Cuánto(a)	How many = Cuántos(as)

잠깐 의문사 중에서 명사 역할을 하는 Quién(누구), Cuál(어떤 것)의 경우는 복수 형태가 존재한다.

¿Quiénes son ellos?   그들은 누구입니까?

¿Cuáles son míos?   어떤 것들이 제 것인가요?

▶ 'son'은 ser 동사의 변화입니다. 2과 문법 사항에서 참고하세요.

▶ 'mío(s)'은 '나의 것'이라는 뜻입니다. 8과 문법 사항에서 참고하세요.

1. 잘 듣고 빈칸에 들어갈 말을 쓰시오.

Ana: ___________ⓐ___________. ¿Cómo estás?

Pedro: Muy bien, gracias. ¿Y tú?

Ana: ___________ⓑ___________.

Pedro: Adiós hasta luego.

Ana: Adiós ___________ⓒ___________.

2. 잘 듣고 빈칸에 들어갈 말을 쓰시오.

Alonso: ¡Hola, María! ¿ ___________ⓐ___________ ?

María: ¡Hola, Alonso! ¿ ___________ⓑ___________ ?

Alonso: ¡Bien, gracias. ¿ ___________ⓒ___________ ?

María: Muy bien, gracias.

3. 빈칸에 들어갈 한글에 맞는 주어 형태를 넣으시오.

한글	스페인어	한글	스페인어
나	ⓐ	우리(남성형)	ⓕ
너	ⓑ	너희들(남성형)	ⓖ
그	ⓒ	그들	ⓗ
그녀	ⓓ	그녀들	ⓘ
당신	ⓔ	당신들	ⓙ

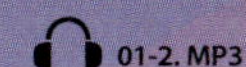

4. 빈칸에 estar 동사의 변화형을 넣으시오.

주어	estar 변화	주어	estar 변화
Yo	ⓐ	Nosotros Nosotras	ⓓ
Tú	ⓑ	Vosotros Vosotras	ⓔ
Él Ella Usted	ⓒ	Ellos Ellas Ustedes	ⓕ

5. 헤어질 때 말로 어색한 것은?

① Adiós   ② Hasta pronto

③ Hasta mañana   ④ Hola, buenas tardes

⑤ Buenas noches

간단한 인사

¡Hola!	안녕!
¡Hola a todos!	모두 안녕!
¡Bienvenido!	환영합니다!(남성)

▶ Bienvenido는 방문하는 사람이 남성인 경우에 사용하는 형태이고
방문하는 사람이 여성일 경우와 복수일 경우 형태가 조금씩 달라진다.

¡Bienvenida!	환영합니다!(여성)
¡Bienvenidos!	환영합니다!(남성복수 또는 혼성복수)
¡Bienvenidas!	환영합니다!(여성복수)

헤어질 때 하는 인사

¡Adiós!	잘 가!
¡Hasta mañana!	내일 보자!
¡Hasta pronto!	곧 만나요!
¡Hasta luego!	나중에 만나요!
¡Hasta la vista!	나중에 봅시다!

안부 인사하기

¿Estás bien? =¿Te va bien?	잘 지내지?
¿Cómo te va?	어떻게 지내니?
¿Cómo está su familia?	당신 가족은 안녕하시죠?

안부에 대답하기

Bastante bien, gracias.	아주 잘 지내요. 감사합니다.
Es realidad muy bien, gracias.	정말로 매우 잘 지내요. 감사합니다.
No podría estar mejor, gracias.	더 좋을 수는 없죠. 감사합니다.
Como siempre, gracias.	여느 때와 같습니다. 감사합니다.
Nada especial.	특별한 것은 없습니다.

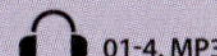

¡Ánimo!	힘내!(한국식, 화이팅!)	uno	1
¡Buen día!	좋은 하루!	dos	2
¡Felicidades!	축하해!	tres	3
¡Felicitaciones!	축하해!	cuatro	4
¡Buen viaje!	좋은 여행 되세요!	cinco	5
¡Feliz Navidad!	메리 크리스마스!	seis	6
¡Feliz Cumpleaños!	생일 축하해요!	siete	7
¡Feliz Año Nuevo!	행복한 새해 되세요!	ocho	8
¡Salud!	건강하세요!(재채기 하는 사람에게 인사)	nueve	9
		diez	10
¡(Buena) Suerte!	행운이 함께하길!(시험 보러 가는 사람에게 인사)	once	11
		doce	12
¡Buen apetito!	맛있게 드세요!	trece	13
¡Buen provecho!	맛있게 드세요!		

catorce	14
quince	15
dieciséis	16
diecisiete	17
dieciocho	18
diecinueve	19
veinte	20
veintiuno	21
treinta	30
treinta y uno	31
cuarenta	40
cincuenta	50
sesenta	60

¡Lo siento!	죄송합니다!
¡Perdón!	실례합니다!
¡Buenas tardes!	좋은 오후!
¡Buenas noches!	좋은 밤!
Encantado de conocerle.	당신을 만나 반갑습니다.
¿Cómo está?	안녕하세요?
Bien, gracias.	잘지내. 인사 고마워.
De nada.	별말씀을요.
Sí / No	네 / 아니요
Por favor	부탁합니다.
¿Perdón?	뭐라고 하셨죠?

setenta	70
ochenta	80
noventa	90
cien(to)	100
doscientos	200
quinientos	500
setecientos	700
novecientos	900
mil	1.000
millón	1.000.000

숫자에서 16부터 29까지는 한 단어로 압축해서 사용하고, 31부터는 중간에 y를 넣어서 3단어를 사용한다.
예) veintisiete (27), cuarenta y siete (47)

스페인어의 숫자 쓰는 법에서 콤마(,)와 점(.) 사용법이 우리나라, 미국과는 반대이다. 천 단위와 백만 단위에서 점(.)을 사용하며, 소수점에서 콤마(,)를 사용한다. 예) mil (1.000 천) / cero coma tres (0,3 [소수점] 영 점 삼)

스페인어 사용 지역

"세계에서 몇 명이 스페인어를 말할까?"

¿Cuántas personas pueden hablar español en el mundo?

1. 스페인어 사용 지역

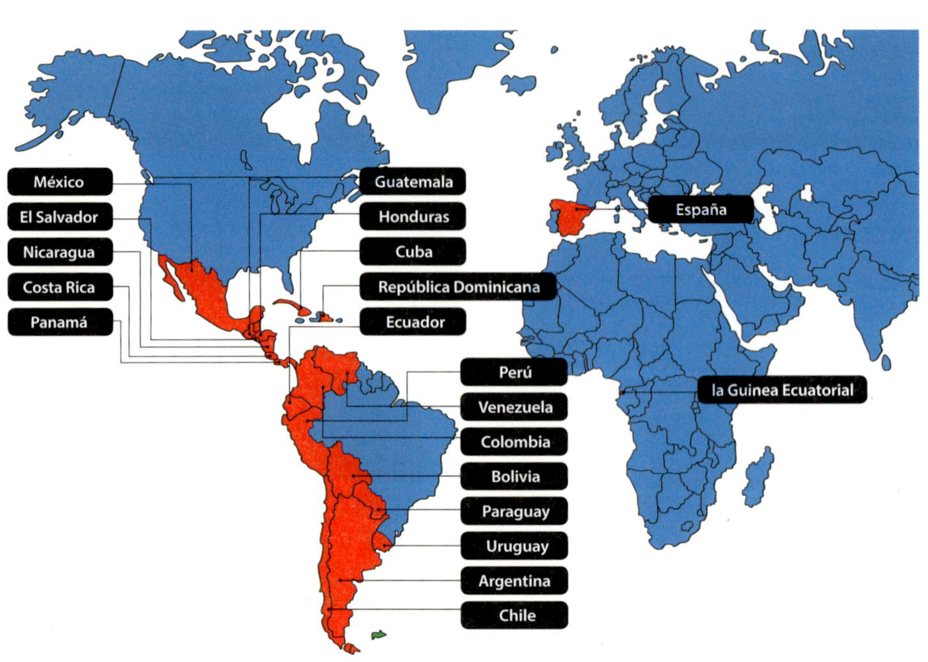

국가별 사용 인구 (단위:명)

스페인 44.400.000	멕시코 106.255.000	쿠바 11.285.000
도미니카 8.850.000	과테말라 8.163.000	푸에르토리코 4.017.000
엘살바도르 6.859.000	온두라스 7.267.000	에콰도르 10.946.000
콜롬비아 45.600.000	베네수엘라 26.021.000	적도 기니 447.000
니카라과 5.503.000	코스타리카 4.220.000	파나마 3.108.000
페루 26.152.265	볼리비아 7.010.000	파라과이 4.737.000
우루과이 3.442.000	아르헨티나 41.248.000	칠레 15.795.000

2. 미국의 스페인어 사용

미국에 거주하는 히스패닉 공식 숫자: 약 41.000.000명

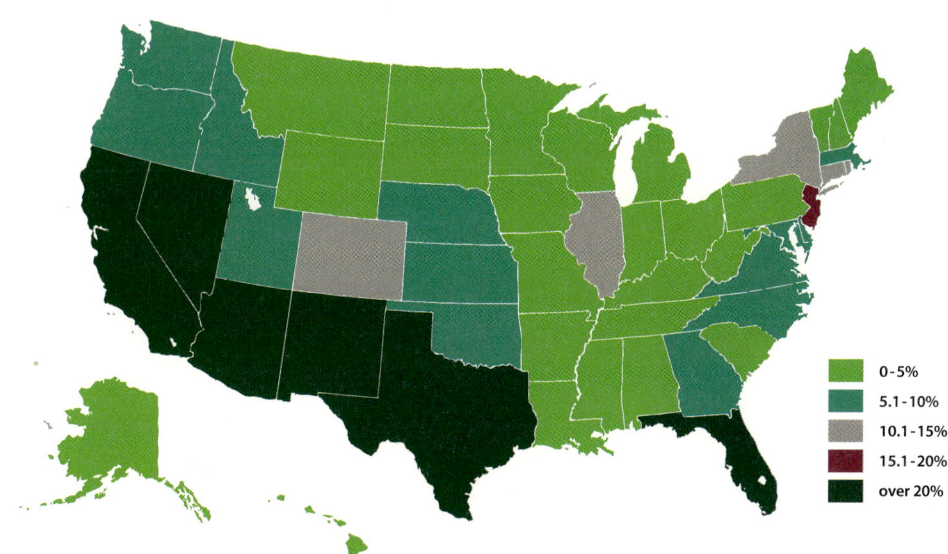

US Census Bureau의 American Community Survey (2014.06)

스페인어권 사람들의 미국 내 위상

히스패닉(Hispanic)이라고 하며 스페인어를 모국어를 사용하는 미국 내의 이민자를 지칭하는 말이다. 히스패닉계의 인구가 미국에서 이미 흑인계의 인구를 추월해 미국 내 최다 소수민족이 되었다. 2010년 미국의 인구 통계자료에 의하면, 흑인계의 인구가 3760만명인 것에 비해 히스패닉계의 인구는 5050만명이었다.

선거 때만 되면 미국 정치인들이 스페인어 과외를 받고 스페인어로 연설을 하는 데는 이런 이유가 있을 것이다. 최근 스페인어는 미국에서 준 공용어의 위상을 갖게 되었고, 미국 남부 쪽에서는 이미 영어와 병용하는 주도 많아졌다.

현재 추세대로 간다면 2050년에는 미국 내 스페인어를 모국어로 하는 인구가 1억 3천 2백만에 이르러 영어 사용자를 앞지를 수도 있다고 보고 있다. (2008년 8월 14일 미국 통계청 공식자료)

전 세계 스페인어 인구 사용 숫자
- 스페인어 원어민 : 약 452.000.000
- 제2외국어 스페인어 사용자: 약 67.000.000
  총 숫자: 약 519.000.000명

제2외국어로 스페인어를 사용하는 인구가 많은 나라
1. 미국 : 약 41.000.000명
2. 브라질 : 약 19.000.000명
3. 필리핀 : 약 10.000.000명
4. 프랑스 : 약 2.100.000명명

¿Quién es él?
그는 누구니?

LECCIÓN

2

- ser 동사
- 성격, 외모 말하기
- 호칭 말하기
- 지시사 말하기

DIÁLOGO A

María   **¿Quién es él?**
끼엔   에스 엘

Alonso   **Ese señor es David. Es futbolista.**
에쎄 세뇨르   에스 다빋   에스 뿟볼리스따

María   **¿Quiénes son aquellas mujeres?**
끼에네스   손   아께야스   무헤레스

Alonso   **Aquellas son estudiantes del departamento de español.**
아께야쓰   손   에스뚜디안떼스   델   데빠르따멘또   데   에스빠뇰

만세 포인트

1 그는 누구죠? **¿Quién es él?**

『의문사 quién(누구)』를 사용하는 문장으로 의문사의 형태는 단수형과 복수형을 모두 가지고 있으며, 영어의 be동사에 해당하는 스페인어는 ser이다. 1과의 『estar 동사』와는 구별해야 한다.

¿Quién es usted? 당신은 누구시죠?
¿Quiénes son ellas? 그녀들은 누구입니까?

2 쟤들은 학생들이다. **Aquellas son estudiantes.**

『지시사 aquel/ aquella』의 경우는 제 3의 위치에 있는 사물이나 사람을 지칭할 때 사용하는 것인데, 형용사 또는 명사로 사용될 수 있다. 『este / esta 이 사람(것)』『ese / esa 그 사람(것)』으로 표현 할 수도 있다.

Esta profesora 이 선생님
Ese profesor 그 선생님
Aquel libro 저 책

DIÁLOGO B

Ana	**¡Hola! Buenos días.** 올라! 부에노스 디아스
Mario	**Buenos días.** 부에노스 디아스
Ana	**¿Eres Mario?** 에레스 마리오
Mario	**Sí, soy Mario. ¿Quién es Ud.?** 시 소이 마리오 끼엔 에스 우스뗄
Ana	**Soy Ana. Soy profesora de español.** 소이 아나 소이 쁘로뻬소라 데 에스빠뇰
Mario	**Mucho gusto.** 무초 구스또
Ana	**Encantada.** 엔깐따다

quién 누구
ser ～이다(정의)
ese 그 것, 그 사람(남성)
señor ～씨(호칭/남성)
futbolista 축구선수
aquella 저 것, 저 사람(여성)
mujer 여성
estudiante 학생
departamento 과, 분야
español 스페인어; 스페인 사람(남성)
Ud. 당신(= usted)
profesora 선생님(여성)
mucho 많은
gusto 기쁨, 맛
encantado 매혹된; 반가운

DIÁLOGO A
마리아	그는 누구죠? [1]
알론소	그 남자는 다비드야. 축구 선수지.
마리아	저 여자분들은 누구죠?
알론소	쟤들은 스페인어과 학생들이야. [2]

DIÁLOGO B
아나	안녕, 좋은 아침이야!
마리오	좋은 아침!
아나	네가 마리오니?
마리오	네, 전 마리오입니다. 당신은 누구시죠?
아나	난 아나라고 해. 스페인어 선생님이란다.
마리오	만나서 반갑습니다. [3]
아나	반가워.

3 만나서 반갑습니다. **Mucho gusto.**

사람을 처음 만났을 때, 사용할 수 있는 표현으로 가장 짧고 편하게 할 수 있는 표현 중에 하나이다.
이 표현 이외에 처음 만났을 때, 사용할 수 있는 표현은 「Encantado」인데 말하는 사람의 성별과
수에 따라 형태가 조금 다르다.

Encantado 반갑습니다 (남성)
Encantada 반갑습니다 (여성)
Encantados 반갑습니다 (남성복수 또는 혼성)
Encantadas 반갑습니다 (여성복수)

1 ser 동사 변화

스페인어에서 ser는 영어에서 be동사와 동일하다. '정의, 직업, 성격, 외모 등등'을 의미하는 것에 주로 사용된다. 스페인어 동사는 '인칭, 수'에 따라 변화함으로 그 변화형을 유의해서 암기해 두어야 한다.

Yo soy Mario.   나는 마리오다.

Ellos son estudiantes.   그들은 학생들이다.

주어	ser 변화	주어	ser 변화
Yo	soy	Nosotros Nosotras	somos
Tú	eres	Vosotros Vosotras	sois
Él Ella Usted	es	Ellos Ellas Ustedes	son

잠깐 주어와 주격보어는 항상 성과 수에서 일치를 시켜야 합니다.

Él es alto.   그는 키가 크다.

Ella es alta.   그녀는 키가 크다.

Ellos son altos.   그들은 키가 크다.

Ellas son altas.   그녀들은 키가 크다.

2 ser 동사 용법

■ 정의

변화하지 않는 성질을 갖는 표현에서 'A = B'이라는 명사 표현을 사용할 때, ser 동사를 사용한다.

La mamá es mujer.   엄마는 여성이다.

El papá es hombre.   아빠는 남성이다.

■ **직업**

직업을 표현하기 위해 ser동사를 사용하는데, 이때 직업을 나타내는 표현 앞에 관사를 사용하지 않는다.

Él es estudiante.	그는 학생이다.
Ella es profesora.	그녀는 선생님이다.
El papá es futbolista.	아빠는 축구선수다.

> **잠깐** 명사의 어미가 '-o'로 끝나는 경우는 남성, 여성, 복수의 형태를 만들거나 구별 하기가 편리하다. 하지만 이외의 형태의 경우는 남성과 여성을 구별하지 못하는 경우도 있고, '-a'로 끝나지만 남성으로 사용되는 경우가 있다.

alumno 남학생 / **alumna** 여학생

alumnos 학생들(남성. 혼성) / **alumnas** 학생들(여성)

estudiante 학생(남성 또는 여성: 관사로 구분하거나 수식하는 명사로 구분)

futbolista 축구선수(남성 또는 여성: 관사로 구분하거나 수식하는 명사로 구분)

▶ 일반적으로 '–ista'로 끝나는 명사는 '전문가'의 의미로 남성과 여성의 구분이 없다.

■ **성격**

성격을 나타내는 표현을 할 때, ser동사를 사용한다.

▶ 성격에 관련한 자세한 표현은 4과에서 배웁니다.

Ella es amable.	그녀는 친절하다.
Él es simpático.	그는 착하다.

■ **외모**

외모를 나타내는 표현을 할 때, ser동사를 사용한다.

▶ 외모에 관련한 자세한 표현은 4과에서 배웁니다.

Yo soy alto.	나는 키가 크다.
Ellos son gordos.	그들은 뚱뚱하다.

③ 의문사 quién

『의문사 quién(누구)』는 단수 형태와 복수 형태를 가지고 있으며, 명사 역할을 하기 때문에 주어
일 때와 목적어일 때, 다소 다른 형태를 가질 수 있다. 스페인어에서 사람을 목적어로 사용할 때
는 목적 대상 앞에 a를 붙인다.

▶ 3과에서 목적어의 사용에 대해 자세히 배웁니다.

¿Quién es ella?	그녀는 누구입니까?
¿Quiénes son ellas?	그녀들은 누구입니까?
¿Quién quiere a él?	누가 그를 좋아합니까?
¿A quién quiere él?	그가 누구를 좋아합니까?

▶ 'quiere'는 '좋아하다(querer)'동사의 3인칭 단수형태. p.60 참고.

④ señor

일반적으로 사람을 호칭으로 부를 때, señor(남성), señora(결혼한 여성), señorita(결혼하지 않
은 여성)를 사용한다. 그런데 이 호칭들은 그냥 사용할 수도 있지만, 성(姓)씨 앞에 붙여 사용하
는 것이 일반적 사용방법이다.

el señor Kim	김 씨(남성)
la señora María	마리아 씨(결혼한 여성)
la señorita Akiko	아키코 씨(결혼하지 않은 여성)

성씨 앞에 붙이는 위의 호칭들은 영어 'Mister'를 'Mr.'처럼 쓰듯이 줄여 쓰는 경우가 일반적이다.

남성	Señor → Sr.
결혼한 여성	Señora → Sra.
결혼하지 않은 여성	Señorita → Srta.

간혹, 결혼하지 않은 여성에게도 señora라는 호칭을 사용할 때가 있는데, 이는 '숙녀'라는 의미로
격식을 갖춰 말하는 경우이다.

스페인어에서 성씨 앞에 붙이는 방식 이외에도 이름 앞에 붙이는 호칭 방법이 있다. 이 때는 남성, 여성만을 구별하며 다음과 같이 사용한다.

Don Quijote	키호테 님(돈키호테).
Doña María	마리아 님

5 지시사

스페인어의 지시사는 『이 사람(것), 그 사람(것), 저 사람(것)』으로 구별을 하는데, 이는 말하는 사람, 듣는 사람, 제 3의 위치(사람/사물)로 구별할 수 있다. 그 형태에 있어서는 남성, 여성, 단수, 복수로 구별할 수 있고, 중성형태도 있다. 단, 중성형태는 복수는 없으며 알지 못하는 사물을 지칭할 때 사용을 한다.

	단수		복수		중성
	남성	여성	남성	여성	
이	este	esta	estos	estas	esto
그	ese	esa	esos	esas	eso
저	aquel	aquella	aquellos	aquellas	aquello

Este señor es José.	이 남자는 호세이다.
Esta señorita es Margarita.	이 아가씨는 마르가리타이다.
Esos hombres son futbolistas.	그 남자들은 축구선수들이다.
Aquellas mujeres son profesoras.	저 여자분들은 선생님들이다.
¿Qué es esto?	이것은 무엇입니까?

과거에는 지시형용사와 지시 대명사를 강세 부호를 붙여 구별하였는데, 현대에는 이를 쓰임에 따라 구별하는 방식으로 바뀌었다.

[지시대명사]	Este es mi profesor.	이분은 제 선생님이십니다.
[지시형용사]	Este profesor es de español.	이 선생님은 스페인어 과목을 담당하십니다.

1. 잘 듣고 빈칸에 들어갈 말을 쓰시오.

María: ¿Quién es él?

Alonso: _________ ⓐ _________ es David. Es futbolista.

María: ¿ _________ ⓑ _________ son aquellas mujeres?

Alonso: Aquellas _________ ⓒ _________ del departamento de español.

2. 잘 듣고 빈칸에 알맞은 말을 쓰시오.

Ana: ¡Hola! Buenos días.

Mario: Buenos días.

Ana: ¿ _________ ⓐ _________ Mario?

Mario: Sí, soy Mario. ¿Quién es Ud.?

Ana: Soy Ana. Soy _________ ⓑ _________ .

Mario: Mucho gusto.

Ana: _________ ⓒ _________ .

3. 빈칸에 ser 동사의 변화형을 넣으시오.

주어	ser 변화	주어	ser 변화
Yo	ⓐ	Nosotros Nosotras	ⓓ
Tú	ⓑ	Vosotros Vosotras	ⓔ
Él Ella Usted	ⓒ	Ellos Ellas Ustedes	ⓕ

4. 빈칸에 들어갈 지시사를 쓰시오.

ⓐ 이 남자 선생님 → ______________ profesor

ⓑ 이 여자 선생님들 → ______________ profesoras

ⓒ 그 여학생 → ______________ estudiante

ⓓ 그 남학생들 → ______________ estudiantes

ⓔ 저 남성 → ______________ señor

ⓕ 저 여성분들 → ______________ señoras

5. 다음 어휘의 줄임말을 쓰시오.

ⓐ Usted → ______________

ⓑ Ustedes → ______________

ⓒ Señor → ______________

ⓓ Señora → ______________

ⓔ Señorita → ______________

줄임말 중에서 두 어휘의 결합 형태도 존재한다.

[(전치사) de, a + (남성 단수 정관사) 외]

de + el → del

a + el → al

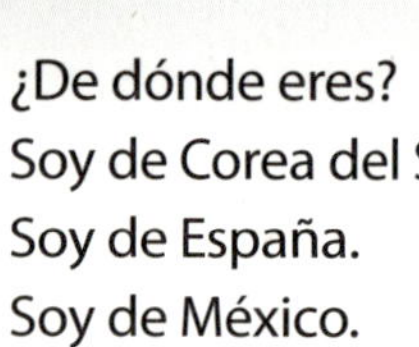

¿De dónde eres?	넌 어디 출신이니?
Soy de Corea del Sur.	저는 대한민국 출신입니다.
Soy de España.	저는 스페인 출신입니다.
Soy de México.	저는 멕시코 출신입니다.
Soy de Seúl.	저는 서울 출신입니다.
¿Eres de aquí?	넌 여기 출신이니?
Sí, soy de aquí.	네, 저는 이곳 출신입니다.
No, soy de Busan.	아니요, 저는 부산 출신입니다.
No, soy forastero.	아니요, 저는 외지인입니다.
¿Eres de España?	넌 스페인 출신이니?
Sí, soy de España.	네, 저는 스페인 출신입니다.
No, soy de Chile.	아니요. 저는 칠레 출신입니다.
No, soy de Italia.	아니요. 저는 이탈리아 출신입니다.
¿Cómo te llamas?	네 이름은 뭐니?
Me llamo María.	저는 마리아입니다.
Soy Paco.	저는 파코입니다.
¿Tienes~?	~가지고 있니?
hijos?	자녀가 있니?
novio(a)?	애인이 있니?
amigo(a)?	친구가 있니?
¿Cuántos años tienes?	몇 살이니?
(Tengo) dieciséis (años).	16살입니다.
Veinte.	20살.
Veinticinco.	25살.
Treinta y dos.	32살.
¿Adónde vas?	어디 가니?
Voy a casa.	난 집에 간다.
Voy a la escuela.	난 학교에 간다.
Voy a España.	난 스페인 간다.

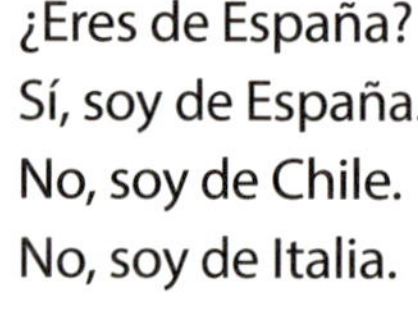
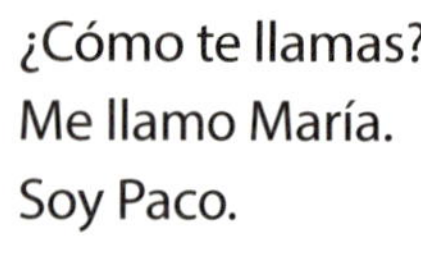

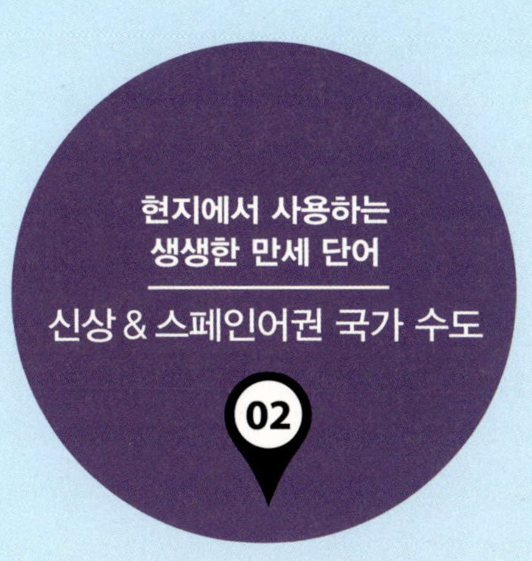

nombre	이름
apellido	성(姓)
nacionalidad	출신 나라
sexo	성(性)
género	성(性)
edad	나이
casado/-a	결혼한
soltero/-a	미혼의
pasaporte	여권
visado	비자
país	국가
fecha de nacimiento	출생 날짜
lugar de nacimiento	출생지

hijo/-a	아들/딸
familia	가족
hombre	남성
mujer	여성
equipaje	짐

아프리카

Guinea Ecuatorial 적도 기니(수도: **Malabo** 말라보)

북아메리카

México 멕시코(수도: **Ciudad de México** 시우다드 데 메히코)

Estados Unidos 미국[스페인어 사용자 5,000만 명]

중앙아메리카 및 카리브 연안국가

Guatemala 과테말라(수도: **Ciudad de Guatemala** 시우다드 데 과테말라)

Nicaragua 니카라과(수도: **Managua** 마나과)
Honduras 온두라스(수도: **Tegucigalpa** 테구시갈파)
El Salvador 엘살바도르(수도: **San Salvador** 산 살바도르)
Costa Rica 코스타리카(수도: **San José** 산호세)
Belize 벨리즈(수도: **Belmopan** 벨모판)
Panamá 파나마(수도: **Ciudad de Panamá** 시우다드 데 파나마)

República Dominica 도미니카 공화국(수도: **Santo Domingo** 산토 도밍고)

Cuba 쿠바(수도: **Habana** 아바나)
Puerto Rico 푸에리토리코(수도: **San Juan** 산후안)

남아메리카

Venezuela 베네수엘라(수도: **Caracas** 카라카스)
Bolivia 볼리비아(수도: **La Paz** 라 파스)
Argentina 아르헨티나(수도: **Buenos Aires** 부에노스 아이레스)

Ecuador 에콰도르(수도: **Quito** 키토)
Uruguay 우루과이(수도: **Montevideo** 몬테비데오)
Chile 칠레(수도: **Santiago** 산티아고)
Colombia 콜롬비아(수도: **Bogotá** 보고타)
Paraguay 파라과이(수도: **Asunción** 아순시온)
Perú 페루(수도: **Lima** 리마)

유럽

España 스페인(수도: **Madrid** 마드리드)

투우(Corrida de Toro)

"투우 경기를 알아보자!"
¡Vamos a estudiar la Corrida de Toro!

투우장에 그날의 귀빈이 입장이 완료되면 바로 시작을 한다. 악단들이 흥겹지만 마치 과거의 곡마단 연주같다는 느낌의 '파소 도블레(Paso doble)'가 울려퍼지면 투우사(Torero 또는 Matador)들과 보조 투우사(Cuadrilla)들이 등장을 한다.

일반적으로 투우사와 보조투우사 그리고 뒷정리를 하는 그룹의 사람들로 구분이 되는데, 역할별 사람과 장비를 보면 다음과 같다.

● 투우사는 막대기에 망토를 달아둔 물레타(Muleta)와 1미터 정도의 장검인 에스파다(Espada)를 가지고 들어간다. 처음 시작할 때, 소를 얼르는 과정을 할 때에 3명의 투우사가 빨강색 망토만을 들고 들어가서 소의 특성을 파악하는데, 이때 망토를 카파(Capa)라고 한다.

● 보조투우사는 두 부류인데, 첫 번째로 피카도르(Picador)라는 보조투우사는 갑옷 입힌 말을 타고 긴 창(끝이 10센티인 창, 전체 길이는 3미터 정도)을 들고 입장을 해서 소의 급소를 찌르는 역할을 한다. 두 번째로 반데리예로(Banderillero)는 두개의 갈고리 모양의 창(약 80센티)를 들고 입장한다.

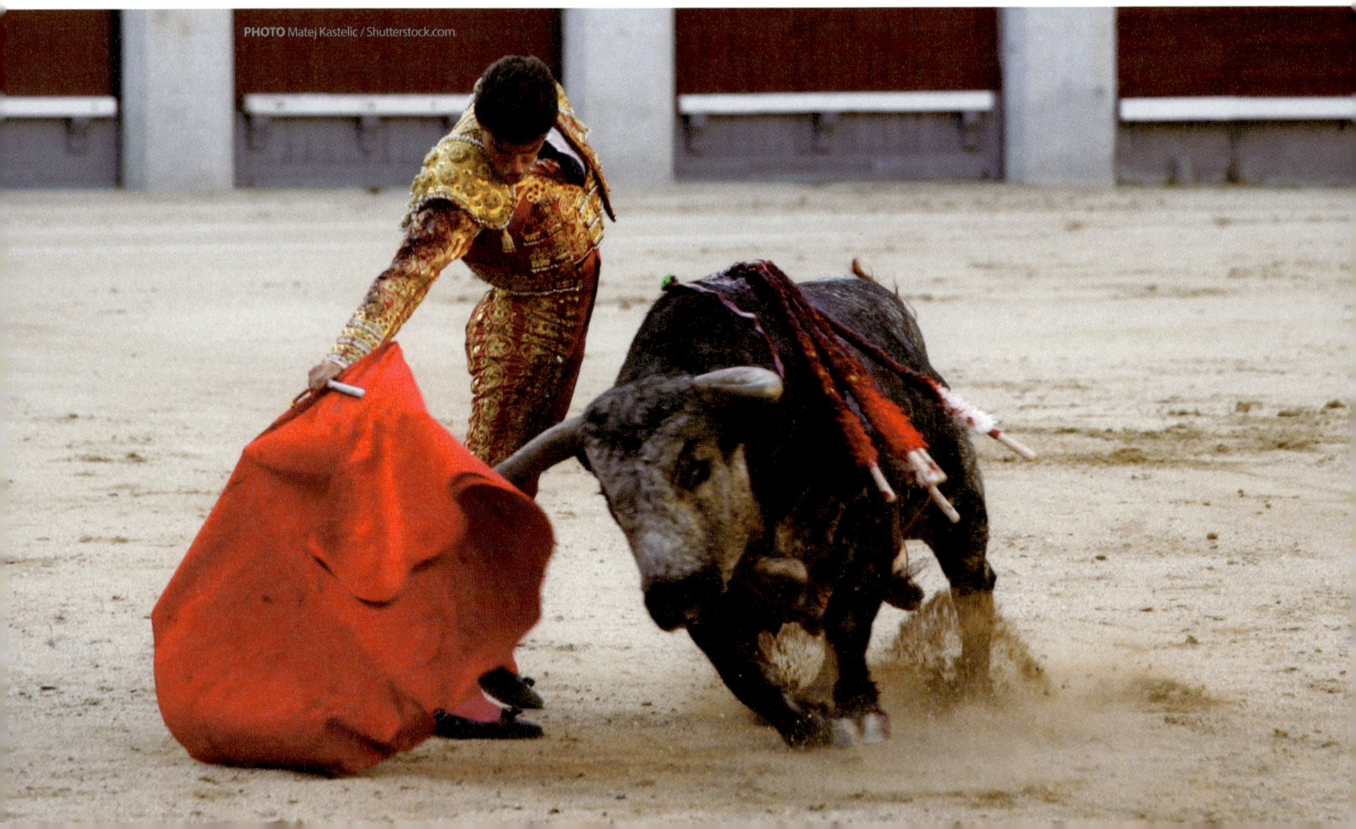

투우의 순서 : 약 15분간 진행

첫 번째 과정 : Verónica

투우사 3명이 투우소의 특성을 파악하기 위해, 빨강색 망토를 들고
들어가 소를 파악하는 시간이다. 이때, 비교적 거리를 두고 카파로 유
인을 하는데, 위험할 상황이 되면 다른 보조 투우사가 나와 소를 다른
쪽으로 몰아주거나, 긴급한 상황에서는 나무로 된 벽 뒤로 숨는 경우
도 있다.

두 번째 과정 : Primer tercio

갑옷을 입힌 말을 타고 나온 피카도르들이 소의 등 쪽 급소 주위를 3
미터 창 끝의 10센티 창으로 찌른다.

세 번째 과정 : Segundo tercio

3~4명의 반데리예로가 나와서 갈고리모양의 창인 반데리야
(Banderilla) 두개씩을 등에 표시된 급소에 찌른다. 소가 점점 흥분하
는 단계이다.

네 번째 과정 : Tercer tercio

악단의 파소 도블레 연주를 신호로 하여 투우사가 등장을 한다. 망토
에 나무 막대를 달아둔 물레타를 들고 나와 두발을 땅에서 떼지않고,
소와 최대한 가까이에서 소를 얼르는 동작을 한다. 소를 몰면서 최대
한 가까이에서 지나가게 할 때, 관중들은 '올레(Ole)'라는 환성을 지르
는 순간이다.

다섯 번째 과정 : Estocada

귀빈인 좌장의 신호와 함께 트럼펫 소리가 울려 퍼진다. 최후의 순간
이 온 것이다. 장검을 든 투우사는 소와 1대1로 맞선다. 갑자기 정적
이 되는 순간, 소와 투우사의 대결의 최후의 순간 바로 2~3분간이다.
이때, 돌격하는 소를 향해 1미터의 장검으로 소 등의 급소를 찔러 심
장까지 관통시키게 된다. 찔린 소는 무릎을 꿇고 쓰러진다. 투우사
가 혹여 한 번에 급소를 명중시키지 못하고 두 번, 세 번에 걸쳐
시도하는 경우, 사람들의 야유를 받게 되며, 시간 내에 급소를
명중하지 못해 살아서 나가는 소가 있다면, 투우사는 굴욕을
당하게 되는 것이다.

뒷정리와 준비 :

죽은 소를 끌고 나가고 뒷정리를 하는 사람들이 있는데, 이들을 모노
사비오(Monosabio)라고 한다. 이들은 쓰러진 소를 당나귀에 묶어
끌고 나가고, 재빨리 다시 투우장을 정리를 한다. 이는 다음 라운드로
넘어가기 위한 준비 작업이기도 하다. 일반적으로 하루에 6번 정도의
투우경기가 있다.

¿De dónde es usted?
당신은 어디 출신입니까?

LECCIÓN
3

- 전치사 de 사용법
- 주요 국가의 이름과 형용사형
- 의문사 dónde
- 1변화, 2변화 동사
- 인칭 목적대명사

DIÁLOGO A

Ana
¿Eres Márquez?
에레스 마르께스

Márquez
Sí, soy yo. ¿Es Ud. profesora de español?
씨 소이 요 에스 우스뗃 쁘로뻬소라 데 에스빠뇰

Ana
Sí. Bienvenido a Corea. ¿Es Ud. argentino?
씨 비엔베니도 아 꼬레아 에스 우스뗃 아르헨띠노

Márquez
Claro, Soy argentino, de Buenos Aires.
끌라로 소이 아르헨띠노 데 부에노스 아이레스

Mucho gusto.
무초 구스또

Ana
Encantada.
엔깐따다

1 나는 아르헨티나 사람이다.
Soy de Argentina.

『ser de + 국가명 / 지역명』을 사용해서 자신의 출신을 말할 수 있다. 이때 'de + 국가명 / 지역명' 대신해서 직접 '국가형용사 / 지역 형용사'를 사용해서 말할 수도 있다. 대한민국은 『Corea del Sur』라고 하는 것을 꼭 알아두자.

Soy de Corea. 난 한국 출신이다.
Soy coreano. 난 한국 출신이다.
Él es de España. 그는 스페인 출신이다.
Él es español. 그는 스페인 출신이다.

2 중국어 공부하니?
¿Estudias chino?

어떤 언어를 공부하는지 물어볼 때, 국가형용사의 남성형을 사용한다. 주의해야 할 것은 국가 형용사는 항상 소문자를 사용한다는 것이다.

Yo estudio chino. 난 중국어를 공부한다.
Ella estudia inglés. 그녀는 영어를 공부한다.
Él estudia español. 그는 스페인어를 공부한다.

DIÁLOGO B

María	¿De dónde vienes?
	데 돈데 비에네스

Alonso	Vengo de China.
	벵고 데 치나

María	¿Estudias chino?
	에스뚜디아스 치노

Alonso	Sí, estudio chino porque soy estudiante
	시 에스뚜디오 치노 뽀르께 소이 에스뚜디안떼
	del departamento de chino.
	델 데빠르따멘또 데 치노

María	Es muy interesante, pero para mí, el chino es
	에스 무이 인떼레싼떼 뻬로 빠라 미 엘 치노 에스
	muy difícil.
	무이 디피씰

bienvenido 잘 환영받은, 환영
Corea 한국
argentino 아르헨티나 사람(남성)
de ~로부터
dónde 어디
venir 오다
China 중국
estudiar 공부하다
chino 중국어; 중국사람(남성)
sí 네, 예스
porque 왜냐하면
muy 너무
interesante 흥미로운
para ~위하여
mí 나를(목적격)
difícil 어려운

DIÁLOGO A

아나	당신이 마르케스입니까?
마르케스	네, 접니다. 당신은 스페인어 선생님이신가요?
아나	네, 한국에 온 것을 환영합니다. 아르헨티나인이시죠?
마르케스	맞습니다. 나는 아르헨티나 사람입니다. [1] 부에노스아이레스 출신이죠. 반갑습니다.
아나	반갑습니다.

DIÁLOGO B

마리아	넌 어디 출신이니?
알론소	전 중국 출신입니다.
마리아	중국어 공부하니? [2]
알론소	네, 저는 중국어 공부를 합니다. 왜냐하면 중국어과 학생이거든요.
마리아	매우 흥미롭다. [3] 그런데, 나한테는 중국어가 매우 어려워.

3 매우 흥미롭다.
Es muy interesante.

형용사를 강조할 때는 『부사 muy』를 사용한다. 형용사를 수식해주는 부사는 형용사의 형태가 어떻게 변하든 상관없이 그 형태가 바뀌지 않는다.

Son muy difíciles. (그것들은) 매우 어렵다.
Son muy interesantes. (그것들은) 매우 흥미롭다.

1 전치사 de

■ 소유

일반적으로『A + de + 정관사 + B』형태로 나타나며, 'B의 A'로 번역이 된다.

Soy <u>estudiante del departamento</u> de español. 난 스페인어 학과의 학생이다.

→ '학과에 소속된 학생' 의미

Esta es la mesa del profesor Kim. 이것은 김 선생님의 책상이다.

→ '김 선생님 소유의 책상' 의미

■ 종류, 재료, 출신

일반적으로『A + de + B』형태로 나타나며, 'A에 대한 B의 종류, 재료, 출신'으로 번역된다.

Soy estudiante del <u>departamento de español</u>. 난 스페인어 학과의 학생이다.

→ '스페인어 학과' 의미. 학과에 대한 종류로 'español'이 사용되었다.

Ella es profesora de chino. 그녀는 중국어 선생님이다.

→ '중국어 선생님' 의미. 어떤 과목의 선생님인지에 대한 것으로 'chino'가 사용되었다.

■ 출발점

출발과 도착을 나타내는 가장 기본적인 전치사에서 출발점 앞에서 'de'를 사용하며, 도착점 앞에서 'a' 전치사를 사용한다.

Yo voy a Seúl de Inchón. 나는 인천에서 서울로 간다.

Yo estudio español de 8:00 a 10:00. 나는 8시부터 10시까지 스페인어를 공부한다.

▶ 'voy'는 '(나는) 가다'라는 동사변화이다.

▶ 'estudio'는 '(나는) 공부하다'라는 동사변화이다. p.58 참고.

■ ~에 관해서

'~에 관해서'라는 의미를 가지며, 이 어휘와 관련해서는 4과에서 다시 소개할 것이다.

Yo hablo de María. 난 마리아에 관해 말한다.

Ella habla de mí. 그녀는 나에 관해 말한다.

▶ 'hablo와 habla'는 '말하다(hablar)'동사의 변화이다.

 ## 주요 국가 이름과 형용사형

국가명은 대문자를 사용해 첫글자를 사용하지만, 국가형용사는 소문자를 사용한다는 것에 유의해야 한다. 국가형용사의 남성형은 언어 명으로 사용되는 경우가 일반적이며, 간혹 국가형용사와 다른 언어명을 사용하는 경우가 있다. 예) 미국 - inglés(영어)
형용사는 항상 남성형과 여성형으로 구분되며, 복수형도 나타낼 수 있다. 경우에 따라서는 남성형과 여성형이 동일한 경우도 있다.

국가	국가명	형용사형
대한민국	Corea del Sur	coreano, coreana
스페인	España	español, española
미국	Estados Unidos	estadounidense
중국	China	chino, china
일본	Japón	japonés, japonesa
프랑스	Francia	francés, francesa
독일	Alemania	alemán, alemana
영국	Inglaterra	inglés, inglesa
이탈리아	Italia	italiano, italiana
캐나다	Canadá	canadiense
멕시코	México	mexicano, mexicana
아르헨티나	Argentina	argentino, argentina

언어명과 국가 형용사가 다른 경우

미국	- inglés(영어)
캐나다	- inglés(영어), francés(프랑스어)
멕시코	- español(스페인어)
아르헨티나	- español(스페인어)

③ 의문사 dónde

『의문사 Dónde』는 부사로 그 형태의 변화는 없다. 의문부사로 사용되지만, 명사로 전용되어 전치사 뒤에서 사용되는 경우도 매우 많다.

- **의문 부사**

    ¿Dónde está la escuela?　　학교는 어디에 있습니까?

    ¿Dónde está ella?　　그녀는 어디에 있나요?

- **명사로의 전용**

    ¿A dónde vas?　　너 어디에 가니?

    ¿De dónde vienes?　　넌 어디에서 오니?

    ▶ 'vas'는 『ir 동사(가다)』의 2인칭 단수 형태이다.
    ▶ 'vienes'는 『venir 동사(오다)』의 2인칭 단수 형태이다.

④ estudiar 동사 변화

스페인어 일반동사의 종류는 크게 3가지가 있다. 어미가 '-ar'로 끝나는 1변화 동사형태, 어미가 '-er'로 끝나는 2변화 동사형태, 어미가 '-ir'로 끝나는 3변화 동사형태이다. 그 중에 'estudiar(공부하다)'는 1변화 동사변화 형태이다.

Yo estudio español.　　나는 스페인어를 공부한다.

Ella estudia inglés.　　그녀는 영어를 공부한다.

주어	estudiar 변화	주어	estudiar 변화
Yo	estudio	Nosotros Nosotras	estudiamos
Tú	estudias	Vosotros Vosotras	estudiáis
Él Ella Usted	estudia	Ellos Ellas Ustedes	estudian

▶ 1변화 어미(-ar)의 변화는 다음과 같다.

1인칭단수	-o	1인칭복수	-amos
2인칭단수	-as	2인칭복수	-áis
3인칭단수	-a	3인칭복수	-an

5 venir 동사변화

『venir(오다) 동사』는 불규칙 동사변화 형태로 그 변화형이 매우 특이하다.

변화형이 어려울 수 있지만, 불규칙 동사 중에서 이전에 배웠던『estar, ser』와 더불어『ir(가다), venir(오다)』동사는 사용빈도가 아주 높으므로 꼭 암기해 둔다.

『venir(오다) 동사』는 단순 동작으로 사용을 많이 하지만, 의미적으로 '출신'을 나타낼 때도 사용한다.

▶ 'ir(가다)' 동사변화는 p.88 참조.

Yo vengo de la escuela. 　　난 학교로부터 온다.

Ella viene de España. 　　그녀는 스페인에서 왔다(스페인 출신이다).

주어	venir 변화	주어	venir 변화
Yo	vengo	Nosotros Nosotras	venimos
Tú	vienes	Vosotros Vosotras	venís
Él Ella Usted	viene	Ellos Ellas Ustedes	vienen

6 para mí 나를 위해

'인칭목적어'를 사용할 때, 주의해야하는 것은 먼저, 스페인어는 어순이 비교적 자유롭기 때문에 동사 뒤에 주어를 사용할 수 있다는 것이다. 그렇기 때문에 목적어를 그대로 사용할 때는 혼동을 할 수 있기 때문에 반드시 표시를 해주어야 한다. 즉, 일반동사의 인칭목적어로 사용될 때는 반드시 'a'를 사용한다. 하지만, 전치사 뒤에서 사용되는 인칭목적어인 경우 'a'를 사용하지 않는다.

예) para mí 나를 위해

　 para él 그를 위해

■ **인칭대명사의 목적어 형태**

주어 형태	목적어 형태	주어 형태	목적어 형태
Yo	a mí	Nosotros Nosotras	a nosotros a nosotras
Tú	a ti	Vosotros Vosotras	a vosotros a vosotras
Él Ella Usted	a él a ella a usted	Ellos Ellas Ustedes	a ellos a ellas a ustedes

Yo quiero a ellos.　　　　난 그들을 좋아한다.

Ella quiere a ti.　　　　그녀가 너를 좋아한다.

Él quiere a María.　　　그는 마리아를 좋아한다.

▶ 'quiero / quiere'는 『querer(좋아하다) 동사』의 1인칭 단수와 3인칭 단수 변화형.

참고　**querer 동사의 변화형**

	단수형	복수형
1인칭	quiero	queremos
2인칭	quieres	queréis
3인칭	quiere	quieren

■ **전치사 뒤의 인칭 목적격 형태**

'위 표'에 나온 형태는 목적어로 사용되었을 때를 나타낸 것이다. 이 형태에서 목적어인 사람을 표시하기 위해 'a'라는 전치사 썼는데, 이 경우는 전치사의 의미는 전혀 없으며, 단지 사람을 나타내는 표시일 뿐이다. 하지만, 다른 전치사를 사용하는 경우에는 그 형태는 목적어의 대명사를 유지하고 'a'를 사용하지 않는다.

para ti	너를 위하여
para ella	그녀를 위하여
para María	마리아를 위하여

7 축약형 인칭목적어(직접목적어)

인칭목적어를 앞 6 에서 나온 것을 대명사형으로 바꿔 '주어와 동사'사이에 집어넣을 수 있다. 영어와는 다른 스페인어의 독특한 형태이므로 꼭 유의해서 봐야 한다.

Yo quiero a ellos.	→	Yo los quiero.	난 그들을 좋아한다.
Ella quiere a ti.	→	Ella te quiere.	그녀가 너를 좋아한다.
Él quiere a María.	→	Él la quiere.	그가 그녀를 좋아한다.

▶ 단, 축약형 인칭목적어는 대명사역할만 할 수 있음으로, '마리아(María)'를 직접 드러낼 수는 없이, '그녀를(la)'만을 사용할 수 있다.

참고 **축약형 직접목적어 형태**

	단수	복수
1인칭	me	nos
2인칭	te	os
3인칭	lo/la	los/las

▶ 축약형 목적어는 전치사 뒤에서 사용하는 경우가 절대 없음.

1. 잘 듣고 빈칸에 들어갈 말을 쓰시오.

Ana: ¿Eres Márquez?

Márquez: Sí, soy yo. ¿Es Ud. _______ⓐ_______?

Ana: Sí. Bienvenido a Corea. ¿Es Ud. argentino?

Márquez: Claro, Soy _______ⓑ_______, _______ⓒ_______.
Mucho gusto.

Ana: Encantada.

2. 잘 듣고 빈칸에 들어갈 말을 쓰시오.

María: ¿De dónde vienes?

Alonso: _______ⓐ_______ de China.

María: ¿Estudias chino?

Alonso: Sí, _______ⓑ_______ porque soy estudiante del departamento de chino.

María: Es muy interesante, pero _______ⓒ_______ el chino es muy difícil.

3. 빈칸에 들어갈 estudiar 동사의 변화형을 넣으시오.

주어	estudiar 변화	주어	estudiar 변화
Yo	ⓐ	Nosotros, Nosotras	ⓓ
Tú	ⓑ	Vosotros, Vosotras	ⓔ
Él, Ella, Usted	ⓒ	Ellos, Ellas, Ustedes	ⓕ

4. 빈칸에 들어갈 '인칭 대명사 목적어' 형태를 쓰시오.(축약형 형태가 아님)

주어 형태	목적어 형태	주어 형태	목적어 형태
Yo	ⓐ	Nosotros	ⓓ
Tú	ⓑ	Vosotras	ⓔ
Ella	ⓒ	Ustedes	ⓕ

5. 다음 한글을 스페인어로 옮길 때 빈칸에 들어갈 말을 쓰시오.

① 당신은 어디에서 오셨습니까?

→ ¿De dónde ________________________ usted?

② 우리는 스페인 출신입니다(왔습니다).

→ Nosotros ________________________ de España.

③ 마리아는 멕시코 사람입니다.

→ María es ________________________ .

④ 미겔은 캐나다 사람입니다.

→ Miguel es ________________________ .

⑤ 아키코(여성)는 일본 사람입니다.

→ Akiko es ________________________ .

03-3. MP3

03

거주지 묻고 답하기

¿Dónde vives?	어디 사니?
Yo vivo en Madrid.	저는 마드리드에 살아요.
¿Vive usted lejos de aquí?	여기에서 먼 곳에 사시나요?
Vivo cerca de la empresa.	저는 회사에서 가까이 삽니다.
¿Cuál es su dirección?	당신의 주소는 어떻게 되시나요?
Yo vivo en México.	난 멕시코에서 산다.
Yo estoy en México.	난 멕시코에 있다.

출신지 묻고 답하기

¿De dónde viene usted?	어디에서 오셨나요?
¿De qué nacionalidad es usted?	당신은 어느 나라 출신인가요?
Ella es de nacionalidad colombiana.	그녀는 콜롬비아 국적입니다.
Él es español.	그는 스페인 사람입니다.
Yo soy de Corea del Sur.	난 대한민국 출신이다.

A: ¿Es usted japonesa?	당신은 일본 사람인가요?
B: No. Yo soy estadounidense de origen coreano.	아뇨. 저는 한국계 미국인입니다.
A: Ah, soy español.	아, 저는 스페인 사람입니다.
Usted habla español muy bien.	당신은 스페인어를 매우 잘하는군요.
B: Soy profesora de español.	저는 스페인어과 교수입니다.

🎧 03-4. MP3

vacaciones	휴가, 바캉스
viaje	여행
agencia de viaje	여행사
información	정보
tiempo	날씨
temperatura	기온
clima	기후(m.)
aeropuerto	공항
pasaporte	여권
visa(= Visado)	비자
bolsa de viaje	여행 가방
baúl	트렁크
equipaje de mano	핸드캐리(가방)
mochila	배낭
billete (de avión)	비행기티켓
tarjeta de embarque	보딩패스
tarjeta de Identificación	신분증

saco de dormir	침낭
mar	바다
lago	호수
río	강
montaña	산
campo	전원, 시골
playa	해변
arena	모래사장
país extranjero	해외(나라)
avión	비행기(m.)
barco	배
tren	기차
metro	전철, 지하철
caravana	캠핑트레일러
coche	자동차
autobús	버스
bicicleta	자전거

gafas de sol	썬그라스
cesto	바구니
paño de playa	비치타올
chancletas	(해변용) 샌들
traje de baño	수영복
bikini	비키니
boya	튜브
pelota para jugar en el agua	비치볼
tienda	텐트
parasol	파라솔
gorra	모자
crema solar	썬크림
tomar el sol	썬텐을 하다
gafas de inmersión	잠수 안경
aleta de inmersión	(수영) 오리발

mapa de la región	지역 지도(m.)
plano del metro	전철 지도
mercado	시장
supermercado	슈퍼마켓
hotel	호텔
museo	박물관
parque	공원
fiesta	축제, 파티
restaurante	식당
gran almacén	백화점
centro de la ciudad	시내
estación de metro	전철(지하철) 역
parada de autobús	버스 정류소
parada de taxi	택시 정류소
dinero	돈

테오티우아칸 (Teotihuacán)

"피라미드는 이집트에만 있을까?"
¿Solo en Egipto hay pirámide?

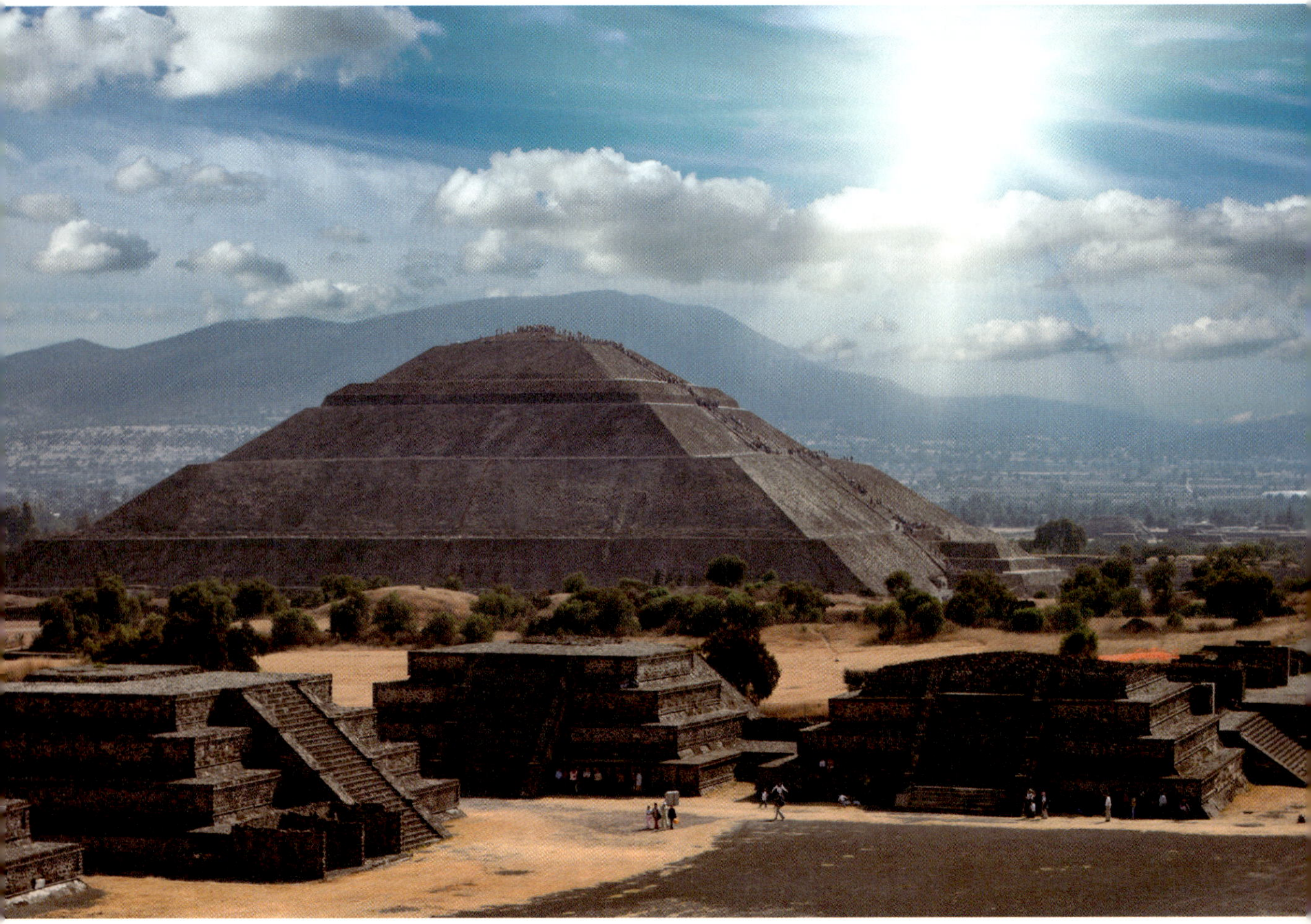

정답은 아니다! 멕시코에서도 피라미드를 볼 수 있다.

멕시코시티(La ciudad de México)에서 북동쪽 40킬로 거리에 있는 톨테카 문명의 유적지에 위치해 있는 테오티우아칸(Teotihuacán)이 바로 그 피라미드이다. 아즈텍 제국이 성립되기 이전의 유적으로, 현재 태양의 피라미드와 달의 피라미드를 비롯해 중앙 아메리카의 원주민 문명이 찬란하게 빛을 발한다.

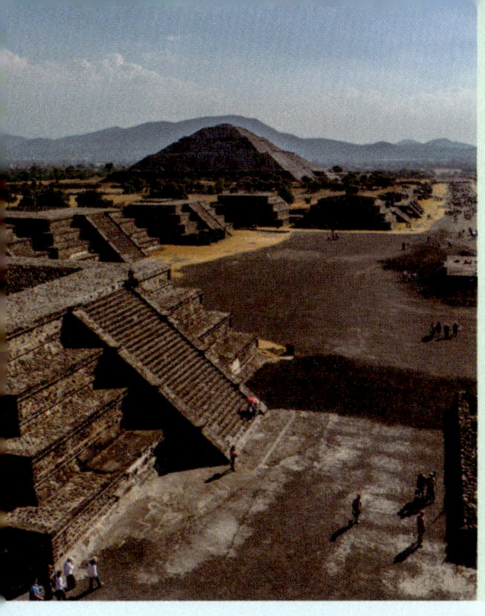

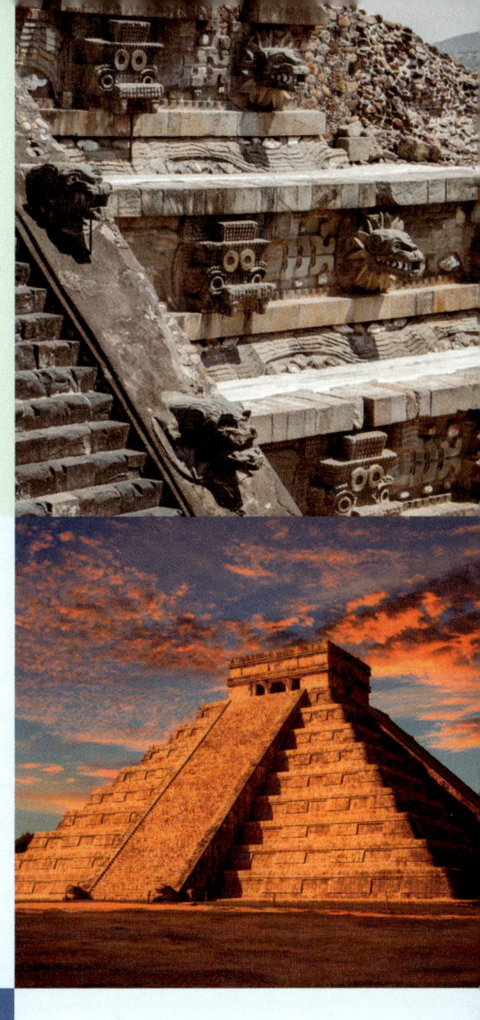

멕시코 피라미드의 특징

이집트와 멕시코 피라미드는 다른 형태의 피라미드를 가지고 있는데, 이집트 피라미드는 꼭대기가 뾰족한 사각 뿔 무덤인데, 멕시코 피라미드는 피라미드의 꼭대기가 평평한 계단식 신전이라는 점이다. 그런데, 이전에 신전으로만 생각했던 멕시코 피라미드도 1949년에 피라미드 안에서 왕의 무덤이 발견됨으로써 신전 이외에 무덤으로도 사용되었다는 것이 증명되었다.

테오티우아칸의 피라미드는 태양의 피라미드와 달의 피라미드가 존재하는데, 태양의 피라미드는 약 66미터의 높이로 2세기경 완성된 것으로 추정되며, 벽돌과 흙으로 만든 피라미드 위에 자갈과 돌이 덮여 있고 건물 밑에는 방과 터널이 있다. 달의 피라미드는 높이 46미터로 태양의 피라미드보다 낮은 4층짜리 건물이지만, 지반이 높아 태양의 피라미드와 높이가 같다.

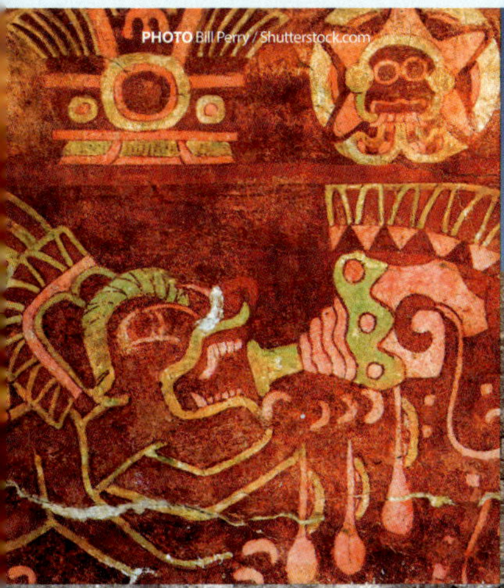

PHOTO Bill Perry / Shutterstock.com

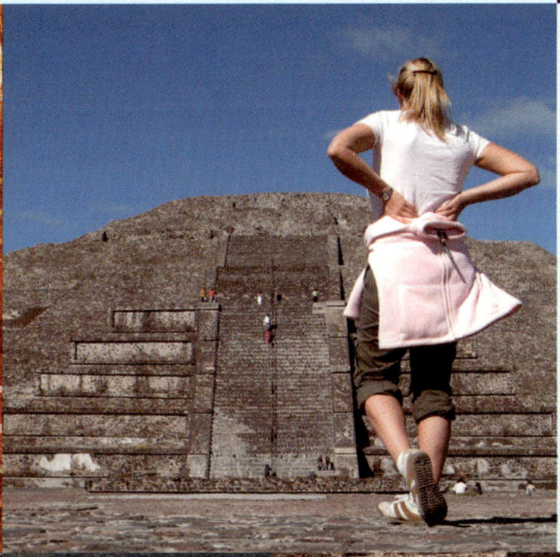

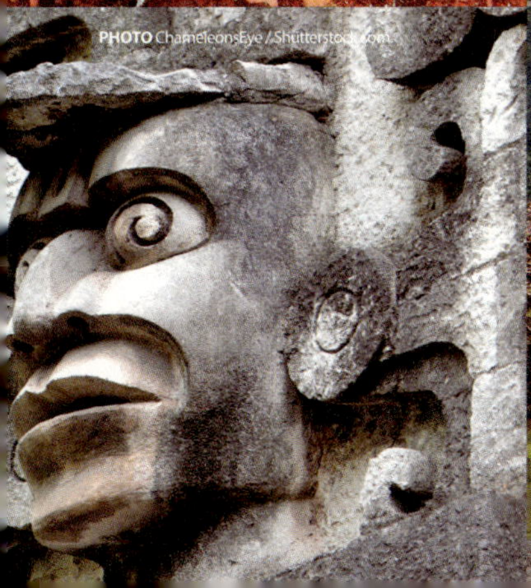

PHOTO ChameleonsEye / Shutterstock.com

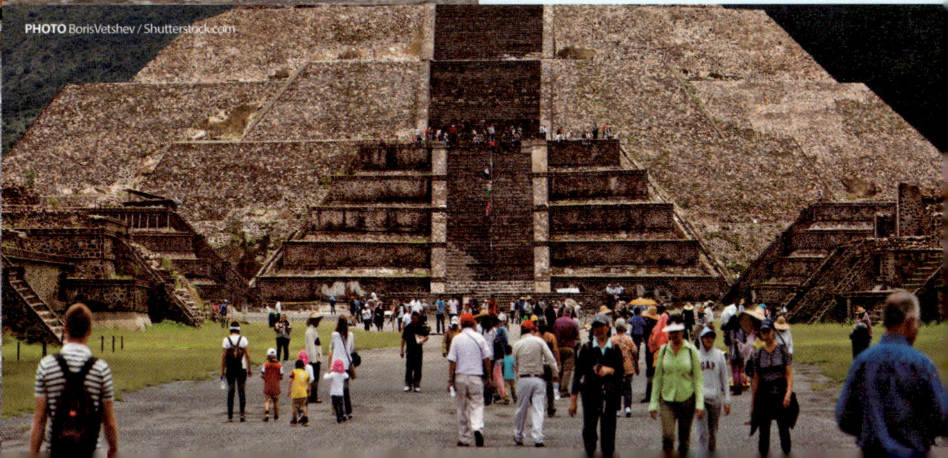

PHOTO BorisVetshev / Shutterstock.com

¿Cómo es Elena?

엘레나 어때요?

LECCIÓN
4

- 성격, 외모 말하기
- tener 동사
- 직업 표현
- 소유형용사
- 색깔 표현

DIÁLOGO A

María **¿Qué tal, Pedro?**
께 딸 뻬드로

Pedro **Muy bien, gracias. ¿Y tú?**
무이 비엔 그라씨아스 이 뚜

María **Bien, gracias.**
비엔 그라씨아스

¿Cómo es tu profesor de español?
꼬모 에스 뚜 쁘로뻬소르 데 에스빠뇰

Pedro **Él es muy amable y simpático.**
엘 에스 무이 아마블레 이 심빠띠꼬

María **¿Es guapo?**
에스 과포

Pedro **Um... No sé cómo hablar. Pero es muy alto y delgado.**
움 노 세 꼬모 아블라르 뻬로 에스 무이 알또 이 델가도

María **Ja, ja, ja...**
하 하 하

1 어떻게 말해야 할 지 모르겠다.

No sé cómo hablar.

스페인어의 '의문사 목적어' 형태는 '의문사 + 동사원형'을 사용하여 그 의미를 나타낼 수 있다.

No sé qué estudiar. 나는 무엇을 공부할지 모르겠다.
No sé cómo hacer. 나는 어떻게 해야 하는지 모르겠다.
No sé dónde estar. 나는 어디에 있는지 모르겠다.

2 네 여동생은 어때?

¿Cómo es tu hermana?

외모나 성격을 물어볼 때, ser동사를 이용하며, 의문사는 cómo를 사용해 간단하게 물어볼 수 있다.

¿Cómo es tu amigo? 네 친구는 어때?
¿Cómo es su profesor? 당신의 선생님은 어떠세요?

DIÁLOGO B

María　**¿Cómo es tu hermana?**
꼬모　에스 뚜 에르마나

Pedro　**¿Mi hermana? Es muy amable. Es baja y delgada.**
미 에르마나　에스 무이 아마블레　에스 바하 이 델가다

Ella tiene el pelo negro.
에야 띠에네 엘 뻴로 네그로

María　**¿Qué es tu hermana?**
께 에스 뚜 에르마나

Pedro　**Ella es estudiante de la universidad.**
에야 에스 에스뚜디안떼 델 라 우니베르시닫

¿Cómo es tu hermano?
꼬모 에스 뚜 에르마노

María　**Él es alto y gordo. Y es muy alegre.**
엘 에스 알또 이 고르도 이 에스 무이 알레그레

Pedro　**¿Qué hace él?**
께 아쎄 엘

María　**Él es profesor de francés.**
엘 에스 쁘로뻬소르 데 프란쎄스

tu 너의	
profesor 선생님(남성)	
amable 친절한	
simpático 호감이 가는, 친절한	
guapo 잘생긴	
saber 알다	
hablar 말하다	
pero 그러나	
alto 키 큰	
delgado 마른	
hermana 누나; 여동생	
mi 나의	
bajo 작은	
tener 가지다	
ella 그녀는(주격)	
pelo 머리카락	
negro 검은; 검정	
qué 무엇	
universidad 대학교	
hermano 형; 남동생	
gordo 뚱뚱한	
alegre 기쁜	
él 그는(주격)	
francés 프랑스어; 프랑스인(남성)	

DIÁLOGO A

마리아　잘 지내니, 빼드로?
페드로　매우 잘 지내. 너는?
마리아　잘 지내. 너희 스페인어 선생님 어때?
페드로　매우 친절하고 좋으셔.
마리아　잘 생겼니?
페드로　음... 어떻게 말해야 할 지 모르겠다.[1] 하지만 매우 키가 크고, 날씬해.
마리아　하하하...

DIÁLOGO B

마리아　네 여동생은 어때?[2]
페드로　내 동생? 매우 친절해. 키는 작고 말랐지.
　　　　그녀는 검은 머리이다.[3]
마리아　네 동생은 뭐하는데?
페드로　그녀는 대학생이야.
　　　　네 동생은 어때?
마리아　그는 키가 크고 뚱뚱해. 그리고 매우 유쾌해.
페드로　그는 뭐하는데?
마리아　그는 프랑스어 선생님이야.

3 그녀는 검은 머리이다.

Ella tiene el pelo negro.

tener동사를 사용하여, 신체의 모습을 나타내는 표현 중에 머리모양을 나타낸 것이다.

Él tiene el pelo rubio.　그는 금발머리이다.
Ella tiene el pelo rizado.　그녀는 곱슬머리이다.

1 성격 및 외모를 나타내는 표현

■ 성격

Ella es muy amable. 그녀는 매우 친절하다.

Él es simpático. 그는 착하다.

한국어	스페인어
친절한	amable
착한	simpático
좋은	bueno
못된	antipático
나쁜	malo
고집 센	terco
총명한	inteligente
게으른	perezoso

성격을 나타내는 형용사는 수식하는 명사에 따라, 성수일치를 시켜야 한다.

Él es simpático. 그는 착하다.

Ella es simpática. 그녀는 착하다.

Ellos son antipáticos. 그들은 못됐다.

Ellas son antipáticas. 그녀들은 못됐다.

■ 외모

Ella es alta. 그녀는 키가 크다.

Él es gordo. 그는 뚱뚱하다.

한국어	스페인어
(덩치가) 큰	grande
(체구가) 작은	pequeño
(키가) 큰	alto
(키가) 작은	bajo
뚱뚱한	gordo
마른	delgado
잘생긴	guapo
예쁜	bonito, hermoso, guapo
못생긴	feo

외모를 나타내는 형용사는 수식하는 명사에 따라, 성수일치를 시켜야 한다.

Él es bajo.	그는 키가 작다.
Ella es baja.	그녀는 키가 작다.
Ellos son altos.	그들은 키가 크다.
Ellas son altas.	그녀들은 키가 크다.

2 tener 동사 변화형

『tener(가지다, 소유하다) 동사』는 불규칙 변화 형태로 사용되는 동사이다. 빈도 있게 사용되는 어휘임으로 반드시 암기를 해야 한다. 변화형 형태는 앞에서 배웠던 『venir 형태』와 유사하다.

Tengo mucho dinero.	나는 많은 돈을 가지고 있다.
Ella tiene el pelo rubio.	그녀는 금발을 가지고 있다.

주어	tener 변화	주어	tener 변화
Yo	tengo	Nosotros Nosotras	tenemos
Tú	tienes	Vosotros Vosotras	tenéis
Él Ella Usted	tiene	Ellos Ellas Ustedes	tienen

주의

영어 'have' 동사의 성격을 띄고 있지만, '소유'의미로만 사용된다. 영어의 문법 중 '완료형 have + p. p.'와 같은 쓰임으로는 tener를 사용할 수 없으며, 이 경우에는 'haber + p. p.'를 사용한다. 단, haber동사는 소유의 의미가 없다.

참고   **haber 동사변화 형태**

	단수	복수
1인칭	he	hemos
2인칭	has	habéis
3인칭	ha	han

Ella tiene muchas galletas.	그녀는 많은 과자를 가지고 있다.	(O)
Ella ha muchas galletas.	그녀는 많은 과자를 가지고 있다.	(X)
Ella tiene comido muchas galletas.	그녀가 많은 과자들을 먹어왔다.	(X)
Ella ha comido muchas galletas.	그녀가 많은 과자를 먹어왔다.	(O)

③ 직업을 나타내는 표현

직업을 나타내는 명칭이 『ser + 직업명칭』으로 사용될 때, 직업명칭 앞에 관사를 사용하지 않는다. 직업을 묻는 표현과 직업을 나타내는 표현은 다음과 같다.

¿Qué es él?

¿Qué son ellas?

Ella es profesora.

Yo soy médico.

그는 무엇을 하는 분이시죠?

그녀들 직업이 뭐예요?

그녀는 선생님이다.

나는 의사이다.

한국어	스페인어
선생님	profesor. profesora
가수	cantante
댄서	bailador. bailadora
의사	médico. médica
간호사	enfermero. enfermera
경찰	policía
우체부	cartero. cartera
변호사	abogado. abogada
군인	soldado. soldada
소방수	bombero. bombera
기자	periodista
기술자	mecánico. mecánica

▶ 직업을 나타내는 스페인어는 '남성형, 여성형' 순서로 썼으며, 하나만 써있는 경우는 남여 동일하게 사용하는 경우이다.

④ 소유형용사

『소유격(~의)』 형태의 어휘는 형용사임으로 수식하는 명사에 따라 그 형태가 결정이 된다. 스페인어에서는 소유격 형태가 명사 앞에서 수식하는 형태가 있고, 명사 뒤에서 수식하는 형태가 있는데, 여기에서는 앞에 있는 형태만 알아보도록 한다. 스페인어의 형용사는 명사에 따라 형태는 변화하지만, 의미는 변화하지 않는다.

mi libro	나의 책
tus libros	너의 책들
nuestra casa	우리들의 집
nuestras casas	우리들의 집들

한글	스페인어	한글	스페인어
나의	mi. mis	우리들의	nuestro. nuestra nuestros. nuestras
너의	tu. tus	너희들의	vuestro. vuestra vuestros. vuestras
그의 그녀의 당신의	su. sus	그들의 그녀들의 당신들의	su. sus

▶ 1인칭 · 2인칭 복수의 경우에는 남성과 여성을 구별하며, 나머지의 경우는 단수와 복수의 형태만 구별할 수 있다.

▶ 소유형용사는 명사 앞에도 오고, 뒤에도 올 수 있다.
의미는 변화하지 않으며, 그 형태가 바뀌는 경우가 있다. (참조: 8과)

mi libro	→ el libro mío	나의 책
mi casa	→ la casa mía	나의 집
mis libros	→ los libros míos	나의 책들
mis casas	→ las casas mías	나의 집들

⑤ 색을 나타내는 어휘

색깔을 나타내는 표현은 형용사와 명사로 나타낼 수 있습니다. 색깔 형용사의 경우는 남성 단수로 사용하는 경우가 대부분이다.

| el pelo negro | 검은 머리 |
| el pelo blanco | 흰 머리 |

한국어	스페인어
빨강	rojo(a)
노랑	amarillo(a)
초록	verde
파랑	azul
검정	negro(a)
흰	blanco(a)
주황	anaranjado(a)
밤	marrón
보라	violeta

▶ 어휘 뒤에 (a)를 붙이지 않은 경우는 남성형 · 여성형이 동일한 경우이다.

¿De qué color es esta casa?

→ Esta casa es de color rojo. 그 집은 빨강색입니다.

→ Esta casa es roja. 그 집은 빨강색입니다

▶ 질문 방식이 color를 통해서 색깔 형용사가 수식되도록 사용해도 되며, 직접 사물을 수식하는 형용사로 사용해도 가능하다.

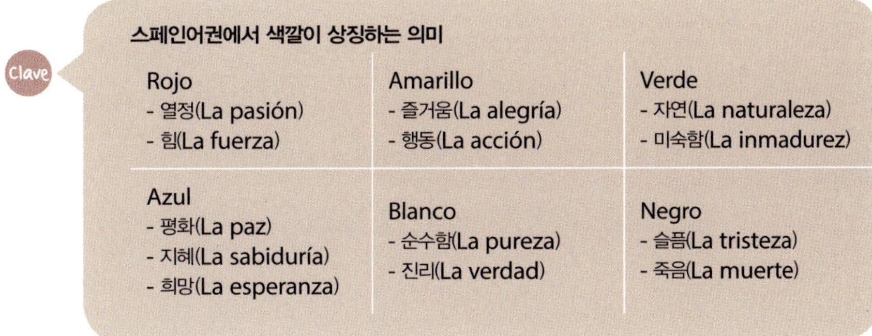

1. 잘 듣고 빈칸에 들어갈 말을 쓰시오.

María: ¿Qué tal, Pedro?

Pedro: Muy bien, gracias. ¿Y tú?

María: Bien, gracias.

         ¿Cómo es tu profesor de español?

Pedro: Él es muy ____________ⓐ____________.

María: ¿Es guapo?

Pedro: Um... No sé ________ⓑ________.

         Pero es muy ________ⓒ________.

María: Ja, ja, ja...

2. 잘 듣고 빈칸에 들어갈 말을 쓰시오.

María: ¿Cómo es tu hermana?

Pedro: ¿Mi hermana? Es muy amable. Es baja y delgada.

         Ella tiene ________ⓐ________.

María: ¿Qué es tu hermana?

Pedro: Ella es estudiante de la universidad.

         ¿Cómo es tu hermano?

María: Él es alto y gordo. Y es ____________ⓑ____________.

Pedro: ¿____________ⓒ____________?

María: Él es profesor de francés.

3. 빈칸에 들어갈 tener 동사의 변화형을 넣으시오.

주어	tener 변화	주어	tener 변화
Yo	ⓐ	Nosotros, Nosotras	ⓓ
Tú	ⓑ	Vosotros, Vosotras	ⓔ
Él, Ella, Usted	ⓒ	Ellos, Ellas, Ustedes	ⓕ

4. 다음 한글을 스페인어로 옮겨서 쓰시오.

ⓐ 나의 책들 → ______________________

ⓑ 너의 선생님(남) → ______________________

ⓒ 그의 학생 → ______________________

ⓓ 우리들의 집 → ______________________

ⓔ 너희들의 자매들 → ______________________

ⓕ 당신들의 선생님(여) → ______________________

5. 다음 한글을 스페인어로 옮겨서 쓰시오.

ⓐ 그는 키가 크고 뚱뚱하다.

→ Él es ______________________ y ______________________.

ⓑ 그녀는 예쁘고 날씬하다.

→ Ella es ______________________ y ______________________.

ⓒ 책은 검정색이다.

→ El libro es ______________________.

ⓓ 집들은 흰색이다.

→ Las casas son ______________________.

ⓔ 그녀들은 댄서들이다.

→ Ellas son ______________________.

ⓕ 우리는 변호사이다.

→ Nosotros somos ______________________.

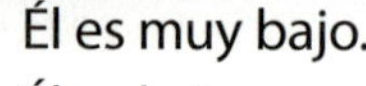

Él es muy bajo.	그는 너무 작다.
Él es bajo.	그는 작다.
Él es de estatura mediana.	그는 평균 키에 속한다.
Él es alto.	그는 크다.
Él es muy alto.	그는 너무 크다.
Él es demasiado alto.	그는 심하게 크다.
Él es grande.	그는 체구가 크다.
Él es diestro.	그는 오른손잡이다.
Él es ciego.	그는 장님이다.
Él es mudo.	그는 벙어리다.
Él es sordo.	그는 귀머거리다.
Él tiene el pelo grueso y abundante.	그는 머리숱이 많다.
Él tiene los pies grandes.	그는 발이 크다.

- -

Ella es flaca.	그녀는 말랐다.
Ella es delgada.	그녀는 날씬하다.
Ella es rechoncha.	그녀는 땅딸막하다.
Ella es gorda.	그녀는 뚱뚱하다.
Ella es gordita.	그녀는 통통하다.
Ella es muy gorda.	그녀는 매우 뚱뚱하다.
Ella es obesa.	그녀는 심하게 뚱뚱하다.
Ella es grande.	그녀는 체구가 크다.
Ella es pequeña.	그녀는 체구가 작다.
Ella es siniestra.	그녀는 왼손잡이다.
Ella tiene el brazo grueso.	그녀는 팔이 굵다.
Ells tiene los dedos sarmentosos.	그녀는 손가락이 가늘고 길다.

04-4. MP3

성격

preocupado	걱정스런
asustado	겁에 질린
nervioso	긴장한
sorprendido	놀란
averigonzado	당황한
tímido	수줍은
triste	슬픈
orgulloso	자랑스런
aburrido	지루한
horrorizado	충격 먹은
contento	만족스런
confuso	혼란스런
enfadado	화난
seguro	확신하는
entusiasmado	흥분한

simpático/-a	착한
antipático/-a	적대적인
majo/-a	나이스한
listo/-a	똑똑한
positivo/-a	긍정적인
activo/-a	적극적인
vago/-a	게으른
perezoso/-a	게으른
inteligente	똑똑한
loco/-a	미친
creativo/-a	창의적인
amable	친절한
tonto/-a	바보스런
alegre	유쾌한
triste	슬픈

외형

grande	덩치가 큰
pequeño	덩치가 작은
ancho	폭이 넓은
estrecho	폭이 좁은
alto	키가 큰
bajo	키가 작은
gordo	살찐
flaco	깡마른
rechoncho	포동포동한
rígido	뻣뻣한
flexible	유연한
redondo	둥근
alargado	긴

cuadrado	네모진
joven	젊은
mayor	나이든
viejo/-a	늙은
alto/-a	키 큰
bajo/-a	키 작은
gordo/-a	뚱뚱한
delgado/-a	마른

grande	큰
pequeño/-a	작은
guapo/-a	잘생긴; 예쁜
feo/-a	못생긴
fuerte	힘센
débil	힘 약한
moreno/-a	구릿빛의(머리카락은 검은)
rubio/-a	금발의
pelirrojo/-a	빨간 머리의
calvo/-a	대머리의
ojos negros	검은 눈
ojos azules	파란 눈

ojos verdes	초록 눈
barba	턱수염
bigote	콧수염
pelo corto	짧은 머리
pelo largo	긴 머리
pelo liso	생머리
pelo rizado	곱슬머리

스페인 기차 이용

"몇 시 기차로 예약했어?"
¿Reservaste a qué hora saldría el tren?

스페인의 기차 요금은 '좌석 예약'과 '기차 예약' 두 가지로 나눠져 있다. 예약비는 말 그대로 자신이 탈 시간과 기차를 선택해 예약만 하는 것을 의미하며, 예약비를 내고 예약증(표)를 받는 것이다. 그리고 탑승을 할 때가 되면 따로 탑승 시기에 창구로 가서 예약증을 보여주고, 기차표를 구입해야 한다. 유럽여행을 위해 유레일패스 소지를 한 경우는 그 패스가 기차표를 의미하므로 따로 기차표를 구입할 필요가 없고 유레일패스 소지자는 예약증만 구입하면 된다. 만약, 가장 많이 이용하는 스페인 기차 사이트(www.renfe.com)에서 표를 예매할 때, 선택할 수 있는 요금 제도를 알아보면 다음과 같다.

❶ 테이블(Mesa) 표시: 네 명이 함께 구입하면 싸다. 두 명의 요금으로 네 명이 여행 할 수 있는 것이며, 세 명이 구입해도 관계없다. 변경은 불가하며, 취소 시 50%의 수수료를 내야하고 나머지는 돌려받을 수 있다.

❷ W(Web) 표시: 50%, 60%, 70% 할인으로 세 단계의 할인 요금이 있다. 최소 15일 최대는 45일 전으로 각각 요금이 나오는 시기가 다르다. 변경은 되지 않으며, 취소는 50%의 수수료를 내고 나머지를 돌려받을 수 있다. 다른 할인 카드나 이벤트 등과 함께 적용되지 않는다.

❸ 별(Estrella) 표시: 앞에 있는 W(Web) 기차표가 소진되면, 최소 7일 전까지 구입해야 적용 가능한 별(Estrella)표시 요금으로 가격이 약간 올라가지만, 이 역시 할인 기차표이다. 30%~40% 할인 되는 요금으로, 구입한 당일 변경 시 15%의 수수료가 붙으며, 다른 날짜에 변경할 때는 20%의 수수료를 내고 변경할 수 있다. 하지만 예약 한 날짜 7일 전 부터 정상 요금으로 바뀌기 때문에 이 시기에 변경을 하려면 가격은 정상 요금에서의 수수료를 내야한다. 취소는 30%의 수수료를 내고 나머지를 돌려받을 수 있으며 다른 할인과 함께 적용되지 않는다.

AVE(Alta Velocidad Española)

마드리드를 기점으로 세비야(Sevilla)와 코르도바(Córdoba)를 연결하는 초고속 열차이다.
1991년 이전의 악명 높던 불편한 스페인의 기차 체계를 완전히 바꿔놓은 열차이다.
이 열차는 반드시 예매를 해야하며, 최고급 [C], 고급 [P], 일반 [T]로 구분이 된다.
유러일패스 소지자의 경우는 T클래스에 일반요금의 15%를 지불하면 승차할 수 있다.

TALGO

마드리드에서 말라가(Málaga), 카디스(Cádiz)까지 시속 200Km로 운행하는 고속 열차이다.

RENFE

스페인 각 지방을 연결하는 국철이다. 이베리아 철도 패스(Iberic Railpass)를 사용하면 스페인 국철과 포르투갈 국철을
무제한 이용할 수 있다. AVE, TALGO를 이용할 때는 추가요금이 발생한다.

FEVE

칸타브리아(Cantabria)와 아스투리아스(Asturias)를 연결하는 협궤열차로 빌바오(Bilbao), 레온(León), 부르고스
(Burgos), 발렌시아(Valencia) 등의 도시를 운행한다. 즉, 스페인 북서부를 여행할 사람이라면 이 열차를 이용한다.

¿Dónde está
la parada de autobús?
버스정류장은 어디에 있나요?

LECCIÓN

5

- ir 동사
- hay와 estar 동사 차이
- 위치 부사
- 교통수단
- tomar, caminar 동사

DIÁLOGO A

Alonso
¿Cómo voy al centro de la ciudad?
꼬모 보이 알 쎈뜨로 데 라 씨우닫

María
Toma el autobús o el metro para ir al centro de la ciudad.
또마 엘 아우또부스 오 엘 메뜨로 빠라 이르 알 쎈뜨로 데 라 씨우닫

Alonso
¿Dónde está la parada de autobús?
돈데 에스따 라 빠라다 데 아우또부스

María
Está a 5 minutos de aquí. Camina por esta calle.
에스따 아 씬꼬 미누또스 데 아끼 까미나 뽀르 에스따 까예

Alonso
Gracias.
그라씨아스

만세 포인트

---

1 시내에 어떻게 가야 하지요?

¿Cómo voy al centro de la ciudad?

길을 물어볼 때, 사용할 수 있는 표현으로 장소에 대한 부분 명칭만 알아두면 편리하게 이용할 수 있다.

¿Cómo voy al museo Seúl?
서울 박물관은 어떻게 가나요?

¿Cómo voy a la universidad Hankuk?
한국대학은 어떻게 가나요?

2 여기에서 5분 거리에 있어.

Está a 5 minutos de aquí.

『estar a + 시간/거리』로 나타낼 수 있는 표현이다.

La escuela está a 10 minutos andando.
학교는 걸어서 10분 거리이다.

El hotel Hankuk está a 5 minutos en coche.
한국호텔은 차로 5분 거리이다.

DIÁLOGO B

Alonso
Perdón, ¿hay un hotel bueno por aquí?
뻬르돈 아이 운 오뗄 부에노 뽀르 아끼

María
Si, hay uno. Está a 5 minutos andando.
씨 아이 우노 에스따 아 씬꼬 미누또스 안단도

Alonso
Gracias. ¿Es usted de aquí, España?
그라씨아스 에스 우스뗃 데 아끼 에스빠냐

María
No, soy de Colombia. Soy estudiante de
노 소이 데 꼴롬비아 소이 에스뚜디안떼 데

la universidad.
라 우니베르시닫

¿De dónde eres?
데 돈데 에레스

Alonso
Soy de Corea. Mucho gusto.
소이 데 꼬레아 무초 구스또

María
Encantada.
엔깐따다

---

ir 가다
al a(~로) + el(남성 정관사)
centro 중심
ciudad 도시
tomar 타다; 잡다
autobús 버스
metro 전철
parada 승차장
minuto 분
aquí 여기
calle 거리
perdón 실례(합니다)
hay ~이 존재하다
hotel 호텔
andar 걷다
España 스페인
Colombia 콜롬비아

DIÁLOGO A

알론소 　시내에 어떻게 가야 하지?　[1]
마리아　시내에 가기 위해서는 버스나 전철을 타라.
알론소　버스정류장이 어디에 있지?
마리아　여기에서 5분 거리에 있어.　[2] 이 길로 걸어가.
알론소　고마워.

DIÁLOGO B

알론소　실례합니다. 이 근처에 좋은 호텔이 있나요?　[3]
마리아　응, 걸어서 5분 거리에 하나 있어.
알론소　고맙습니다. 당신은 여기, 스페인 출신인가요?
마리아　아니. 난 콜롬비아 출신이야. 대학생이지.
　　　　넌 어디서 왔니?
알론소　저는 한국에서 왔습니다. 반갑습니다.
마리아　반가워.

---

3 이 근처에 좋은 호텔이 있나요?

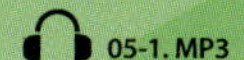

¿Hay un hotel bueno por aquí?

「동사 hay」를 사용하여, 어떤 장소에 물건이 있는지 물어 볼 수 있는 표현이다. 동사변화를 하지 않기 때문에 간편하게 사용할 수있는 표현이다.

¿Hay un baño por aquí?
이 근처에 화장실이 있나요?

¿Hay un hotel bueno por aquí?
이 근처에 좋은 숙소(호텔)가 있나요?

1 ir 동사변화

『ir(가다) 동사』는 불규칙 동사변화 형태로 그 변화형이 매우 특이하다. 변화형이 어려울 수 있지만, 불규칙 동사 중에서 이전에 배웠던『estar, ser』와 더불어 꼭 암기해 둔다.

| Yo voy a la escuela. | 난 학교로 간다. |
| Ellas van al centro de la ciudad. | 그녀들은 시내에 간다. |

주어	ir 변화	주어	ir 변화
Yo	voy	Nosotros / Nosotras	vamos
Tú	vas	Vosotros / Vosotras	vais
Él / Ella / Usted	va	Ellos / Ellas / Ustedes	van

2 hay와 estar 동사의 비교

『hay 동사』의 경우는 '~이 존재 한다'라는 의미로 동사의 변화없이 사용할 수 있다. 단, 명사의 경우 정관사나 소유형용사를 사용할 수 없다. 'hay' 동사는 지정된 위치에 사물이나 사람이 있는지 없는지 존재의 유무를 묻거나 설명할 때 사용한다.

Hay un libro sobre la mesa.	책상 위에는 책 한 권이 있다.
Hay tres estudiantes en la clase.	교실에는 3명의 학생이 있다.
¿Qué hay sobre la mesa?	책상 위에는 무엇이 있나요?

『estar 동사』의 경우는 '~에 위치하고 있다'라는 의미로 특정 사물이나 명확히 구별이 가능한 사람이 '어디에 있는지'에 관해 묻거나 설명할 때 사용한다.

Mi libro está sobre la mesa.	내 책은 책상 위에 있다.
Los estudiantes están en la clase.	학생들은 교실에 있다.
¿Dónde está el libro?	그 책은 어디에 있나요?

'위치 부사'는 단독으로 위치를 언급하는 말로 다른 외국어에 비해 여러 가지 표현을 가지고 있다.

El reloj está arriba.

Los niños están afuera.

시계가 위쪽에 있다.

아이들이 바깥쪽에 있다.

위치 부사

aquí	여기
ahí	거기
allí	저기
arriba	위에
abajo	아래에
al centro	가운데에
adentro	안쪽에
afuera	바깥쪽에
adelante	앞쪽에
atrás	뒤쪽에

4 『estar a + 시간/거리』 표현

@ + estar a + 시간 + 수단   →   @는 ～시간 거리에 있다.

La estación del metro está a cinco minutos andando.
전철역은 걸어서 5분 거리에 있다.

La escuela está a 10 minutos en coche.
학교는 차로 10분 거리에 있다.

■ 수단

andando 걸어서   en coche 차로   en autobús 버스로

en taxi 택시로   en bicicleta 자전거로

ⓐ + estar a + 거리   →   ⓐ는 ～거리에 있다.

La escuela está a 2 kilómetros de aquí.

학교는 여기에서 2킬로미터 지점에 있다.

Mi empresa está a unos 10 kilómetros de mi casa.

우리 회사는 집에서 약 10킬로미터 떨어져 있다.

5 교통수단의 표현

자동차 또는 교통수단을 이용하는 표현으로 직접 타는 것을 표현할 때는『동사 tomar + 교통수단』을 나타낼 수 있고, 다른 동사와 전치사를 이용해 교통수단을 표현할 때는『en + 교통수단』을 사용한다.

tomar	el coche	자동차 타다
	el taxi	택시 타다
	el autobús	버스 타다
	el metro	전철 타다
	el tren	기차 타다
	el avión	비행기 타다

ir	en coche	자동차로 가다
	en taxi	택시로 가다
	en autobús	버스로 가다
	en metro	전철로 가다
	en tren	기차로 가다
	en avión	비행기로 가다

Yo tomo el metro para ir a la escuela.

난 학교에 가기 위해 전철을 탄다.

Ella va al parque en autobús.

그녀는 공원에 버스를 타고 간다.

6 1변화 규칙 동사 tomar, caminar

『tomar(타다), caminar(걷다)』의 동사는 1변화 규칙동사로 변화형은 'hablar 동사'와 동일하다.

주어	동사 변화	주어	동사 변화
Yo	tomo camino	Nosotros Nosotras	tomamos caminamos
Tú	tomas caminas	Vosotros Vosotras	tomáis camináis
Él Ella Usted	toma camina	Ellos Ellas Ustedes	toman caminan

Para ir a la escuela Hankuk, Ud. toma el metro desde aquí hasta la estación Kangnam, y después camina 5 minutos.

한국 학교에 가기 위해서, 여기에서 강남역까지 전철을 타세요. 그리고 이후에 5분을 걸으세요.

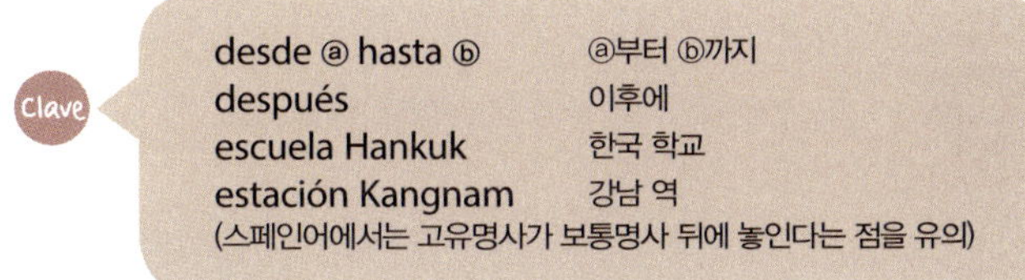

1. 잘 듣고 빈칸에 들어갈 말을 쓰시오.

Alonso:　¿Cómo voy ________ⓐ________?

María:　Toma el autobús o el metro para ir al centro de la ciudad.

Alonso:　¿Dónde está ________ⓑ________?

María:　Está ________ⓒ________. Camina por esta calle.

Alonso:　Gracias.

2. 잘 듣고 빈칸에 들어갈 말을 쓰시오.

Alonso:　Perdón, ¿hay un hotel bueno por aquí?

María:　Si, hay uno. Está ________ⓐ________.

Alonso:　Gracias. ¿ ________ⓑ________ , España?

María:　No, soy de Colombia. Soy estudiante de la universidad.
　　　　¿ ________ⓒ________ ?

Alonso:　Soy de Corea. Mucho gusto.

María:　Encantada.

3. 빈칸에 **ir** 동사의 변화형을 넣으시오.

주어	ir 변화	주어	ir 변화
Yo	ⓐ	Nosotros Nosotras	ⓓ
Tú	ⓑ	Vosotros Vosotras	ⓔ
Él, Ella, Usted	ⓒ	Ellos, Ellas, Ustedes	ⓕ

4. 다음 한글을 스페인어로 옮길 때, 빈칸에 들어갈 말을 쓰시오.

ⓐ 학교는 걸어서 5분 거리에 있다.

→ La escuela está a cinco minutos ______________________________.

ⓑ 집은 전철로 20분 거리에 있다.

→ La casa está a veinte minutos ______________________________.

ⓒ 시계는 위에 있다.

→ El reloj está ______________________________.

ⓓ 책은 안쪽에 있다.

→ El libro está ______________________________.

ⓔ 그는 비행기를 탄다.

→ Él ______________ el avión.

ⓕ 그녀들은 기차를 탄다.

→ Ellas ______________ el tren.

5. 다음 빈칸에 hay 동사를 사용할 수 있는 경우를 모두 고르시오.

ⓐ ¿ ______________ el hotel Hankuk por allí?

ⓑ Mis libros ______________ sobre la mesa.

ⓒ ______________ tres casas por aquí.

ⓓ La casa ______________ a tres minutos de aquí.

ⓔ ¿ ______________ tu profesor en la clase?

05-3. MP3  **05**

버스

¿Dónde se compra el billete?	승차권은 어디서 사야하죠?
¿Dónde está la parada de autobús para Seúl?	서울행 버스정류장은 어디죠?
Voy a bajar en la próxima parada.	다음 정류장에서 내립니다.
Déjeme bajar aquí.	여기서 내려주세요.
¿Cuál es la parada de autobús para Madrid?	마드리드행 버스 승차장은 어디죠?
¿Dónde puedo comprar ~?	어디에서 ~를 구매할 수 있나요?
un billete	승차권
un abono	시즌권
un billete para ida solamente	편도 표
un billete para ida y vuelta	왕복 표
¿Hay algún descuento para estudiantes?	학생할인이 있나요?

기차

¿Tengo que hacer transbordo (aquí)?	제가 (여기서) 환승을 해야 하나요?
¿A qué hora sale el tren para Busan?	부산행 기차는 몇 시에 출발하나요?
¿Cuánto tiempo va a tardar?	(운행은) 몇 시간 걸립니까?
¿De qué andén sale el tren para Madrid?	어떤 플랫폼에서 마드리드 행 기차가 출발하나요?
¿A qué hora es ~ para Madrid?	마드리드행 ~ 몇 시에 있습니까?
el primer tren	첫 번째 기차
el próximo tren	다음 기차
el último tren	마지막 기차
¿Los trenes son frecuentes?	기차들은 자주 있나요?
¿A qué hora llega a Barcelona?	바르셀로나에 몇 시에 도착하나요?

비행기

Quiero reservar un vuelo para Barcelona.	바르셀로나 행 비행기를 예약하고 싶습니다.
Quiero anular mi reserva.	예약을 취소하고 싶습니다.
¿Es el vuelo directo?	직항인가요?
¿No para durante el vuelo?	도착까지 경유지가 없죠?
¿A qué hora tengo que facturar?	몇 시에 체크인을 해야 합니까?
¿Hay algún retraso?	연착이 있나요?
¿Qué puerta es?	몇 번 게이트인가요?

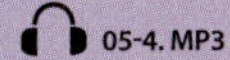
05-4. MP3

la salida	출발, 출구
la llegada	도착
la parada	정류장
la estación	역
el andén	플랫폼
el portillo de andén	개찰구
la sala de espera	대기실
los objetos perdidos	분실물
el aeropuerto	공항
el carrito	캐리어
el billete de ida	편도 표
el billete de ida y vuelta	왕복 표
el coche-cama	침대차
la terminal	터미널(종착역)

la acera	인도
la avenida	가로수 길
la plaza	광장
la plaza mayor	메인 광장
el ayuntamiento	구청, 시청
el parque	공원
el centro de la ciudad	시내
el mercado	시장
el mercadillo	벼룩시장
el paso peatonal	건널목
el casco histórico	오래된 도시
el museo	박물관
la biblioteca	도서관
el palacio	궁(전)

el tren directo	직행 기차
la reservación	예약
el equipaje	짐
el servicio	화장실
el aseo	화장실
el impuesto	세금
la entrada	입구
la aduana	세관
declarar	신고하다
la calle	길
el camino	걷는 길
la carretera	찻길

la iglesia	교회
la catedral	성당
el templo	절, 사원
la zona	지역
el puente	교각
la fuente	분수(f.)
la torre	탑(f.)
el banco	은행
el edificio	건물
el rascacielos	고층빌딩
el túnel	터널

중남미 축제

"중남미에는 무슨 축제가 있을까?"

¿Hay algunas fiesta en la América Latina?

2월 아르헨티나 카니발, 괄레과이추(Gualeguaychú) 축제

브라질의 삼바축제와 같은 형태의 축제이다. 500미터가 넘는 퍼레이드 행렬로 두 달 넘게 진행되는 전 세계에서 가장 오래 동안 진행되는 퍼레이드로 유명하다.

볼리비아 오루로(Oruro) 카니발

남미 3대 축제 중에 하나인 볼리비아 오루로 카니발 축제는 매년 2월에 10일 동안 열리는 음악, 댄스, 수공예품 축제이다. 2000년 이상이 된 종교적 축제이며, 세계문화유산에 지정되어 있다. 이 축제에서는 '악마의 춤(La Diablada)'이 특히 유명한데, 금은보석을 박은 용의 머리처럼 보이는 가면을 쓰고 철광 수호신 성모 소카본(Virgen del Socavón)을 받드는 춤이다.

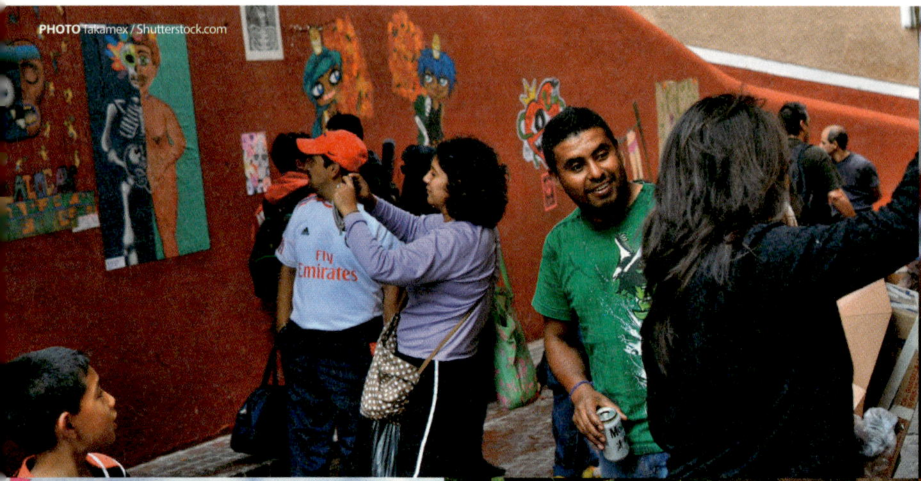

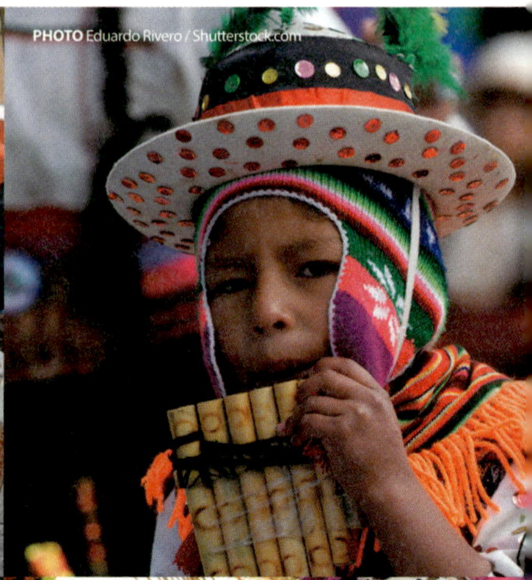

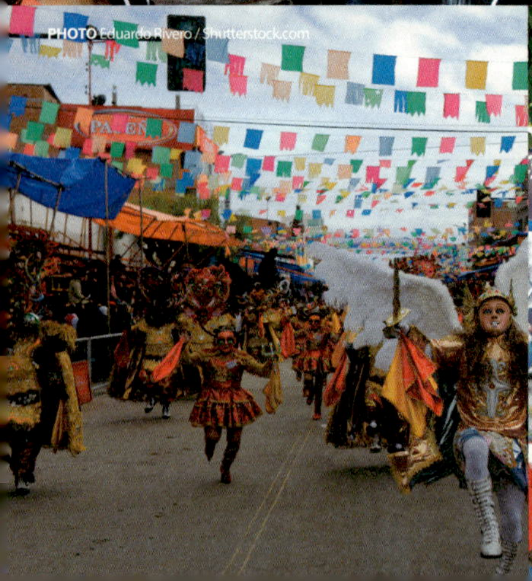

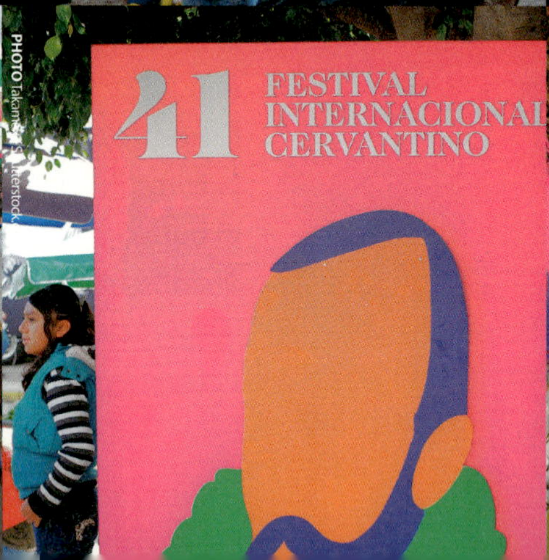

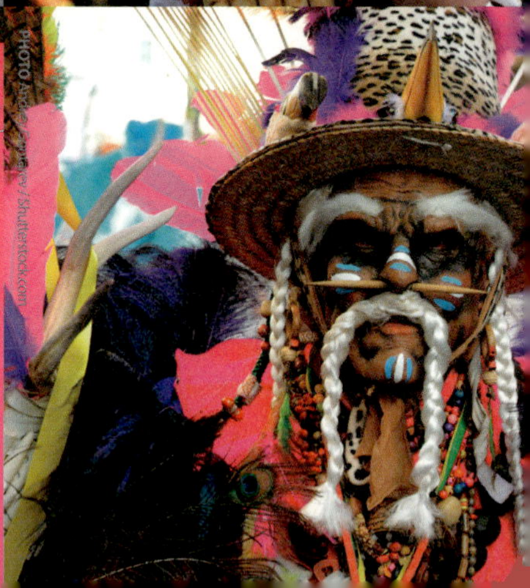

6월 페루, 태양 축제(Inti Raimi)

페루의 쿠스코(Cusco)에서 6월 24일에 열리는 축제.
남미 3대 축제 중의 하나인 인티 라이미, 즉 태양 축제는 잉카 문명의 전통과 문화를 느낄 수 있는 축제이다.

10월 멕시코, 세르반티노 축제(Fiesta del Cervantino)

세계 10대 축제 중 하나로 중남미 최대의 예술 축제.
돈키호테의 작가 세르반테스를 기리기 위해 시작했으며, 전 세계 예술가들이 모여 콘서트, 무용, 연극 등 공연을 한다.

11월 멕시코, 사자(死者)의 날(Día de muertos)

죽은 조상을 기리는 멕시코인들의 풍습이다. 미국의 핼러윈 데이처럼 기괴한 복장을 하고, 집집마다 다니며 사탕을 얻으러 다니는 풍습이며 일반적으로 11월 1일과 2일에 이 날을 보낸다.

1월 콜롬비아의 Carnaval de blancos y negros
인종차별을 없애자는 취지의 축제.
하루는 하얗게, 하루는 검게 치장함.

2~3월 볼리비아의 Carnaval de Oruro
사순절 전 열흘 동안의 축제.
2천년 이상된 종교적 축제로 공동체의 문화적 동질성을 강화하기 위한 축제.

5월 멕시코의 Cinco de Mayo
멕시코 혈통을 가진 미국인들이 즐기는 축제이자, 멕시코와 미국의 협력과 우의를 기념하는 축제.

7월 콜롬비아의 La feria de las flores en Medellín
세계적인 꽃 수출을 기념하기 위한 꽃의 축제.
꽃의 도시인 메데인에서 패션과 미인대회 등을 개최함.

12월 아르헨티나의 La gran milonga nacional
아르헨티나 부에노스아이레스의 중심가에서 펼쳐지는 탱고 축제.

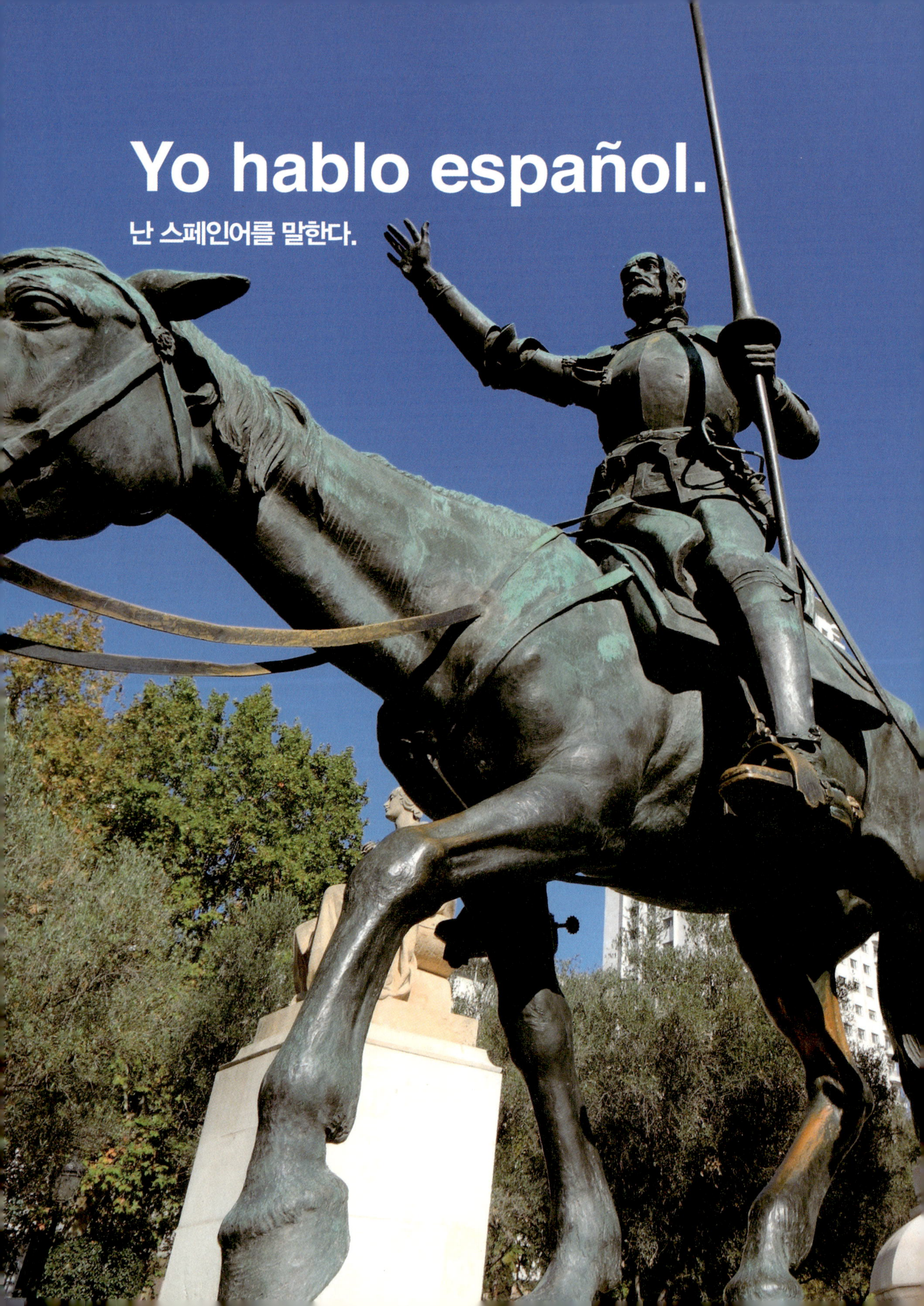
Yo hablo español.
난 스페인어를 말한다.

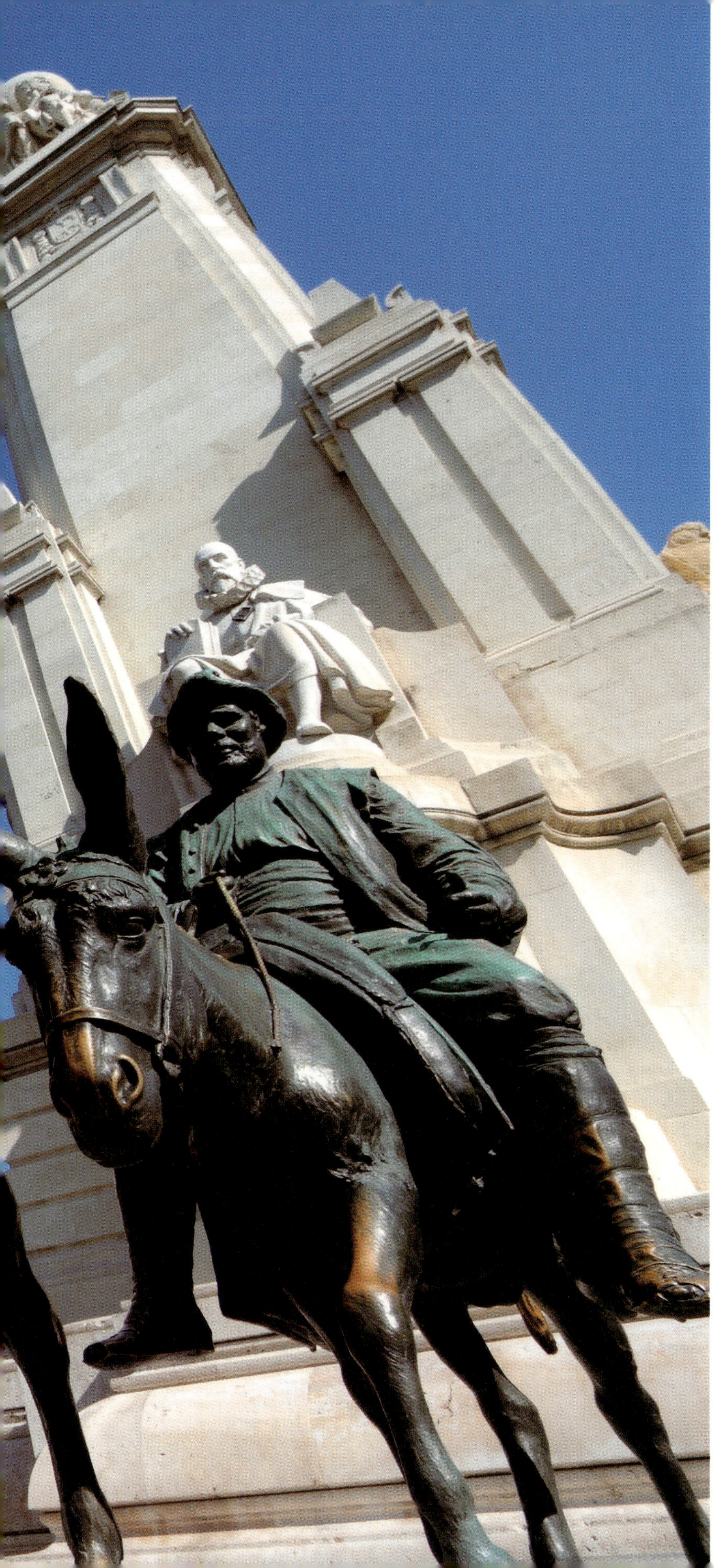

LECCIÓN 6

- llamarse 재귀형 동사
- 의문사 qué
- 언어명
- 접속사

DIÁLOGO A

Pedro
¿Cómo te llamas?
꼬모 떼 야마스

María
Me llamo María.
메 야모 마리아

Pedro
¿Qué lenguas hablas?
께 렝구아스 아블라스

María
Hablo coreano y español.
아블로 꼬레아노 이 에스빠뇰

만세
포인트

1 내 이름은 마리아입니다.
Me llamo María.

『llamarse 불리다』 동사를 통해 이름을 묻고 대답할 수 있는 동사로 동사와 함께 재귀형을 사용한다는 것을 확인하자.

¿Cómo te llamas? 네 이름이 뭐니?
¿Cómo se llama Ud.? 당신 이름이 뭐죠?

2 제 이름은 페르난도입니다. **Mi nombre es Fernando.**

이름을 말할 때는 'Me llamo Fernando. Yo soy Fernando'라는 방식으로 이야기할 수 있지만, 이름이나 성(姓)을 구별해서 말하는 경우에 사용하는 방법이 바로 'Mi nombre es...'와 같다. 참고로 성(姓)은 『el apellido』이다.

¿Cuál es tu nombre? 네 이름이 어떻게 되니?
Mi apellido es González. 나의 성(姓)은 곤살레스이다.

DIÁLOGO B

María	**¿De dónde eres?** 데 돈데 에레스
Insu	**Soy coreano.** 소이 꼬레아노
María	**¿Hablas español?** 아블라스 에스빠뇰
Insu	**Sí, pero no hablo bien español.** 시 뻬로 노 아블로 비엔 에스빠뇰
María	**¿Qué lenguas hablas tú?** 께 렝구아스 아블라스 뚜
Insu	**Hablo coreano e inglés muy bien. Pero, hablo** 아블로 꼬레아노 에 잉글레스 무이 비엔 뻬로 아블로 **español un poco.** 에스빠뇰 운 뽀꼬

llamar 부르다
llamarse 불리우다
lengua 언어
y 그리고
coreano 한국어; 한국사람(남성)
español 스페인어; 스페인사람(남성)
pero 그러나
e 그리고(y)의 변형형태
inglés 영어; 영국사람(남성)
bien 잘, 좋게; 꽤
un poco 조금
nombre 이름(名)
apellido 성(姓)
cuál 어떤 (것)
de ～에 관해서(전치사)
con ～와 함께(전치사)

DIÁLOGO A

페드로	네 이름이 뭐니?
마리아	내 이름은 마리아입니다. [1]
페드로	넌 무슨 언어를 말하니?
마리아	저는 한국어와 스페인어를 말합니다. [3]

DIÁLOGO B

마리아	넌 어디 사람이니?
인수	전 한국 사람입니다.
마리아	스페인어를 말하니?
인수	네, 하지만 스페인어를 잘하지는 못합니다.
마리아	넌 무슨 언어를 말하니?
인수	한국어와 영어를 매우 잘 합니다. 하지만 스페인어는 조금 합니다.

3 저는 한국어와 스페인어를 말합니다.
Hablo coreano y español.

hablar동사는 직접목적어를 언어만 예외적으로 인정해주며, 다른 명사를 사용할 경우에는 「hablar de + 명사, con + 대화상대」를 사용한다.

Ella habla de Pedro. 그녀는 빼드로에 대해 이야기한다.
Ella habla con Pedro. 그녀는 빼드로와 이야기 한다.

GRAMÁTICA 06 문법 따라잡기

1 llamarse 재귀형 동사

일반 타동사를 자동사형으로 바꾸게 되면 목적어를 사용할 수 없게 되는데, 일반적으로 스페인어에서 타동사형과 자동사형의 어휘가 별도 형태를 띄고 있는 것이 아니라, se의 변화형을 인칭, 수에 따라 함께 사용하여 타동사를 자동사로 변형시켜줄 수 있다.

Yo llamo a mi amigo.	나는 내 친구를 부른다(친구에게 전화를 한다).
Ella se llama María.	그녀는 마리아로 불린다(이름이 마리아다).

참고 **llamarse 동사 변화**

	단수	복수
1인칭	me llamo	nos llamamos
2인칭	te llamas	os llamáis
3인칭	se llama	se llaman

2 의문사 qué

의문사 qué는 명사로 사용될 때 영어의 what의 의미를 가지며, 형용사로 사용될 때는 영어의 what, which의 형용사적 역할과 동일하게 사용된다. 참고로 의문사 cuál은 형용사의 역할을 할 수 없다.

명사적 사용

¿Qué es esto?	이것은 무엇입니까?
¿Qué es él?	그의 직업은 무엇입니까?

형용사적 사용

¿Qué libro quieres?	넌 어떤 책을 좋아하니?
¿Qué día es hoy?	오늘은 무슨 요일입니까?

3 hablar + 언어명

hablar는 자동사형태 동사임으로 직접적으로 목적어를 사용할 수 없다. 하지만, 언어명칭에 대해서는 예외적으로 목적어로 사용할 수 있게 되어 있다. 그리고 언어 명칭을 쓸 때에 관사를 쓰지 않는 것이 일반적이다.

Ella habla inglés muy bien.	그녀는 매우 잘 영어를 말한다.
Él habla de la escuela.	그는 학교에 관해 이야기 한다.
Pedro habla con María.	페드로는 마리아와 이야기한다.

4 출신지 말하기 정리

> ser + de + 국가명
> ser + 국가형용사

- 출신지, 근원지, 재료, 소유관계를 나타낼 때는 'ser + de + (출신지, 재료, 소유자)'의 어순을 따라 표현한다.

A ¿De dónde eres?	넌 어디 출신이니?
B Soy de España.	난 스페인 출신이다.
(Soy español.)	난 스페인 사람이다.
A ¿De qué es este helado?	이 아이스크림은 무엇으로 만들었나요?
B Es de naranja.	오렌지로 만들었어요.
A ¿De quién es este libro?	이 책은 누구의 것이죠?
B Es de Pedro.	페드로 것입니다.

사람을 지칭하거나 언어명을 지칭할 때, 국가 형용사가 사용되는데, 언어명은 남성 단수 형태를 사용함에 주의한다. 국가 형용사와 언어명이 다른 경우도 있다.
예) mexicano 멕시코인 / español 스페인어

¿De dónde eres?	너는 어디 출신이니?
¿De qué país eres?	어느 나라 출신이니?
¿De qué parte de España eres?	넌 스페인 어느 지역 출신이니?
¿Cuál es tu nacionalidad?	너의 국적은 어디지?
Soy de México.	저는 멕시코 출신입니다.
Soy mexicano.	저는 멕시코인(남)입니다.
Soy mexicana.	저는 멕시코인(여)입니다.
Mi nacionalidad es mexicana.	제 국적은 멕시코입니다.

국가 이름	국가 형용사	언어명
Corea del Sur	coreano, coreana	coreano
España	español, española	español
México	mexicano, mexicana	español
Argentina	argentino, argentina	español
Inglaterra	inglés, inglesa	inglés
Estados Unidos	estadounidense	inglés
Francia	francés, francesa	francés
Alemania	alemán, alemana	alemán
China	chino, china	chino
Japón	japonés, japonesa	japonés

Ella es profesora de español.

그녀는 스페인어 선생님이다.

Él habla español, inglés y chino.

그는 스페인어, 영어 그리고 중국어를 말한다.

Yo aprendo el francés.

난 프랑스어를 배운다.

Mi amigo tiene un libro de alemán.

내 친구는 독일어 책을 가지고 있다.

▶ 'tiene'는 '가지다(tener)'동사의 3인칭 단수 형태. p.74 참고.
▶ 'aprendo'는 '배우다(aprender)'동사의 1인칭 단수 형태. p.135 (deber)동사 참고.

6 접속사

단어와 단어, 문장과 문장을 연결해주는 역할을 하는 어휘를 일컫는다.
가장 일반적인 어휘는 다음과 같다.

- y (그리고)

  María y José son amigos.
  마리아와 호세는 친구이다.

  José e Isabel son amigos.
  호세와 이사벨은 친구이다.

Clave 그리고(y) 뒤에 따라오는 어휘가 'hi- 또는 i-'로 시작하는 경우는 발음 혼동을 방지하기 위해 'e'로 바뀌는 것에 유의한다.

- o (또는)

  Blanco o negro   하얗거나 검은
  Siete u ocho   7 또는 8

Clave 또는(o) 뒤에 따라오는 어휘가 'ho- 또는 o-'로 시작하는 경우는 발음 혼동을 방지하기 위해 'u'로 바뀌는 것에 유의한다.

- pero (그러나)

  Hace calor, pero está nublado.
  날씨는 덥지만, 하늘은 흐리다.

  Él es pobre, pero honrado.
  그는 가난하지만, 정직하다.

- no ~ sino ~ (~이 아니고) ~이다.

  Pedro no es abogado sino médico.
  페드로는 변호사가 아니고 의사이다.

  No es allí, sino aquí.
  저기가 아니고 여기이다.

1. 잘 듣고 빈칸에 들어갈 말을 쓰시오.

José: ¿ _____ⓐ_____ te llamas?

María: Me llamo María.

José: ¿ _____ⓑ_____ hablas?

María: Hablo _____ⓒ_____ y español.

2. 잘 듣고 빈칸에 들어갈 말을 쓰시오.

Ana: ¿De _____ⓐ_____ eres?

Kim: Soy coreano.

Ana: ¿Hablas español?

Kim: Sí, _____ⓑ_____ no hablo bien español.

Ana: ¿Qué lenguas _____ⓒ_____ tú?

Kim: Hablo coreano _____ⓓ_____ muy bien. Pero, hablo español un poco.

3. 빈칸에 들어갈 llamarse의 형태를 쓰시오.

	단수	복수
1인칭	me llamo	ⓑ
2인칭	te llamas	os llamáis
3인칭	ⓐ	ⓒ

 **4.** 빈칸에 들어갈 말을 순서대로 바르게 짝지은 것은?

A : ¿ _______________ se llama ella?

B : Se llama Elena.

A : ¿De _______________ es ella?

B : Es de colombia.

① Cómo – qué　　② Qué – cómo

③ Quién – cómo　　④ Cómo – dónde

⑤ Quién – dónde

 **5.** 빈칸에 들어갈 언어명을 쓰시오.

국가 이름	국가 형용사	언어명
Corea del Sur	coreano. coreana	ⓐ
España	español. española	ⓑ
México	mexicano. mexicana	ⓒ
Inglaterra	inglés. inglesa	ⓓ
Estados Unidos	estadounidense	ⓔ
Francia	francés. francesa	ⓕ
Alemania	alemán. alemana	ⓖ

국가명, 국가 형용사 이용한 표현

Yo tengo unos amigos extranjeros.	나는 몇명의 외국 친구들이 있습니다.
Yo tengo unos amigos españoles.	나는 몇명의 스페인 친구들이 있습니다.
Ella es española.	그녀는 스페인 사람입니다.
Ella es de España.	그녀는 스페인 출신입니다.
Ella viene de España.	그녀는 스페인에서 왔습니다.
Ella habla español.	그녀는 스페인어를 말합니다.
Su nacionalidad es española.	그(녀)의 국적은 스페인입니다.
Ella se queda en España.	그녀는 스페인에 머물고 있습니다.
Ella vive en España.	그녀는 스페인에 살고 있습니다.
Ella está en España.	그녀는 스페인에 있다.
Él lee el libro de español.	그는 스페인어 (관련) 책을 읽고 있다.
Él lee el libro español de inglés.	그는 스페인에서 나온 영어 관련 책을 읽고 있다.
Él no hablo ni español ni coreano.	그는 스페인어도 한국어도 말하지 못한다.
Él es español de origen coreano.	그는 한국계 스페인 사람이다.
Él es profesor de español.	그는 스페인어 선생님이다.
Él es profesor español.	그는 스페인 (국적의) 선생님이다.

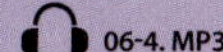

06-4. MP3

despertarse	잠에서 깨다	jugar	놀다
levantarse	일어나다	jugar al fútbol	축구하다
comer	먹다	empujar	밀다
estar bien	컨디션이 좋다	hablar	말하다
estar mal	컨디션이 안 좋다	mirar	보다
sentirse (bien)	기분이 (좋다)	ver	보다
sentirse (mal)	기분이 (나쁘다)	escuchar	듣다
tener hambre	배고프다	oír	듣다
hambre	배고픔(f.)	levantar los brazos	팔을 들다
tener sed	갈증이 나다	levantar los pies juntos	다리를 모아서 든다
sed	갈증(f.)	estar de pie	서 있다
tener calor	덥다	estar de pie sobre una pierna	한 다리로 서 있다
tener frío	춥다	estar de pie con las piernas abiertas	두 다리를 벌리고 서 있다
estar cansado	피곤하다		
respirar	숨쉬다	doblarse por la cintura	허리를 구부리다
andar	걷다	extender los brazos	팔을 펼치다
caminar	걷다	dar la vuelta	(한바퀴) 돌다
correr	뛰다	dar la vuelta a la cabeza	머리를 한바퀴 돌리다
tomar	타다, 먹다	agachar la cabeza	머리를 숙이다
tomar el tren	기차를 타다	inclinar el busto	상체를 숙이다
bajar	내리다	acostarse	잠자리에 들다
bajar del taxi	택시에서 내리다	tumbarse	눕다
bailar	춤추다	estar tumbado	누워있다
lavarse	씻다	sentarse	앉다
ducharse	샤워하다	estar sentado	앉아 있다
nadar	수영하다	traer	가지고 오다
acostarse	잠들다	llevar	가지고 가다
dormir	잠자다	abrir	열다
descansar	쉬다	cerrar	닫다
beber	마시다	atar	묶다
escoger	잡다	desatar	풀다
tocar	건드리다	echar	던지다
tocar el piano	피아노를 치다	recibir	받다
tocar el violín	바이올린을 치다		

스페인 사람들의 하루 일과

"스페인 사람들은 언제 먹고 자는지 아니?"
¿Sabes cuándo los españoles comen y duermen?

스페인 사람들의 일반적인 하루 일과

AM 7:00 **아침식사(Desayuno)**
에스프레소 커피 한 잔을 마신다. 무언가 더 먹는다면 크래커 또는
작은 크루아상 빵을 곁들인다. 겨울에는 주로 추로스를 먹는다.

AM 9:30 ~ PM 1:30 **가게 문을 여는 오전 시간**
이후에는 점심 시간을 갖기 위해 대부분의 가게가 문을 닫는다.

AM 11:00 **부족한 아침식사를 채우는 브런치(Brunch)**
바 또는 카페테리아에서 밀크 커피 한 잔과 크루아상 빵 정도를 먹는다. 이외에 오렌지 주스 한 잔과
바게트 샌드위치(bocadillo de Jamón)를 먹기도 한다.

PM 1:00 ~ PM 4:00 **이제는 과거로 사라져가는 낮잠(Siesta)**
현대에는 경쟁력과 생산성이 저하된다는 문제가 지적되면서 법적인 제도는 사라졌지만, 여전히 많은
사람들이 더운 여름에 휴식을 취하기 위해 낮잠을 잔다.

PM 2:00 ~ PM 4:00 길고 긴 점심식사(Almuerzo)
식당에서 제대로 된 식사를 즐긴다.

PM 4:30 ~ PM 9:00 가게 문을 여는 오후 시간
저녁 9시 늦은 시간까지 가게를 운영하는 곳은 유럽에서 스페인이 유일하다.

PM 6:00 저녁을 먹기 전에 허기진 배를 채우는 간식(Merienda)
바 또는 카페테리아에서 에스프레소 또는 초코라테 한 잔과 크루아상 빵이나 크래커 정도를 먹는다.

PM 9:00 저녁식사(Cena)
주말 만찬이 아니라면 집에서 간단하게 스프나 토르티야(tortilla, 야채를 넣은 계란 요리) 정도를 먹는다.

PM 12:00 주말의 불야성, 클럽 가는 시간
주말 저녁에 늦게까지 만찬을 즐긴 젊은이들은 밤 12시에 클럽으로 향한다.
클럽이 가장 활기를 띠는 시간은 새벽 2시에서 3시 사이이다.

¿Qué hora es ahora?

지금 몇 시죠?

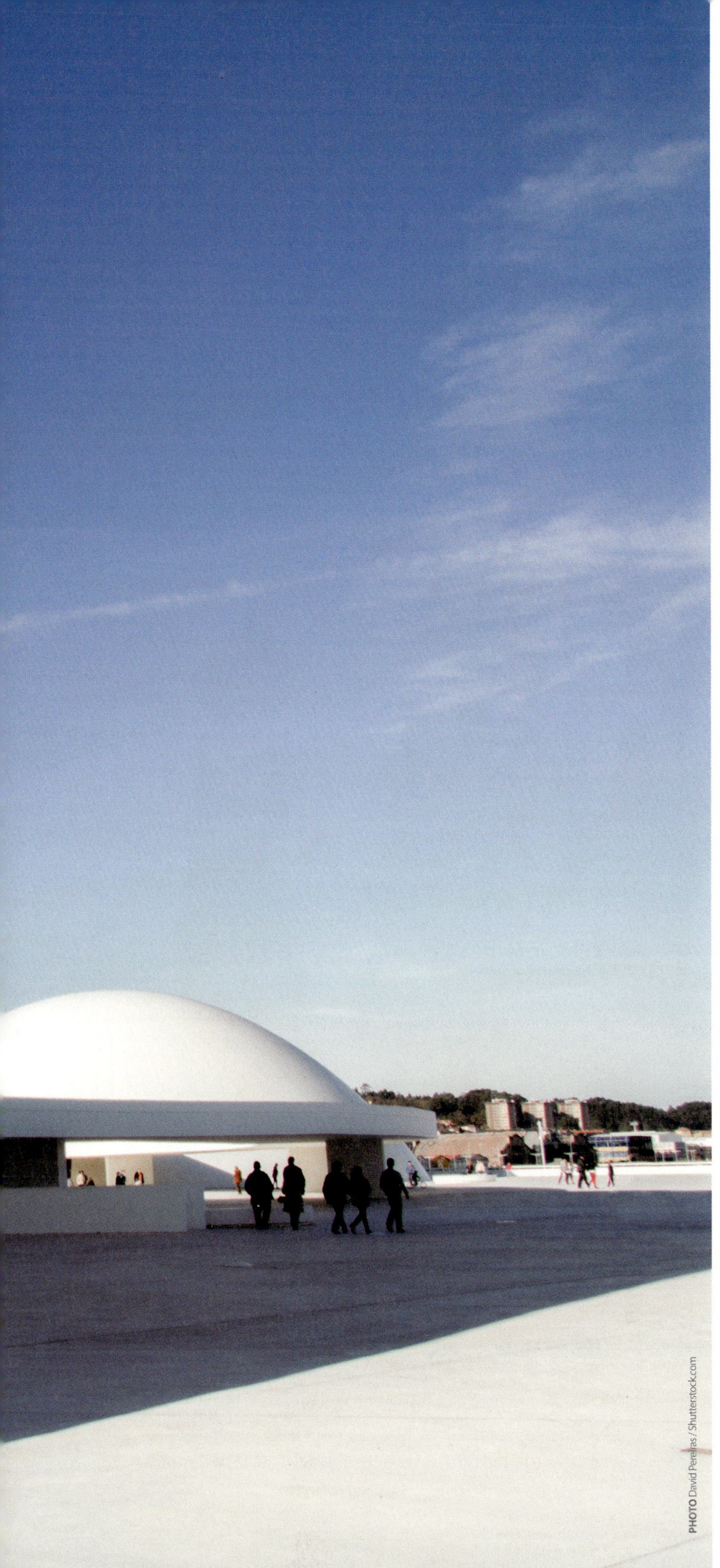

LECCIÓN
7

- 시간 말하기
- 여러 가지 시간 표현
- ser 동사 활용
- 서수

DIÁLOGO A

Elena
¿Qué hora es?
께 오라 에스

María
Son las 5:10. ¿Dónde están Miguel y Claudia?
손 라스 씬꼬 이 디에스 돈데 에스딴 미겔 이 끌라우디아

La película empieza a las 5:20.
라 뻴리꿀라 엠삐에싸 아 라스 씬꼬 이 베인떼

Elena
Ahora, ellos están cerca de aquí.
아오라 에요스 에스딴 쎄르까 데 아끼

Ellos llegan a tiempo. Ellos son muy puntuales.
에요스 예간 아 띠엠뽀 에요스 손 무이 뿐뚜알레스

1 5시 10분이야 / 이다.
Son las cinco y diez.

시간을 이야기할 때, 1시만 es를 사용하고, 2시부터 12시까지는 son을 사용한다.

Son las cinco y media. 5시 30분입니다.
Son las siete menos cuarto. 7시 15분 전입니다.

2 영화는 5시 20분에 시작한다.
La película empieza a las cinco y veinte.

일반동사와 시간이 만나면 시간 앞에 전치사 a를 사용한다.

La clase empieza a las nueve. 수업은 9시에 시작한다.
La película termina a las ocho. 영화는 8시에 끝난다.

DIÁLOGO B

Pedro ¿A qué hora es la clase de español?
아 께 오라 에스 라 끌라세 데 에스빠뇰

Elena Es a las 10 de la mañana.
에스 아 라스 디에스 데 라 마냐나

Pedro ¿Dónde es nuestra clase?
돈데 에스 누에스뜨라 끌라쎄

Elena Es en el salón de clase B.
에스 엔 엘 살론 데 끌라쎄 베

hora	시간
película	영화
empezar	시작하다
cerca de	~와 가까이(전치사)
llegar	도착하다
a tiempo	정시에
puntual	시간을 엄수하는; 정확한
ser	(사건, 행사) 발생하다, 개최하다; ~이다
clase	수업; 교실
mañana	오전; 내일
nuestro	우리의
en	~ 안에(전치사)
salón	큰방, 큰홀; 거실
media	30분
cuarto	15분; 쿼터; ¼
menos	~분 전; 덜, 마이너스
terminar	끝나다; 끝내다
boda	결혼식
teatro	연극; 연극공연장
fiesta	축제, 파티

DIÁLOGO A
엘레나 몇 시지?
마리아 5시 10분이야. [1] 미겔과 클라우디아는 어디에 있지? 영화가 5시 20분에 시작하는데. [2]
엘레나 지금. 그들이 여기 가까이에 있어.
그들은 제 시간에 올 거야. 매우 시간을 잘 지키거든.

DIÁLOGO B
페드로 몇 시에 스페인어 수업이 있지?
엘레나 (수업은) 오전 10시에 있어. [3]
페드로 우리 교실은 어디야?
엘레나 B반 교실이야.

3 (수업은) 오전 10시에 있다.
(La clase) es a las 10 de la mañana.

ser 동사는 '파티, 행사 등'을 표현할 때, '개최하다, 열다'라는 의미를 갖는다.

La boda es en el teatro Seúl. 결혼식은 서울 극장에서 거행된다.
La fiesta de mi cumpleaños es a las siete. 내 생일 파티는 7시에 있다.

① 일반적 시간 묻고 말하기

시간표현 ser 동사 앞에 주어는 존재하지 않는다. 단수(es)는 1시일 경우만 존재하고, 이외의 시간은 복수형(son)을 사용한다.

¿Qué hora es?	몇 시입니까?
¿Qué horas son?	몇 시입니까?
Es la una.	1시입니다.
Son las dos.	2시입니다.
Son las tres y cinco.	3시 5분입니다.
Son las cuatro y cuarto.	4시 15분입니다.
Son las cinco y media.	5시 30분입니다.
Son las seis menos cinco.	6시 5분전입니다.
Son las siete y diez de la mañana.	오전 7시 10분입니다.
Son las siete y diez de la tarde.	오후 7시 10분입니다.
Son las diez y veinte de la noche.	저녁 10시 20분입니다.

「es(son) la(s) 시간 y 분」의 형태를 나타낸다. 그런데 y대신 menos를 사용하게 되면 '~분 전'의 의미를 가진다. 영어의 AM(오전)과 PM(오후)의 표현은 'de la mañana'와 'de la tarde'를 사용한다. 단, 어두워 진 저녁이나 밤에는 'de la noche'를 사용한다.

② 일반 동사와 함께 시간 말하기

¿Qué hora tiene Ud.?
몇 시 인가요?

¿Tienes hora?
몇 시니?

¿A qué hora empieza la clase?

수업은 몇 시에 시작하나요?

¿A qué hora llega a la clase?

몇 시에 교실에 도착하나요?

Ella llega a la escuela sobre las nueve de la mañana.

그녀는 오전 9시경에 학교에 도착한다.

La película termina a las cuatro en punto.

영화는 4시 정각에 끝난다.

일반동사의 변화

empezar(시작하다)

	단수	복수
1인칭	empiezo	empezamos
2인칭	empiezas	empezáis
3인칭	empieza	empiezan

terminar(끝나다)

	단수	복수
1인칭	termino	terminamos
2인칭	terminas	termináis
3인칭	termina	terminan

llegar(도착하다)

	단수	복수
1인칭	llego	llegamos
2인칭	llegas	llegáis
3인칭	llega	llegan

③ ser 동사의 활용

ser 동사가 영어의 be 동사처럼 사용되지 않고, 일반 동사처럼 사용될 때는 '(행사, 축제 등)이 열리다'의 의미를 갖는다.

시간

Es la una.　　　　　　　　　　1시입니다.

Son las tres.　　　　　　　　　3시입니다.

행사

La boda es en la universidad Seúl.　　결혼식이 서울대학에서 있다.

La boda es a las tres de la tarde.　　결혼식이 오후 3시에 있다.

④ **시간 표현의 다른 방법**

- 오전, 오후의 표현

시각을 나타내는 말과 함께 사용할 때

de la mañana   오전

de la tarde   오후

de la noche   저녁

Él sale de casa a las 8 de la mañana, y vuelve a casa a las 9 de la noche.

그는 오전 8시에 집에서 나가서, 밤 9시에 집에 돌아온다.

일반동사의 변화

salir(나가다)　　　　　　　　volver(돌리다, 돌아가다)

	단수	복수			단수	복수
1인칭	salgo	salimos		1인칭	vuelvo	volvemos
2인칭	sales	salís		2인칭	vuelves	volvéis
3인칭	sale	salen		3인칭	vuelve	vuelven

시각을 나타내는 말이 없이 사용될 때

por la mañana   아침에

por la tarde   점심에

por la noche   저녁에

Ella trabaja por la mañana, y estudia mucho por la noche.

그녀는 오전에 일을 하고, 밤에 열심히 공부한다.

- 2시경에

sobre las dos　　　　a eso de las dos　　　　hacia las dos

cerca de las dos　　　alrededor de las dos

- 시간을 나타내는 다른 동사

El reloj acaba de dar las dos.　　　방금 2시가 되었다.

Faltan diez minutos para las dos.　　2시 10분 전이다.

일반동사의 변화

acabar(끝나다)

	단수	복수
1인칭	acabo	acabamos
2인칭	acabas	acabáis
3인칭	acaba	acaban

faltar(부족하다, 필요하다)

	단수	복수
1인칭	falto	faltamos
2인칭	faltas	faltáis
3인칭	falta	faltan

- 시간을 나타내는 다른 표현

antes de comer　　　　　식사하기 전에

después de comer　　　　식사한 후에

a mediodía　　　　　　　정오에

a medianoche　　　　　　자정에

de día　　　　　　　　　낮에

de noche　　　　　　　　밤에

Ella llega aquí dentro de 10 minutos.　그녀는 10분 내에 도착한다.

1. 잘 듣고 빈칸에 들어갈 말을 쓰시오.

A: ¿Qué hora es?

B: Son __________ⓐ__________. ¿Dónde están Miguel y Claudia?

La película __________ⓑ__________ a las 5:20.

A: Ahora, ellos están __________ⓒ__________ aquí.

Ellos llegan __________ⓓ__________. Ellos son muy __________ⓔ__________.

2. 잘 듣고 빈칸에 들어갈 말을 쓰시오.

A: ¿ __________ⓐ__________ es la clase de español?

B: Es __________ⓑ__________ de la mañana.

A: ¿Dónde es nuestra clase?

B: __________ⓒ__________ de clase B.

3. 빈칸에 알맞은 말을 넣으시오.

ⓐ 몇 시입니까?

→ ¿Qué __________ es?

ⓑ 2시입니다.

→ Son __________ dos.

ⓒ 4시 15분입니다.

→ Son las cuatro y __________.

ⓓ 5시 30분입니다.

→ Son las cinco y __________.

ⓔ 6시 5분전입니다.

→ Son las seis __________ cinco.

ⓕ 오후 7시 10분입니다.

→ Son las siete y diez ________________ la tarde.

4. 빈칸에 들어갈 숫자를 스페인어로 쓰시오.

숫자	en español
30	ⓐ
50	ⓑ
16	ⓒ
19	ⓓ
23	ⓔ
26	ⓕ
29	ⓖ

5. 대화에서 B가 저녁 식사를 하려는 시각은?

A : ¿Qué hora es?

B : Son las seis menos diez de la tarde.

A : ¿A qué hora cenas?

B : Dos horas después.

① 5시 50분　　② 6시 10분　　③ 6시 50분

④ 7시 10분　　⑤ 7시 50분

¿Qué horas son?	몇 시입니까?
¿Qué hora tiene usted?	몇 시입니까?

Es la una menos cinco.	1시 5분전입니다.
Faltan cinco para la una.	1시 5분전입니다.

Son las tres menos cuarto.	3시 15분전입니다.
Faltan quince para las tres.	3시 15분전입니다.
Falta un cuarto de hora para las tres.	3시 15분전입니다.

El tren sale a las dos y diez.	기차는 2시 10분에 출발합니다.
El tren sale a las catorce y diez.	기차는 14시 10분에 출발합니다.

Llega a las ocho en punto.	8시 정각에 도착합니다.
Llega a eso de las ocho.	8시 쯤에 도착합니다.
Llega sobre las ocho.	8시 쯤에 도착합니다.
Llega a tiempo.	정시에 도착합니다.
Llega a las ocho y pico.	8시 조금 지나서 도착합니다.
Llega temprano.	일찍 도착합니다.
Llega tarde.	늦게 도착합니다.

Voy a llegar por la mañana.	오전에 도착할 것이다.
Voy a llegar por la tarde.	오후에 도착할 것이다.
Voy a llegar por la noche.	밤에 도착할 것이다.
Voy a llegar a las nueve de la mañana.	오전 9시에 도착할 것이다.

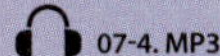 07-4. MP3

시간

el día	낮
la noche	밤
de día	낮에
de noche	밤에
mañana	내일
la mañana	오전
la tarde	오후
ahora	지금
ahora mismo	지금 당장
hoy	오늘
hoy mismo	오늘 당장
mañana por la mañana	내일 아침
mañana por la noche	내일 저녁
pasado mañana	모레
ayer	어제
ayer por la tarde	어제 오후
anteayer	그제
antes de ayer	그제
anoche	어젯밤
la madrugada	새벽
el amanecer	동틀 무렵
el atardecer	저녁 무렵
el mediodía	정오
la medianoche	자정
a mediodía	정오에
a medianoche	자정에
la hora	시간
el minuto	분
el segundo	초
en punto	정각
media	30분
cuarto	15분
de la mañana	AM
de la tarde	PM
de la noche	PM (어두울 때)
por la mañana	오전에
por la tarde	오후에
por la noche	저녁(밤)에
por la madrugada	새벽에
a tiempo	정시에
y pico	조금(몇 분) 지나서
tarde	늦게
temprano	빨리
la una y cinco	1시 5분
la una menos cinco	1시 5분전
las dos y dos	2시 2분
las dos menos dos	2시 2분전

서수

primero/-a	첫 번째
segundo/-a	두 번째
tercero/-a	세 번째
cuarto/-a	네 번째
quinto/-a	다섯 번째
sexto/-a	여섯 번째
séptimo/-a	일곱 번째
octavo/-a	여덟 번째
noveno/-a	아홉 번째
décimo/-a	열 번째

▶ 스페인어에서 11번째부터는 서수 대신 기수를 많이 사용함.

스페인 축제

"스페인 축제에 가보고 싶지?"
¿Quieres visitar las fiestas de España?

스페인의 축제는 200가지가 넘지만 그중에 대표적인 축제 시기를 정리하면 다음과 같다.

2월 스페인 전역에서 카니발이 열린다.
그중에 가장 유명한 축제는 카디스(Cádiz)와 테네리페(Tenerife)의 축제이다.

3월 종이인형을 태우는 라스 팔라스(Las Fallas)를 발렌시아(Valecia)에서 실시한다.

4월 스페인 세비야의 모습을 보여주는 축제인 페리아 데 세비야(Feria de Sevilla)가 열린다.
세비야 고유 민요와 춤곡인 세비야나(Sevillana)를 볼 수 있다.

5월 안달루시아 전역에서 사람들이 말이나 마차를 타고 행사를 벌이는 종교적인 축제인 엘로시오(El Rocio)가 있다.

PHOTO Iakov Filimonov / Shutterstock.com

PHOTO Migel / Shutterstock.com

7월
팜플로나(Pamplona)에서 7월 6일부터 14일까지 소몰이 축제(산페르민, San Fermín)가 열린다. 청년들이 소 우리에서 투우장까지 거리를 따라 소와 함께 뛰는 모습을 볼 수 있으며, 그 뒤에 투우장에서 투우를 볼 수 있다.

8월
매년 8월 마지막 수요일, 발렌시아의 작은 마을, 부뇰(Buñol)의 푸에블로 광장(Plaza del Pueblo)에서 토마토 축제가 시행된다. 토마토 축제가 있는 8월 마지막 주 내내 음악, 춤, 불꽃놀이 등 다채로운 축제 분위기가 이어지는데, 토마토 던지기는 수요일의 1시간여 동안만 진행된다.

9월
카탈루냐의 축제, 인간탑 쌓기 라메르세(La Merce) 축제.
라메르세 축제일은 9월 24일이지만, 보통 9월 중순부터 시 차원에서 대대적인 행사들이 벌어진다. 바르셀로나 수호 성인인 메르세 성녀를 기리는 축제인데, 수호성을 기리기면서 카탈루냐 문화의 부활을 염원하는 측면이 강하다. 축제의 마지막, 인간탑 쌓기(Castells)로 매우 유명하다.

10월
마드리드와 바르셀로나 사이의 사라고사(Zaragoza) 지역에서 필라르 축제(Fiestas de Pilar)가 열린다.
스페인 왕실의 후원을 받아 중남미 대륙에 도착했던 1492년 10월 12일을 기념하는 날로, 스페인어권 모든 국가들이 'El día de la Hispanidad'이라는 이름으로 공휴일로 지정한 날이다. 이 시기에 스페인에서 가장 먼저 벌이는 축제가 바로 필라르 축제이며, 스페인 수호 성모를 모시고 있는 도시에서 열리는 종교적인 축제이다. 언제나 볼거리와 먹거리가 풍부하기 때문에 종교와 관계없는 사람들도 많이 방문한다.

PHOTO Santi Rodriguez / Shutterstock.com

Te invito a comer.
내가 밥 살게.

- **querer** 동사
- 축약형 인칭목적어
- 재귀형
- 소유형용사
- 서수
- 전치사 **para**

DIÁLOGO A

Barcelona, el 5 de abril de 2015
바르셀로나　　　엘 씽꼬 데　아브릴　데　도스 밀 낀쎄

Querido amigo Marco:
께리도　　　아미고　　　마르꼬

¿Qué tal?
　　께　　딸

Quiero invitarte a cenar el próximo sábado, 14 de abril
끼에로　　　인비따르떼　　아 쎄나르　엘　쁘록씨모　　사바도　　　까또르쎄 데　아브릴

en el restaurante CASA MAYA, porque es mi cumpleaños.
엔 엘 레스따우란떼　　　까사　　마야　　쁘로께　에스 미　꿈쁠레아뇨스

Voy a reservar la mesa y te espero en el restaurante a las
보이　아 레세르바르　　라 메사　이 떼 에스뻬로　엔 엘 레스따우란떼　　　알 라스

7 de la noche. Un abrazo.
씨에떼 데 라 노체　　운　아브라쏘

Miguel
미겔

1 내가 먹을 거 쏜다! **Te invito a comer.**

내가 밥을 산다고 이야기 하기 전에는 외국사람들은 각자 먹은 것은 각자 내는 것이 일반적이다. 그럼으로 먹을 것, 마실 것을 산다고 할 때 표현을 알아두자.

Te invito a beber.
내가 한잔 살게.

Vamos a compartir.
우리 먹은 것 각자 계산하자(각자 돈내자).

2 오늘은 2017년 4월 5일 화요일이다.

Hoy es martes, 5 de abril de 2017.

하루의 날짜, 요일을 한꺼번에 이야기할 때는 요일이 가장 먼저 나오고, 동격인 날짜는 바로 뒤에, 그리고 달과 연도는 de를 사용해서 연결한다. 물론 시간은 별도로 'a las dos'처럼 사용한다.

Vamos a vernos el domingo, 6 de mayo de 2015 a las 2 de la tarde. 우리 2015년 5월 6일 일요일 오후 2시에 보자.

DIÁLOGO B

Camarero	**¿Qué desea comer?**
	께 데세아 꼬메르
Pedro	**Yo, de primero, ensalada, y de segundo, carne.**
	요 데 쁘리메로 엔살라다 이 데 세군도 까르네
Elena	**Para mí, sopa y de segundo... marisco.**
	빠라 미 소빠 이 데 세군도 마리스꼬
Camarero	**¿Y para beber?**
	이 빠라 베베르
Pedro	**Zumo de naranja.**
	쑤모 데 나랑하
Elena	**Yo, agua, por favor.**
	요 아구아 뽀르 파보르

DIÁLOGO A

바르셀로나. 2015년 4월 5일

친애하는 친구 마르코.
잘 지내지?
다음 주 토요일, 4월 14일에 카사마야라는 식당에서 네게 저녁을 사고 싶어.
왜냐하면 내 생일이거든.
예약할게. 저녁 7시에 식당에서 기다릴게.

미겔

DIÁLOGO B

웨이터	뭐 드시겠습니까?
페드로	전, 우선(전채 요리로), 샐러드, 다음(메인요리)은 고기.
엘레나	저는, 수프 그리고, 다음은 조개(해물)요리요.
웨이터	그럼 음료는요?
페드로	오렌지 주스요
엘레나	저는 물, 부탁해요

querido 친애하는, 사랑하는
amigo 친구(남성)
querer 좋아하다, 사랑하다; ∼를 원하다
invitar 초청하다
cenar 저녁식사를 하다
próximo 다음의
sábado 토요일
abril 4월
restaurante 식당
cumpleaños 생일
ir a ∼할 것이다(조동사)
reservar 예약하다
mesa 테이블, 책상
esperar 기대하다; 기다리다
noche 밤
abrazo 포옹
desear 원하다; ∼를 원하다
primero 첫번째
ensalada 샐러드
segundo 두번째
carne 고기
sopa 수프
marisco 조개(요리)
beber 마시다
naranja 오렌지
agua 물
por favor 제발, 부탁(해)
compartir 나누다
martes 화요일
ver 보다
mayo 5월
tarde 오후; 늦게
poder ∼할 수 있다(조동사)
ayudar 돕다
servir 서비스하다

3 무엇을 도와드릴까요? ¿En qué puedo ayudarle a Ud.?

일반적으로 가게에 들어가면 위와 같은 말을 접하게 된다.

¿En qué puedo servirle a Ud.?
무엇을 도와드릴까요?

¿Qué desea Ud.?
무엇을 원하세요?

1 querer + 동사원형

querer 동사는 단독으로 사용될 때, '사랑하다'라는 의미로 사용된다. 하지만 뒤에 동사가 오는 조동사로 사용이 될 때는 '~하는 것을 좋아한다'라는 의미를 가지게 된다.

Ellos quieren esquiar en invierno.   그들은 겨울에 스키타는 것을 원한다.

querer 동사 변화

	단수	복수
1인칭	quiero	queremos
2인칭	quieres	queréis
3인칭	quiere	quieren

2 축약형 인칭 목적어

직접 목적어

'~을/를'로 해석할 수 있다.

	단수	복수
1인칭	me	nos
2인칭	te	os
3인칭	lo/la	los/las

Yo te quiero.   난 너를 사랑한다.

간접 목적어

'~에게'로 해석할 수 있다. 인칭 목적어는 축약형 사용외에도 그 의미를 강조하거나 구체적으로 표시하기 위해 동사 뒤에 반복해 기술 할 수 있다.

	단수	복수
1인칭	me	nos
2인칭	te	os
3인칭	le	les

Yo te lo doy. 난 너에게 그것을 준다.

Ella me la da. 그녀가 나에게 그것(여성단수)을 준다.

Ellos se lo dan a ella. 그들은 그녀에게 그것(남성단수)을 준다.

▶ 간접목적어 「le 또는 les」 뒤에 직접목적어 「lo, la, los, las」가 오는 경우에 간접목적어 「le와 les」는 'se'로 변형시켜야 한다.

일반동사의 변화 dar(주다)

Clave	단수	복수
1인칭	doy	damos
2인칭	das	dais
3인칭	da	dan

재귀격 목적어

'(주어와 일치시킨 목적어)~되다/하다'로 해석할 수 있다.

	단수	복수
1인칭	me	nos
2인칭	te	os
3인칭	se	se

Te levantas muy temprano. 넌 매우 빨리 일어난다(일어나게 된다).

Me lavo las manos. 난 손을 닦는다.

Nos acostamos a las diez. 우리는 열 시에 잔다.

③ 소유 형용사

소유격은 명사 앞에서 수식할 수 있는 한 형태와 명사 뒤에서 수식하는 다른 형태가 있다. 수식하는 명사의 성과 수에 일치를 시키는 것이 원칙이다. 단, 형태가 바뀌어도 의미상 차이는 없다.

(1) 명사 앞 형태

mi libro, mis libros   내 책, 내 책들

nuestro libro, nuestra casa   우리 책, 우리 집

(단수명사 수식)	단수	복수
1인칭	mi	nuestro, nuestra
2인칭	tu	vuestro, vuestra
3인칭	su	su

(복수명사 수식)	단수	복수
1인칭	mis	nuestros, nuestras
2인칭	tus	vuestros, vuestras
3인칭	sus	sus

(2) 명사 뒤 형태

el libro mío, los libros míos   내 책, 내 책들

el libro nuestro, la casa nuestra   우리 책, 우리 집

(단수명사 수식)	단수	복수
1인칭	mío, mía	nuestro, nuestra
2인칭	tuyo, tuya	vuestro, vuestra
3인칭	suyo, suya	suyo, suya

(복수명사 수식)	단수	복수
1인칭	míos, mías	nuestros, nuestras
2인칭	tuyos, tuyas	vuestros, vuestras
3인칭	suyos, suyas	suyos, suyas

4 desear + 동사원형

desear동사는 규칙 변화 동사인데, 그 의미는 querer와 같이 일반동사 역할과 조동사 역할을 한다. 목적어를 직접 수식하는 타동사로 사용될 때에 '~를 원하다'의 의미를 가진다.

Él desea comer la tortilla.	그는 토르티야를 먹고 싶어한다.
Ellas desean pasear en el parque.	그녀들은 공원에서 산책을 하고 싶어한다.
¿Qué desea usted?	무엇을 원하시나요?

5 서수

서수는 형용사 역할을 하는 것이 일반적이지만, 명사나 부사 역할을 하며 순서를 나타낼 수 있다. 일반적으로 서수는 10까지 많이 사용하며, 11부터는 기수를 서수 대신 사용하는 경우가 많다.

서수(1~10)

첫 번째	primero	여섯 번째	sexto
두 번째	segundo	일곱 번째	séptimo
세 번째	tercero	여덟 번째	octavo
네 번째	cuarto	아홉 번째	noveno
다섯 번째	quinto	열 번째	décimo

서수의 첫 번째와 세 번째의 경우는 남성단수 명사 앞에서 어미 -o가 탈락된다.

primer libro	첫 번째 책
primera casa	첫 번째 집
segundo libro	두 번째 책
segunda casa	두 번째 집
tercer libro	세 번째 책
tercera casa	세 번째 집

▶ 서수를 이용한 관용 표현

La familia es lo primero.　가족이 우선이다.

No tengo un cuarto.　난 한 푼도 없다.

Compro un libro de japonés en la librería de segunda mano.
난 중고 서점에서 일본어 책을 산다.

	단수	복수
1인칭	compro	compramos
2인칭	compras	compráis
3인칭	compra	compran

 **전치사 para**

～위하여

Ella va a España para estudiar español.

그녀는 스페인어를 공부하기 위해 스페인에 간다.

의미상의 주어

Para mí es muy difícil estudiar inglés.

나에게 있어서 영어 공부를 한다는 것은 매우 어려운 것이다.

～까지

Debemos terminar la tarea para mañana.

우리는 내일까지 숙제를 끝내야 한다.

일반동사의 변화

deber (～해야 한다)

	단수	복수
1인칭	debo	debemos
2인칭	debes	debéis
3인칭	debe	deben

※ deber + 동사원형 = ～해야 한다(의무)

 **1.** 잘 듣고 빈칸에 들어갈 말을 쓰시오.

> Barcelona, el 5 de abril de 2015
>
> Querido amigo Marco:
>
> ¿Qué tal?
>
> Quiero _____ ⓐ _____ a cenar el próximo sábado, el día _____ ⓑ _____ en el restaurante CASA MAYA, porque es mi cumpleaños.
>
> Voy a _____ ⓒ _____ y te espero en el restaurante _____ ⓓ _____.
>
> Un abrazo.
>
> Miguel

2. 잘 듣고 빈칸에 들어갈 말을 쓰시오.

Camarero : ¿Qué _____ ⓐ _____ comer?

A : Yo, _____ ⓑ _____, ensalada, y de segundo, carne.

B : Para mí, sopa y de segundo... _____ ⓒ _____.

Camarero : ¿Y _____ ⓓ _____?

A : _____ ⓔ _____ de naranja.

B : Yo, agua, por favor.

3. 빈칸에 알맞은 말을 넣으시오.

첫 번째	primero	여섯 번째	sexto
두 번째	ⓐ	일곱 번째	ⓓ
세 번째	tercero	여덟 번째	octavo
네 번째	ⓑ	아홉 번째	noveno
다섯 번째	ⓒ	열 번째	ⓔ

4. 메모를 쓴 목적으로 알맞은 것은?

Elisa :

Te pido un favor. ¿Puedes preparar la cena antes de salir? Tus abuelos vuelven esta tarde.

tu tía.

① 거절　　② 격려　　③ 부탁　　④ 사과　　⑤ 축하

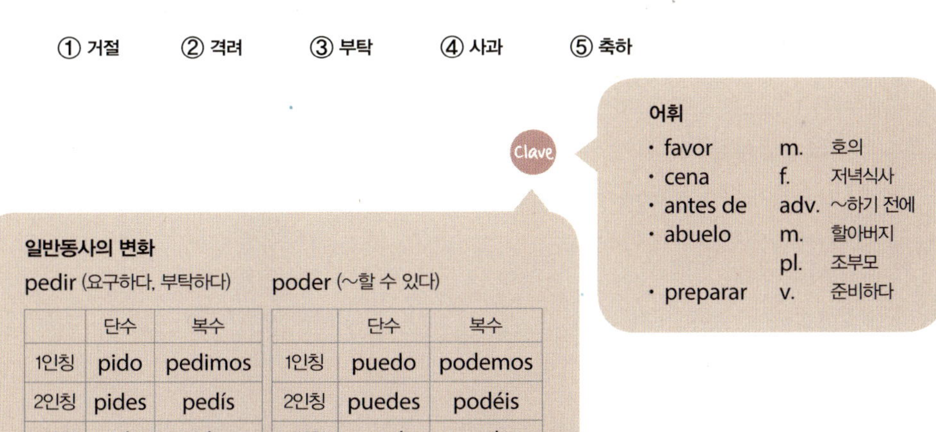

Clave

어휘
- favor　　m.　　호의
- cena　　f.　　저녁식사
- antes de　　adv.　　~하기 전에
- abuelo　　m.　　할아버지
- 　　pl.　　조부모
- preparar　　v.　　준비하다

일반동사의 변화

pedir (요구하다, 부탁하다)

	단수	복수
1인칭	pido	pedimos
2인칭	pides	pedís
3인칭	pide	piden

poder (~할 수 있다)

	단수	복수
1인칭	puedo	podemos
2인칭	puedes	podéis
3인칭	puede	pueden

※ poder + 동사원형 = ~할 수 있다(조동사)

누군가를 초대할 때

¿Quieres?	원하니?
Te invito.	너 초대한다.
¿Vienes?	올래?
¿Quieres venir?	오고 싶니?
Te invito a beber.	너한테 한잔 살게.
¡Vamos a beber!	우리 한잔 하자!

초대에 응할 때

Sí, gracias.	응, 고마워.
Sí, ¿dónde estás?	응, 어딘데?
¡Encantado, gracias!	좋아, 고마워!
Me gusta tu idea.	네 생각이 난 좋다.
¡Con mucho gusto!	기꺼이!
Gracias, agradezco mucho su invitación.	감사합니다. 당신의 초대에 감사드립니다.
¡Quién podría negarse!	누가 거절할 수 있겠어!

초대를 응하지 못할 때

No, no puedo.	안되는데, 갈 수 없어.
Muchas gracias, pero no puedo.	고마워, 그러나 난 갈 수 없네.
Muchas gracias por su invitación, pero...	당신의 초대에 감사드립니다. 그러나...
Gracias, pero es imposible.	고마워, 하지만 불가능하네.
¡Lástima, no puedo!	안타깝네, 갈 수 없어.
Lo lamento mucho, pero hoy no puedo.	너무 안타깝다, 하지만 오늘 갈 수 없어.

식당 예약할 때

Quiero reservar una mesa...	(자리) 예약을 하고 싶은데요.
para comer(= almorzar)	점심식사를 위해서
para cenar	저녁식사를 위해서
para cuatro personas	4명 식사를 위해서
para mañana a la una	내일 1시로
para hoy a mediodía	오늘 낮 12시로
¿Tiene una mesa más temprano?	더 일찍 자리가 있나요?
¿Tiene una mesa más tarde?	더 늦게 자리가 있나요?

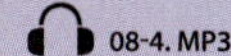

restaurante	식당	té	차
carta	메뉴판	chocolate	초콜릿
menú	메뉴	churros	추로스
camarero/-a	웨이터	bollo	번(빵)
menú del día	오늘의 메뉴	tostada	토스트
carta de vinos	와인 리스트	bocadillo	샌드위치
ración	1인분(양)	bocata	샌드위치
tapas	타파스(스페인 즉석요리)	sándwich	샌드위치
aperitivo	에피타이저	perrito caliente	핫도그
primer plato	첫번째 코스요리	pizza	피자
segundo plato	메인요리, 메인코스	hamburguesa	햄버거
postre	후식	patatas fritas	감자튀김
helado	아이스크림	chuleta	등갈비
flan	커스터드, 플란	filete	스테이크
tarta	케이크	agua	물
ensalada de frutas	과일 샐러드	agua mineral	광천수
arroz con leche	아로스 콘 레체(쌀 푸딩)	agua con gas	탄산수
sopa	수프	agua sin gas	탄산없는 물
pasta	파스타	zumo	주스
marisco	조개	zumo de naranja	오렌지 주스
pescado	생선	refresco	청량음료
carne	고기(f.)	cerveza	맥주
café	커피	vino	와인
café solo	블랙커피	vino tinto	레드와인
café con leche	밀크커피	vino blanco	화이트와인
café americano	아메리카노 커피	chocolatina	초콜릿바

"스페인의 역사에 관심 있니?"
¿Te interesa la historia de España?

1. 선사시대 – 이베리아족, 켈트족

신석기 문화를 시작한 인종은 정확하지 않지만, 기원전 3천년경 북아프리카로부터 이주하여 이베리아 반도 동부와 남동부에 정착한 이베리아 족일 것으로 추정하고 있다. 이후 청동기를 거쳐 기원전 천 년경부터 이미 오래전부터 철기 문화를 가지고 있던 켈트족이 프랑스로부터 피레네 산맥을 넘어와 이베리아족과 함께 살았다.

2. 지중해 민족의 침입 – 식민지 시대

해양강국이었던 페니키아, 그리스, 로마의 지배를 차례로 겪었다. 기원전 8세기, 페니키아인이 안달루시아 지방의 카디스를 건설했고, 6세기 그리스 인과 카르타고 인들이 틀어와 현재의 바르셀로나와 카르타헤나를 건설하고 교역을 했다. 이후에도 로마 제국의 침입이 있었다.

3. 로마의 지배

기원전 219년 한니발이 이끄는 군대가 스페인 발렌시아 지역을 공격하며, 지중해 무역권을 다투는 2차 포에니 전쟁이 일어났다. 하지만, 로마의 동맹시를 공격한 이유로 로마가 개입하였고, 결국 로마의 승리로 한니발 장군의 이슬람 세력을 꺾을 수 있었다. 이전의 스페인의 부족국가는 대부분 없어지고, 도시를 중심으로 한 문화가 도입되었다. 5세기까지 로마가 스페인을 지배했고, 서고트족은 톨레도를 수도로 삼아 6세기경 이베리아 반도를 통일하고 왕국을 세웠다.

4. 800년의 이슬람 지배

서고트왕국은 711년 이슬람 세력의 침입을 받아 붕괴하였다. 이슬람 세력은 피레네를 넘어 프랑스의 지역도 점령하려고 하였으나, 732년 프랑스 지역에서 패배를 하며 이베리아 반도에 머물며 반도를 지배했다. 이슬람이 지배하는 동안 서구보다 더 발전한 이슬람 문명 덕분에 스페인은 큰 발전을 이룩했다. 800년간의 지배 동안 인종적으로 혼혈을 가능하게 하여, 스페인 사람들은 짙은 피부색, 검은 머리, 큰 머리 그리고 쌍꺼풀이 깊은 눈 등의 아랍계통의 특징을 보인다.

5. 국토회복운동

스페인은 8세기 초부터 이슬람 지배를 몰아내고 잃어버린 땅을 되찾겠다는 국토회복운동(Reconquista)이 시작되었으며, 이는 15세기 말까지 지속된다. 국토회복 운동은 아라곤 왕국의 페르난도 왕과 레온 왕국의 이사벨 여왕이 정략 결혼을 함으로써 극적으로 이베리아 반도가 1479년에 통일된다.

6. 황금시대

1492년 이슬람의 마지막 거점 도시였던 그라나다를 점령하며 국토회복 운동을 완수하고 황금시대를 열기 시작했다. 스페인 양왕(兩王)인 페르난도 왕과 이사벨 여왕은 중앙집권적 권력을 구축하고, 1492년 콜럼버스 신대륙발견을 시작으로 중남미 많은 국가의 식민지화와 그 지역으로부터 가지고 오는 막대한 부를 축적했다. 이외에 유럽의 합스부르크령 네덜란드, 이탈리아 등으로 이루어진 스페인 제국이 성립되어 스페인 역사상 최고의 전성기를 맞이한다. 이때부터 17세기 후반까지 150년간을 황금 세기라고 한다.

7. 18세기 정치적 혼란

18세기 피레네 산맥을 사이에 둔 프랑스와의 관계가 스페인 역사를 흔들어 놓았던 시기이다. 1700년 프랑스 루이 14세의 손자인 필립당주가 스페인 왕위를 계승함으로써 부르봉 왕가의 스페인 지배가 시작되었다. 이어 카를로스 2세가 후사 없이 사망하자 왕위 계승을 두고 전쟁이 일어나 1714년까지 혼란이 가중된다. 왕위 계승 전쟁의 이면에는 영국, 네덜란드, 덴마크, 독일, 프랑스 등의 유럽 패권과 무역권을 둘러싼 이유들이 함께 했기 때문에 그 혼란이 풀리지 않았던 것이다.

8. 나폴레옹의 침공

1807년 나폴레옹이 스페인 침공으로 시작된 스페인의 19세기는 스페인 독립 운동을 낳고, 국토의 회복과 동시에 반봉건 투쟁의 성격을 지니게 되었다. 1869년 카탈루냐, 안달루시아 등지에서 반란을 일으켜 마침내 1873년 최초의 공화국이 성립되었다.

1876년의 스페인 헌법에는 입헌군주제와 제한 선거제가 규정되었지만, 헌법을 정지시킬 수 있는 권한이 정부에 부여됨으로써 입헌군주제는 부분적이고 추상적이었다. 또한 천주교 국교화가 공식적으로 선언되자 부르주아, 대토지 소유자, 귀족 등을 기반으로 한 기득권 계층이 시민 사회와 어정쩡하게 공존하는 상황이 만들어지게 되었다.

이 시기에 미국의 먼로주의 영향으로 중남미 대부분의 식민지가 독립을 했다는 점이 중요하다. 1898년 스페인-미국 전쟁에서 패배해 쿠바와 필리핀을 상실했고, 이로써 모로코와 아프리카의 일부만을 식민지로 가지고 있게 되었다. 결국 스페인의 식민제국으로서의 지위는 소멸하게 된다.

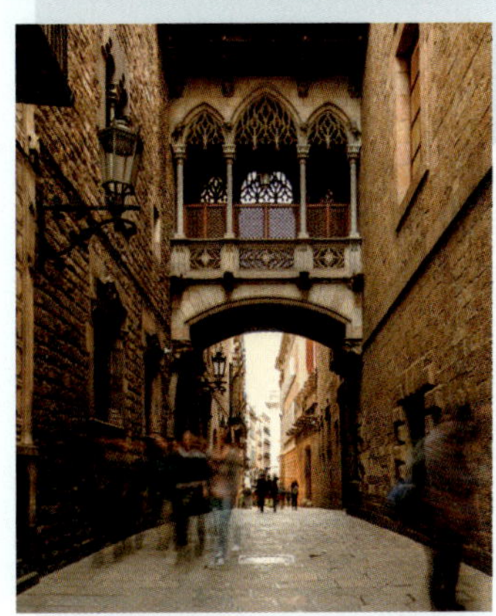

9. 프랑코 독재

전 세계를 강타한 세계공황과 그로 인한 불황은 군사독재와 함께 군주제 마저 붕괴시켰다. 1931년 4월 공화국이 성립되는데, 정치가 대부분이 대지주였기 때문에 개혁은 어려운 상황이었다. 이러한 상황 속에 농민들의 폭동, 정치 불안 속에서 1933년 극우익 정권이 들어섰다. 이에 맞서 1934년 7월에는 봉건세력의 지지를 받은 군부가 반란을 일으키고, 10월에는 광산 노동자 중심의 혁명을 결성했었다. 이런 혼란 속에 스페인 내전이 계속 되었는데, 1937년 4월 프랑코 장군의 주도 아래, 단일 정당을 만들고 1939년 3월 내전에서 승리를 거두며 정권을 잡아 오랜 독재가 시작된다. 독재는 프랑코 장군이 죽은 1975년까지 계속되었다.

10. 1975년 이후의 스페인

히틀러와 무솔리니의 파쇼 정권에 협력했던 스페인 프랑코 장군은 2차 세계대전 이후 UN가입도 거부된 채 국제적 고립상태에 있었다. 그러나 프랑코가 숨을 거둔 1975년 11월 20일 이후, 곧바로 부르봉 왕가의 후손인 후안 카를로스 국왕이 11월 20일 스페인 양원 앞에서 모든 독재 가능성을 불식시키는 서약을 했고, 정치에 관여하지 않는 조건으로 수상을 임명해 개혁의 시작을 만들었다. 이후에 스페인은 유럽연합에도 정식 회원이 되고, NATO 회원이 되는 등 빠른 민주화와 자유화가 진척되어 현재까지 이르게 되었다.

¿Qué tiempo
hace hoy?
오늘은 날씨가 어때요?

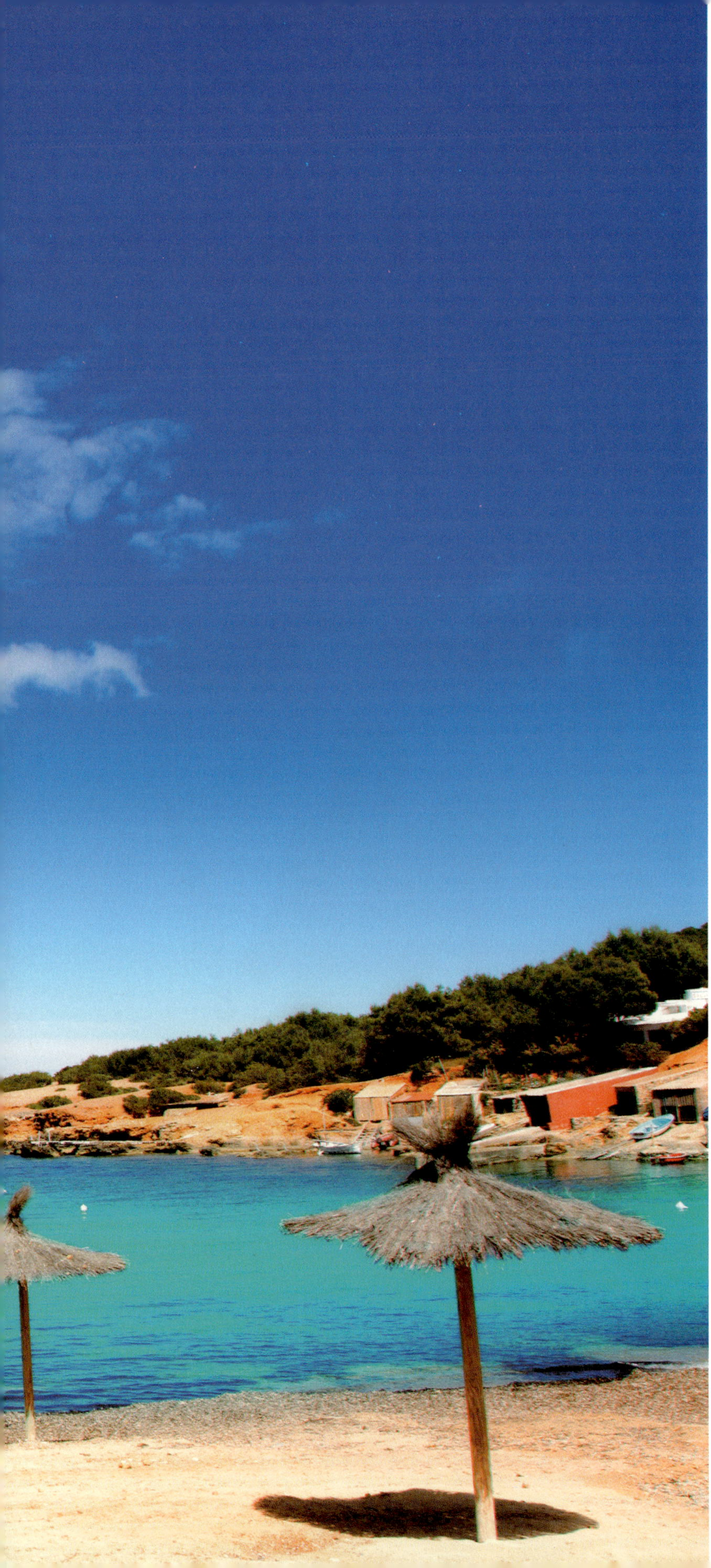

LECCIÓN 9

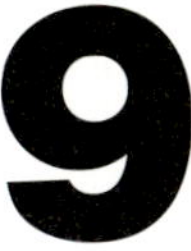

- 날씨 표현
- 의문사와 관계사 차이
- 가정법 현재
- deber 동사
- lo 용법

DIÁLOGO A

Elena
¿Ahora llueve mucho?
아오라　유에베　무초

Pedro
Sí, debes llevar paraguas si sales.
시　데베스　예바르　빠라구아스　씨　쌀레스

Elena
Pero, no tengo paraguas. ¿Lo tienes?
뻬로　노　뗑고　빠라구아스　로　띠에네스

Pedro
Sí, llevas mi paraguas.
시　예바스　미　빠라구아스

Elena
Gracias. ¿Hace viento también?
그라씨아스　아쎄　비엔또　땀비엔

Pedro
No, no hace viento. Pero hace frío.
노　노　아쎄　비엔또　뻬로　아쎄　프리오

만세
포인트

1 오늘은 좋은 날씨이다. **Hoy hace buen tiempo.**

날씨 명사 앞에는 대부분 hace 동사를 사용한다. 날씨 형용사를 사용할 때는 está를 많이 사용한다.

Hace mucho calor. 매우 덥다.
Está muy nublado. 구름이 많이 껴 있다.

2 넌 뭐하니? **¿Qué haces?**

hacer동사는 일반동사로 사용할 때 동사변화를 하지만, 날씨 표현에서는 3인칭 단수인 hace만을 사용한다.

Yo hago la tarea. 난 숙제를 한다.
Ellas hacen deporte. 그녀들은 운동을 한다.
Hace viento. 바람이 분다.

DIÁLOGO B

Pedro **¿Qué tiempo hace hoy?**
께 띠엠뽀 아쎄 오이

Elena **Hoy hace buen tiempo. Hace sol.**
오이 아쎄 부엔 띠엠뽀 아쎄 솔

Pedro **¿Qué haces cuando hace mucho calor?**
께 아쎄스 꽌도 아쎄 무초 깔로르

Elena **En verano, nado en la piscina.**
엔 베라노 나도 엔 라 삐스씨나

tiempo	날씨; 시간
hacer	만들다; ~하게 하다
hoy	오늘
sol	태양
cuando	~때(관계사)
calor	더위
verano	여름
nadar	수영하다
piscina	수영장
ahora	지금
llover	비오다
deber	~을 해야한다(조동사)
llevar	가져가다
paraguas	우산
si	~한다면(관계사)
salir	나가다
tener	가지다
viento	바람
también	역시, 또
frío	추위
nublado	구름이 낀
neblina	안개
nube	구름
luna	달

DIÁLOGO A
엘레나 　지금 비가 많이 오나?
페드로 　응, 넌 나가려면, 우산을 가져가야해.
엘레나 　하지만, 난 우산이 없어. 너 있니?
페드로 　응, 내 우산 가져가.
엘레나 　고마워, 바람도 많이 부니?
페드로 　아니, 바람은 안 불어. 하지만 추워.

DIÁLOGO B
페드로 　오늘은 날씨가 어때요?
엘레나 　오늘은 날씨가 좋아. [1] 해가 나네.
페드로 　날씨가 더울 때, 넌 뭐하니? [2]
엘레나 　여름에, 수영장에서 수영하지.

---

3 안개가 많이 꼈다. **Hay mucha neblina.**

hay 동사를 이용해서 날씨를 표현할 수 있는데, 날씨를 대상으로 보고 그것이 존재하는지에
대해 표현하는 경우에 사용한다.

Hay muchas nubes. 구름이 많다.
Hay luna. 달이 떠 있다.

GRAMÁTICA 09 문법 따라잡기

1 날씨 묻는 일반적인 패턴

날씨 표현에서 주어는 존재하지 않고, 항상 동사의 경우는 3인칭 단수를 사용한다.

hace + 날씨 명사

¿Qué tiempo hace hoy?	오늘 날씨가 어떤가요?
Hace buen tiempo.	날씨가 좋습니다.
Hace mal tiempo.	날씨가 나쁩니다.
Hace sol.	날씨가 맑습니다.
Hace viento.	바람이 붑니다.
Hace mucho calor.	매우 덥습니다.
Hace mucho frío.	매우 춥습니다.
Hace fresco.	선선합니다.

2 hace + 명사... 이외의 날씨 표현 방법

Hay niebla.	안개가 끼었다.
Hay nubes.	구름이 끼었다.
Está muy nublado.	매우 구름이 끼었다.
Está muy seco.	매우 건조하다.
Está húmedo.	습하다.
Nieva mucho.	눈이 많이 온다.
Llueve un poco.	비가 조금 온다.

'hacer'동사 이외에 날씨 동사로 많이 사용되는 동사는 hay, estar동사이며, 특정 날씨를 나타내는 nevar(눈이오다), llover(비가오다)가 있다. 날씨 동사는 hace와 같이 3인칭 단수형만을 사용한다는 것과 주어를 사용하지 않는다는 점을 명심해야 한다.

(1) 의문사 cuándo

의문사는 항상 강세부호를 가지고 있으며, 직/간접 질문을 할 때만 사용을 한다.

¿Cuándo viene ella aquí?

그녀가 여기에 언제 오니?

	단수	복수
1인칭	vengo	venimos
2인칭	vienes	venís
3인칭	viene	vienen

(2) 관계사 cuando

관계사는 강세부호를 가지고 있지 않으며, 두개의 문장을 연결시키는 역할을 한다.

Cuando ella llega a la clase, el profesor sale de la clase.

그녀가 도착할 때, 선생님이 교실에서 나가신다.

가정법 현재 패턴

『si + 주어 + 직설법 현재동사~, 주어 + 미래(대용어구) ~』

주절의 미래동사 이외에 미래 대용어구가 되는 경우는 다음과 같다.

- **조동사 + 동사원형**
- **명령형**
- **가까운 미래를 언급하는 현재형**

Si tengo mucho dinero, compraré el coche.

내가 돈이 많다면, 자동차를 살 것이다. (미래형)

Si tengo mucho dinero, voy a comprar el coche.

내가 돈이 많다면, 자동차를 살 것이다. (조동사 + 동사원형)

Si tienes mucho dinero, cómpralo.

만약 네가 돈이 많다면, 그것을 사라. (명령형)

Si tienes mucho dinero, compras el coche mañana.

만약 네가 돈이 많다면, 내일 차를 사라. (가까운 미래 언급 현재형)

5 deber + 동사원형

조동사 deber는 의무 또는 강한 추측을 의미한다.
의무를 나타내는 경우에 조동사 tener que로 대체할 수 있다.

deber 동사변화는 규칙변화이다

주어	deber 변화	주어	deber 변화
Yo	debo	Nosotros Nosotras	debemos
Tú	debes	Vosotros Vosotras	debéis
Él Ella Usted	debe	Ellos Ellas Ustedes	deben

Ella debe hacer la tarea para mañana.

= Ella tiene que hacer la tarea para mañana.

그녀는 내일까지 숙제를 해야만 한다.

6 lo의 사용

스페인어의 lo는 일반적으로 '직접목적격 남성단수'를 대명사화해서 사용할 때 주로 사용한다.
하지만, 간혹 lo는 남성단수 어휘를 대명사화하는 역할 외에 앞에 나온 내용을 목적어로 지칭하
거나 보어를 지칭할 때도 사용한다.

(1) 직접목적어 대명사

Ella tiene el libro.　　　　　그녀가 책을 가지고 있다.

　→ Ella lo tiene.　　　　　　그녀가 그것을 가지고 있다.

Ella quiere a Pedro.　　　　그녀가 페드로를 사랑한다.

　→ Ella lo quiere.　　　　　그녀가 그를 사랑한다.

(2) 보어 지칭

A ¿Ella está enferma?　　　그녀가 아픈가요?

B Sí, lo está.　　　　　　　네, 그녀는 그렇습니다.

A ¿Ellas son azafatas?　　그녀들이 스튜어디스인가요?

B Sí, lo son.　　　　　　　네, 그렇습니다.

(3) 내용 지칭

A ¿Entiende Ud. mis palabras?　제 말을 이해하시겠습니까?

B Sí, lo entiendo.　　　　　네, 이해합니다.

1. 잘 듣고 빈칸에 들어갈 말을 쓰시오.

A : ¿ _____ⓐ_____ hace hoy?

B : Hoy hace buen tiempo. _____ⓑ_____.

A : ¿Qué haces cuando hace mucho calor?

B : En verano, _____ⓒ_____ en _____ⓓ_____.

2. 잘 듣고 빈칸에 들어갈 말을 쓰시오.

A : ¿Ahora _____ⓐ_____ mucho?

B : Sí, debes llevar paraguas _____ⓑ_____.

A : Pero, no tengo paraguas. ¿Lo tienes?

B : Sí, _____ⓒ_____ mi paraguas.

A : Gracias. ¿ _____ⓓ_____ también?

B : No, no hace viento. Pero _____ⓔ_____.

3. 빈칸에 알맞은 말을 넣으시오.

ⓐ 안개가 끼었다.	→	Hay ___________.
ⓑ 구름이 끼었다.	→	Hay ___________.
ⓒ 매우 구름이 끼었다.	→	Está muy ___________.
ⓓ 매우 건조하다.	→	Está muy ___________.
ⓔ 습하다.	→	Está ___________.
ⓕ 눈이 많이 온다.	→	___________ mucho.
ⓖ 비가 조금 온다.	→	___________ un poco.

4. 밑줄에 들어갈 수 있는 형태를 차례대로 나열한 한 것은?

- Nieva _______________.
- Hace _______________ viento.
- _______________ Gracias.

① mucho – mucho – mucho
② mucha – mucha – mucha
③ mucho – mucho – mucha
④ mucho – mucha – muchas
⑤ mucho – mucho – muchas

> **Clave**
>
> **mucho의 사용**
>
> ① 형용사
> 명사를 수식해 명사의 성과 수에 따라 형태가 변화한다.
> muchas actividades   많은 활동들
> muchos libros   많은 책들
>
> ② 부사
> 동사를 수식하는 단독 부사로 사용될 때가 있고,
> 비교급을 수식하는 부사로 사용될 때가 있다.
>
> [단독부사]
> Ella estudia mucho.   그녀는 열심히 공부한다.
> Mi padre trabaja mucho.   나의 아버지는 열심히 일하신다.
>
> [형용사 수식 부사]
> Ella es mucho más alta que él.
> 그녀는 그보다 훨씬 더 키가 크다.
> ※ 「más ~ que...」 ...보다 더 ~하다
> (비교급 표현/ 영어의 「more ~ than...」)

09-3. MP3

09

Hace 이용

Hace	buen tiempo.	좋은 날씨다.
	mal tiempo.	나쁜 날씨다.
	calor.	덥다.
	frío.	춥다.
	fresco.	선선하다.
	viento.	바람이 분다.
	sol.	날씨가 좋다.

Hay 이용

Hay	sol.	해가 났다(맑다).
	nubes.	구름이 있다(흐리다).
	lluvia.	비가 온다.
	neblina(niebla).	안개가 꼈다.
	relámpagos.	번개가 친다.
	trueno.	천둥이 친다.

Está 이용

Está	agradable.	상쾌한 날씨다.
	caluroso.	덥다.
	nublado.	구름이 꼈다(흐리다).
	despejado.	날씨가 개었다.
	húmedo.	습하다.
	seco.	건조하다.
	lluvioso.	비가 온다.
	inestable.	날씨가 불안정하다.
	tempestuoso.	폭풍이 분다.

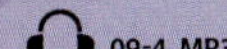

tiempo	날씨
sol	태양
luna	달
lluvia	비
nieve	눈(f.)
granizo	우박
viento	바람
tormenta	돌풍
tifón	태풍
tornado	토네이도
ciclón	사이클론

cielo	하늘
despejado	갠, 맑게 갠
rayo	낙뢰
relámpago	번개
trueno	천둥
paraguas	우산(m.)
niebla	안개
escarcha	서리
presión alta	고기압
corriente fría	한랭기류
frente frío	한랭전선

huracán	허리케인
calor	더위
frío	추위
temperatura	온도, 기온
aire	공기
clima	기후(m.)
hielo	얼음
humedad	습기
nube	구름(f.)

día soleado	화창한 날
día nublado	구름낀 날
día lluvioso	비오는 날

스페인의 날씨

"요즘 스페인 날씨는 어떨까?"
¿Qué tiempo hace estos días en España?

스페인은 1년 중 300일 정도 해가 뜨는 태양의 나라이며, 지역에 따라 풍경과 기후 조건이 다양하다. 중앙 고원 지대인 메세타 지역은 여름과 겨울의 기온차가 심한 대륙성 기후이며, 북쪽은 온화하고 습한 지역으로 안개가 자주 끼고 이슬비가 많이 내린다. 동쪽과 남쪽의 지중해 해안 지역은 전형적인 지중해성 기후로, 온화하고 겨울에도 비교적 따뜻하다. 북서부와 칸타브리아 산맥, 미레네 산맥 쪽은 비교적 비가 많아 연간 강수량이 1,500밀리미터를 넘는 곳도 있지만, 중앙에 위치한 마드리드 북쪽 레온 지방과 지중해 쪽의 무르시아 지방은 강수량이 연간 400밀리미터 이하로 낮다. 내륙도 강수량이 적은데다 여름과 겨울의 기온차가 커서 국지적으로 사막 같은 경관을 가진 곳도 있다. 스페인은 건조한 기후 조건 때문에 민둥산과 갈색의 대지가 주를 이루며, 스페인 국기에 황색으로 표시된 부분이 바로 이 대지를 뜻한다. 산림은 북부 지역에서만 볼 수 있다.

마드리드와 카탈루냐는 7, 8월 평균기온이 24도 정도이다. 하지만 한여름 대낮에는 견디기 힘들 정도로 온도가 높아진다. 반면 마드리드의 겨울 평균기온은 5도, 바르셀로나의 경우는 10도 정도이다. 또한 남부의 세비야는 7, 8월 평균기온이 30도, 겨울 평균기온은 10도 정도이다.

▶ 스페인 겨울 여행

스페인은 우기에 해당되는 계절이며 비가 내리다 맑았다가 변덕이 심하다.
아무리 추워도 영하로 내려가는 날이 드물지만, 일교차가 심하므로 저녁과 밤을 위해 두꺼운 옷은 필수이다.

12월의 마드리드(Madrid) 여행

낮에는 얇은 점퍼나 코트를 입을 정도의 온도이다.
일교차가 커서 저녁에는 좀 더 두꺼운 옷을 입어야 한다. 최저기온 4도정도이고 최고 기온은 항상 10도 이상이다.

12월의 바르셀로나(Barcelona) 여행

한국보다는 훨씬 덜 춥고 날씨가 계속 맑은 날이기 때문에 좋다. 마드리드에 비해 따뜻하기 때문에 얇은 점퍼 하나 정도면 걱
정 없다. 최저기온 6도 정도이며 최고 기온은 항상 14도 이상이다.

※ 참고: 여름은 두 지역 모두 최저기온이 20도에 육박하며, 최고 온도는 오히려 마드리드가 더 높음(30도 이상).

¿Adónde vas?
너 어디 가니?

LECCIÓN
10

- 의문사 adónde
- 사물의 재질, 재료 묻기
- 조동사 tener que
- 부사 quizás
- 조동사 ir a

DIÁLOGO A

Pedro
¿Adónde vas urgentemente?
아돈데 　바스　우르헨떼멘떼

Elena
Voy a la biblioteca para buscar mi libro de texto.
보이　알 라 비블리오떼까　빠라　부스까르　미　리브로　데　떽스또

Pedro
¿De qué es el libro?
데　께　에스 엘 리브로

Elena
Es de las matemáticas. Tengo que hacer la tarea.
에스 데　라스　마떼마띠까스　뗑고　께　아쎄르　라　따레아

---

1 넌 급하게 어디에 가니?

¿Adónde vas urgentemente?

의문사 **dónde**에 전치사가 붙어, 일반동사와 맞춰 의미를 만들어 낼 수 있다. 전치사 **a**의 경우는 **dónde**와 붙여서 사용하기도 하고 떼어서 사용할 수 있다.

¿De dónde vienes? 넌 어디에서 왔니?

¿Por dónde pasamos? 우리 어디를 지나가고 있니?

¿A dónde llegan ellos? 그들은 어디로 도착하니?

2 너무 늦었어. 나 갈게.

Es muy tarde. Me voy.

가야할 장소를 표현하는 것이 아니라, '그냥 간다'라는 것을 의미할 때는 **irse** 형태를 사용한다.

¡No te vayas! 가지 마!

Tengo que irme. 가야만 한다.

Ella se fue. 그녀가 가버렸다.

DIÁLOGO B

Elena — Hola, Miguel. ¿De dónde vienes ahora?
올라　　미겔　　　데　돈데　　비에네스　　아오라

Miguel — Vengo del gimnasio.
벵고　　델　힘나시오

Elena — ¿Quizás está María allí?
끼싸쓰　에스따　마리아　아이

Miguel — ¡Ah! Ella está allí con sus amigas.
아　에야　에스따　아이　꼰　수스　아미가스

Elena — Gracias. Voy a buscarla.
그라씨아스　보이　아　부스까를라

DIÁLOGO C

María — Wow, Es muy tarde. Me voy.
와우　에스　무이　따르데　메　보이

Pedro — ¿Por qué te vas ahora?
뽀르　께　떼　바스　아오라

María — Tengo que ir al gimnasio.
뗑고　께　이르　알　힘나시오

Pedro — Un momento. ¿Sabes dónde está Elena?
운　모멘또　사베스　돈데　에스따　엘레나

María — Ah, quizás ella está en el gimnasio.
아　끼싸스　에야　에스따　엔　엘　힘나시오

Ella hace deporte todos los días.
에야　아쎄　데뽀르떼　또도스　로스　디아스

adónde 어디로(a + dónde)	
urgentemente 긴급하게	
biblioteca 도서관	
buscar 찾다	
libro 책	
matemáticas 수학	
tarea 과제	
venir 오다	
gimnasio 체육관	
quizás 아마도, 혹시	
allí 저쪽	
su 그의(그녀의 / 당신의); 그들의(그녀들의 / 당신들의)	
amiga 친구(여성)	
tener que ~해야 한다(조동사)	
momento 순간	
deporte 스포츠	
todo 모든	
fue 갔다 (ir 동사의 과거 3인칭 단수 형태)	

DIÁLOGO A

페드로　　 [1]
엘레나　　교과서 찾으러 도서관에 가.
페드로　　무슨 책인데?
엘레나　　수학 책이야. 숙제해야 돼.

DIÁLOGO B

엘레나　　안녕, 미겔. 지금 어디서 오니?
미겔　　　체육관에서 오는 거야.
엘레나　　혹시 마리아 거기에 있니?
미겔　　　야! 그녀가 친구들과 거기에 있더라.
엘레나　　고마워. 그녀를 찾으러 가야지.

DIÁLOGO C

마리아　　와우. 너무 늦었다. 나 갈게. [2]
페드로　　왜 지금 가는데?
마리아　　나 체육관 가야해.
페드로　　잠깐만. 엘레나 어디에 있는지 알아?
마리아　　아, 아마도 체육관에 있을꺼야.
그녀는 매일 운동을 하거든. [3]

3 그녀는 매일 운동을 한다.

Ella hace deporte todos los días.

'hacer + 명사'를 이용해 만들 수 있는 일반적인 표현이 있다. hacer동사 자체 의미는 '만들다, 하다'의 의미인데, 그 자체 의미로 사용하는 경우도 있지만, 명사와 합쳐져 동사 본래의 의미가 사라지고 새로운 어구로 사용되는 경우가 있다.

Ella tiene que hacer la tarea. 그녀는 숙제를 해야 한다.
Él no hace caso de este problema. 그는 이 문제에 신경을 쓰지 않는다.

1 adónde

의문사 dónde와 전치사 a가 합쳐진 형태, 기존에는 a dónde처럼 떨어져 있었지만, 최근에 와서는 합쳐서 쓰는 경향이 많다. 스페인어에서는 의문사 앞에 전치사를 함께 쓰는 경우가 많이 있다.

¿A dónde van Uds.?　　　　당신들은 어디로 갑니까?

¿De dónde vienes tú?　　　넌 어디에서 왔니?

¿Por dónde pasamos?　　　우리가 어디를 지나가고 있나요?

> **dónde 의문사의 명사적 용법과 부사적 용법으로의 사용**
>
> **[명사]**
>
> ¿A dónde va ella?　그녀는 어디로 가나요?
> ¿En dónde trabaja él?　그는 어디에서 일하나요?
> ※¿Dónde trabaja él?　그는 어디에서 일하나요?
> 　(부사 사용도 가능)
>
> **[부사]**
>
> ¿Dónde está la escuela Hankuk?　한국 학교는 어디에 있나요?
> ¿Dónde vives?　어디서 사니?

2 ¿ de qué es...?

말하고자 하는 사물의 재질, 재료 등을 말할 때 'de qué...'의 형태를 사용한다. 이외에 'de quién...' 소유를 의미하는 표현과 같이 'de + 의문사'를 이용한 표현이 많이 있다.

¿De qué es este coche?
이 차는 재질이 어떤 것인가요?

¿De quién es este coche?
이 차는 누구의 것인가요?

¿De qué color es este coche?
이 차는 무슨 색인가요?

¿De qué empresa es este coche?
이 차는 어느 회사 것인가요?

> **전치사 de**
>
> 「전치사 de + (관사없이) 명사」 = 재료, 재질, 종류
> el anillo de oro　금 반지
> la escuela de idiomas extranjeros　외국어 학교
> el vaso de plástico　플라스틱 컵
> ※ [질문] ¿De qué es el vaso?　컵은 무슨 재질이죠?
>
> 「전치사 de + (관사) 명사」 = 소유, 소속
> el estudiante de la escuela Hankuk　한국 학교 학생
> la mesa del profesor Kim　김 선생님의 책상
> ※ [질문] ¿De quién es la mesa?　책상은 누구 것이죠?

3 tener que + 동사원형

'tener que + 동사원형'은 '의무'를 표현하는 조동사이다. 유사한 표현은 'deber 조동사'형이며, 주어를 사용하지 않고, 의무사항을 표현할 때는 'hay que +동사원형'의 표현도 있다.

Tenemos que llegar a tiempo.	우리는 정시에 도착해야 한다.
Debemos llegar a tiempo.	우리는 정시에 도착해야 한다.
No hay que hablar en la biblioteca.	도서관에서는 말을 해서는 안된다.

일반동사의 변화

tener que (~해야 한다)

	단수	복수
1인칭	tengo que	tenemos que
2인칭	tienes que	tenéis que
3인칭	tiene que	tienen que

▶ 「hay que + 동사원형」 = ~해야만 한다. 주어를 사용하지 않고, 해야할 것을 사용할 때 사용.

Hay que tener silencio en la biblioteca.	도서관에서는 정숙해야 한다.
No hay que nadar en el río.	강에서는 수영해서는 안 된다.

4 quizás + 직설법/접속법

quizás, tal vez 라는 두 어휘는 '아마도'의 의미를 가진 부사로 일반적으로 부정확한 것을 의미하기 때문에 접속법을 쓰는 것이 맞다. 하지만, 막연한 것을 말하는 '아마도'가 아니라 가능성이 높은 것을 언급할 때는 '직설법'동사를 사용해 표현할 수 있다.

¿Quizás está María aquí?	마리아가 여기에 혹시 있을까?(직설법)
¿Quizás esté María aquí?	마리아가 여기에 혹시 있을까?(접속법)

Tal vez tiene razón.

아마도 당신이 옳을 것이다. (직설법)

Tal vez tenga razón.

아마도 당신이 옳을 것이다. (접속법)

접속법 현재형 만들기

① 직설법 1인칭 단수형 확인

- 형태가 '-o'로 끝나면 규칙형
- 형태가 '-o'로 끝나지 않으면 불규칙형

② 규칙일 경우에 1인칭 단수형에서 '-o'에 떼고 붙일 것

- -ar동사는 (1, 2, 3인칭 단수, 1, 2, 3인칭 복수)

  → -e, -es, -e, -emos, -éis, -en

  예) [hablar 말하다]

    hable, hables, hable, hablemos, habléis, hablen

- -er / -ir동사는

  → -a, -as, -a, -amos, -áis, -an

  예) [vivir 살다]

    viva, vivas, viva, vivamos, viváis, vivan

    [tener 가지다]

    tenga, tengas, tenga, tengamos, tengáis, tengan

③ 불규칙일 경우

불규칙이 많지 않기 때문에 시간을 두고 특이한 형태를 모두 암기해야 한다.

예) [ser ~이다: 1인칭 단수 형태 soy]

  sea, seas, sea, seamos, seáis, sean

  [ir 가다: 1인칭 단수 형태 voy]

  vaya, vayas, vaya, vayamos, vayáis, vayan

④ 직설법과 접속법의 의미 차이

직설법은 '사실'을 말하는 것이고, 접속법은 '상상'의 것을 의미한다.

[직설법] Llueve mucho.

비가 많이 온다.

[접속법] (Quiero que) Llueva mucho.

(난) 비가 많이 왔으면 좋겠다.

‘ir a + 동사원형’은 미래의 사실을 의미하는 조동사 표현이다. 스페인어에서는 아주 가까이 있는 사실에 대해서는 현재를 사용해 표현할 수 있으며, 조동사형 외에 동사 자체를 사용해 미래를 표현하는 방법도 존재한다. 미래를 나타내는 규칙 방법은 ‘동사원형’ 뒤에 미래를 의미하는 어미를 붙여 사용할 수 있다.

규칙동사 미래형 어미

	단수	복수
1인칭	–é	–emos
2인칭	–ás	–éis
3인칭	–á	–án

Yo hablaré de la escuela.

난 학교에 관해 말할 것이다.

Ella comerá pan mañana.

그녀는 내일 빵을 먹을 것이다.

Ellos comprarán el libro de español.

그들은 스페인어 책을 살 것이다.

Ellas tendrán mucho tiempo para estudiar.

그녀들은 공부하기 위한 많은 시간을 가질 것이다.

▶ 동사원형을 그대로 사용하지 않고, 발음을 더 잘 할 수 있도록 변형해서 미래형 어미를 붙이는 경우가 많다.

tener	가지다	→	(1인칭 단수)	tendré
salir	나가다	→	(1인칭 단수)	saldré
querer	좋아하다	→	(1인칭 단수)	querré
venir	오다	→	(1인칭 단수)	vendré

1. 잘 듣고 빈칸에 들어갈 말을 쓰시오.

A : ¿Adónde vas __________ⓐ__________ ?

B : Voy a la biblioteca __________ⓑ__________ mi libro de texto.

A : ¿ __________ⓒ__________ el libro?

B : Es de las matemáticas. __________ⓓ__________ la tarea.

2. 잘 듣고 빈칸에 들어갈 말을 쓰시오.

A : Hola, Miguel. ¿ __________ⓐ__________ ahora?

B : Vengo del gimnasio.

A : ¿ __________ⓑ__________ está María allí?

B : ¡Ah! Ella está allí con sus amigas.

A : Gracias. Voy a __________ⓒ__________ .

3. 빈칸에 알맞은 말을 넣으시오.

ⓐ 이 차는 재질이 어떤 것인가요?

→ ¿De ______________ es este coche?

ⓑ 이 차는 누구의 것인가요?

→ ¿De ______________ es este coche?

ⓒ 이 차는 무슨 색인가요?

→ ¿De ______________ es este coche?

ⓓ 이 차는 어느 회사 것인가요?

→ ¿De ______________ es este coche?

4. 빈칸에 들어갈 말로 알맞은 것은?

Luis :	¿Adónde vas, Pablo?
Pablo:	Voy a la biblioteca.
	Es que este martes tengo
	un examen muy difícil.
Luis :	¡ ＿＿＿＿＿＿ !
Pablo:	Gracias.

① De nada   ② Qué guapa   ③ Buena suerte

④ Claro que no   ⑤ Otra vez, por favor

① **De nada** '천만에요'
고맙다고 할때, 대답으로 사용하는 표현.

② **Qué guapa** '정말 예쁘다'
「Qué + 명사/ 형용사/ 부사」 감탄문 형태
¡Qué tiempo de placeres y de burlas!(명사)
기쁨과 야유가 함께 하는 때구나!
¡Qué hermosa! 정말 아름답다! (형용사)
¡Qué bien! 정말 좋아! (부사)

③ **Buena suerte** '행운이 있길'
시험을 보러가거나, 먼 여행을 떠날 때 건네는 인사말.

④ **Claro que no** '분명히 아니다'
부정을 확정적으로 말할 때 사용하는 표현.
긍정을 확정적으로 말할 때는 '¡Claro que sí!'라고 표현.

⑤ **Otra vez, por favor** '다시 한번, 부탁합니다.'
말을 잘 못알아들었을 때, 사용하는 표현.

기본 표현

Yo voy a casa.	난 집에 간다.
Tú vas a la escuela.	너는 학교에 간다.
Él va al supermercado.	그는 슈퍼마켓에 간다.
Ella va al mercado.	그녀는 시장에 간다.
Usted va al aeropuerto.	당신은 공항에 갑니다.
Nosotros vamos a la terminal.	우리는 터미널에 간다.
Vosotros vais a la farmacia.	너희들은 약국에 간다.
Ellos van al centro de la ciudad.	그들은 시내에 간다.
Ellas van al campo.	그녀들은 시골에 간다.
Ustedes van a la capital.	당신들은 수도에 간다.
Vengo del trabajo.	난 직장에서 온다.
Ella viene de la oficina.	그녀는 사무실에서 온다.
Nosotras venimos de la universidad.	우리는 대학에서 온다.
Ellos vienen del campo.	그들은 시골에서 온다.
Ellas vienen de Ecuador.	그녀들은 에콰도르 출신이다.

응용 표현

Ella va de compras.	그녀는 쇼핑을 간다.
Yo voy tirando.	난 그럭저럭 지낸다.
Él va a la cama.	그는 잠자러 간다.
Ellos van de campamento.	그들은 야영하러 간다.
Vamos de excursión.	우리는 소풍을 간다.
Ella va todo derecho(= recto).	그녀는 똑바로 간다.
Ellos va a la huelga.	그들은 파업에 들어간다.
Los alumnos vienen adelantando mucho.	학생들이 매우 향상되고 있다.
Ella viene en admitir.	그녀는 수용하기로 결정했다.
Esta falda te viene mal.	이 스커트는 네게 어울리지 않는다.
Ellos vienen en conocimiento.	그들은 서로 알고 있다.
Él va volando a toda prisa.	그는 전속력으로 달려온다.

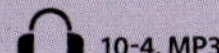

10-4. MP3

vivienda	주거지
casa	집
entrada	입구
pasillo	복도
habitación	방
terraza	테라스
balcón	발코니
jardín	정원
patio	안뜰, 마당
piscina	수영장
garaje	차고

ventana	창문
puerta	문
ascensor	엘리베이터
comedor	식당, 다이닝룸
cocina	부엌
cuarto de baño	화장실, 욕실
cuarto de aseo	화장실
sala de esperar	거실
dormitorio	침실
chalet	빌라
piso	원룸, 작은 아파트, 층

desván	다락
sótano	지하실
trastero	창고
ático	옥상 층
escalera	계단
pared	벽
suelo	바닥
techo	천장

apartamento	아파트
edificio	빌딩
rascacielos	고층빌딩
estudio	스튜디오

스페인 여행 유의점

"여행할 때, 소매치기 조심해!"
Al viajar, ¡cuidado con el carterista!

A. 전철 안의 소매치기

세 명의 건장한 남자들이 길을 막고 시간을 묻는다. 시계를 보는 순간 그중 한명이 손목을 잡는다. 그러는 동안 유유히 가방에서 지갑을 꺼내간다.

B. 햄버거집(패스트푸드 점) 소매치기

햄버거를 먹을 때, 자신의 짐을 빈자리에 놓고 방심하는 사이에 그들도 자신의 짐을 바로 옆에 두었다가 자신의 짐을 가져가는 척하면서 모두 가져가는 방식이다.

C. 관광객 위장 소매치기

관광객으로 위장하고 접근해서 아주 친근하게 음료수를 마시도록 권유한다. 음료수 안에 무엇을 타서 정신을 잃게 하고, 그 사이에 짐을 모두 가져간다.

D. 오물을 뿌려 주의를 끌고 물건 훔치는 소매치기

집시들이 가장 잘 사용하는 방법으로 사람에게 오물을 뿌려 거기에 신경을 쓰게하고, 도와주는 척하면서 가방, 카메라 등을 훔쳐가는 방법이다. 너무 여러 명이 오기 때문에 조심해야 한다.

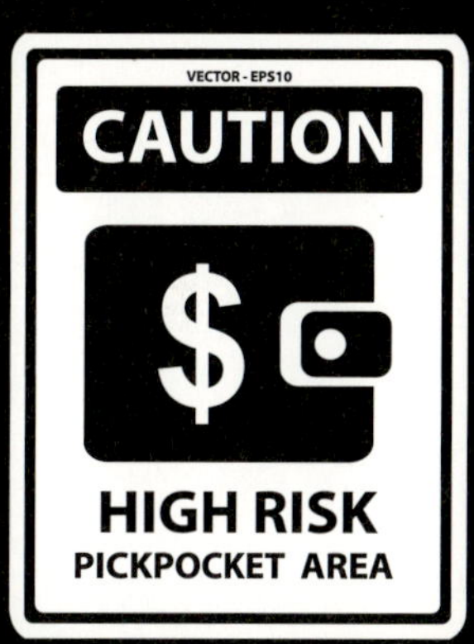

대처법

- 대중교통을 이용할 때, 언제나 주위를 살펴야 한다. 소매치기로 의심되는 사람이 있을 때는 '이미 알고 있다는 표정과 시선을 주어야' 오히려 포기하고 다른 곳으로 간다.

- 귀중품은 호텔에 두고 쓸 돈만 가지고 다니는 것이 가장 안전하다.

- 횡단보도 신호대기, 공연장, 붐비는 기차역 등은 소매치기가 많은 곳이다. 가방은 절대적으로 앞으로 안고 다니는 것이 좋다.

- 길을 걸을 때, 뒤도 쳐다보고 주위를 살피는 습관을 가져야 한다.

- 붐비는 역, 버스 정거장 등에서 지도를 펴고 모르는 표정을 자주 짓지 말아야 한다. 동양인 관광객은 자주 소매치기의 표적이 된다.

- 밤에 혼자 다니거나, 예약하지 않은 택시를 타는 것은 위험하다. 낮에도 인적 드문 곳에 여성들끼리 가는 것은 위험하다.

- 잘 모르는 사람이 친절하게 건네주는 음료는 절대로 마시지 말아야 한다.

- 붐비는 패스트푸드 점에서는 자신의 짐은 무릎 위에 놓고 어깨 끈은 손이나 다리에 걸어놓고 있어야 한다.

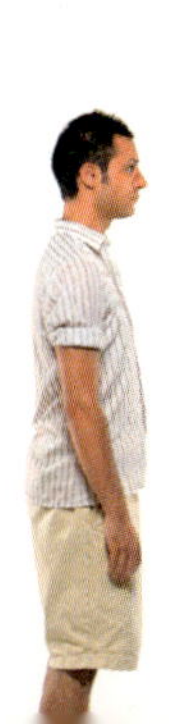

¿Qué día es hoy?

오늘은 무슨 요일이지?

LECCIÓN
11

- 요일, 날짜 표현
- 시간의 순서
- 부사 만들기

DIÁLOGO 11 대화 시작하기

DIÁLOGO A

Miguel   ¿Qué día es hoy?

Elena   Hoy es martes.

Miguel   ¿Qué fecha es hoy?

Elena   Hoy es veintiséis de mayo.

만세
포인트

1 오늘 며칠이죠?
¿Qué fecha es hoy?

날짜를 직접 이야기할 때는 'qué fecha'를 사용하는 방법이 있지만, 이외에 estar동사를 이용해 다른 의문사를 사용하는 방법도 있다.

¿A qué estamos hoy? 오늘 며칠이니?
¿A cómo estamos hoy? 오늘 며칠이니?
¿A cuántos estamos hoy? 오늘 며칠이니?

2 10년 후에는 뭐 하고 싶니?
¿Qué quiere hacer 10 años después?

'몇 년 전후'를 표현할 때, 부사 antes, después를 사용한다. 전치사로 사용할 때, 'antes de…, después de…'를 사용할 수 있는데, 시간의 전후의 경우는 말하고자 하는 시간의 바로 뒤에 부사를 사용하는 것이 가장 좋은 방법이다.

Voy a viajar por España 5 días después. 난 5일 후에 스페인 여행을 간다.
¿Qué hiciste 2 años antes? 넌 2년 전에 뭐했어? (▶ hacer 동사변화표 참조)

DIÁLOGO B

Elena	¿Qué haces después de terminar la escuela?
Miguel	¿Hoy o normalmente?
Elena	Hoy.
Miguel	Hoy es lunes, ¿verdad? Pues voy al gimnasio.
Elena	¿Normalmente vas allí?
Miguel	No. Especialmente hoy tengo un partido de badmintón.

DIÁLOGO A

미겔	오늘 무슨 요일이지?
엘레나	오늘은 화요일이지.
미겔	오늘 몇 일이야? [1]
엘레나	오늘은 5월 26일이지.

DIÁLOGO B

엘레나	학교 끝난 이후에 넌 뭐하니?
미겔	오늘? 아니면 평상시에?
엘레나	오늘.
미겔	오늘은 월요일. 맞지? 그럼 체육관에 가.
엘레나	평상시에 너 거기에 가니?
미겔	아니. 특히 오늘 배드민턴 시합이 있어.

---

hoy 오늘
martes 화요일
fecha 날짜
veintiséis 26
mayo 5월
después de ~의 이후에(전치사)
terminar 끝나다; 끝내다
escuela 학교
normalmente 일반적으로
lunes 월요일
verdad 진실, 사실
allí 저기, 저곳
especialmente 특별하게
partido 경기
badmintón 배드민턴
viajar 여행하다
antes 전에
abrir 열다
supermercado 슈퍼마켓
cerrar 닫다
ayuntamiento 동사무소, 구청
banco 은행; 벤치

 Clave

• hacer (하다, 만들다) 현재형

	단수	복수
1인칭	hago	hacemos
2인칭	haces	hacéis
3인칭	hace	hacen

• hacer (하다, 만들다) 부정 과거형

	단수	복수
1인칭	hice	hicimos
2인칭	hiciste	hicisteis
3인칭	hizo	hicieron

---

3 슈퍼마켓은 몇 시에 문을 여나요?

¿A qué hora abre el supermercado?

가게, 관공서 등을 몇 시에 문을 여는지 묻는 표현으로, abrir(열다) 동사, cerrar(닫다) 동사를 이용해 표현을 만들 수 있다.

¿A qué hora cierra el ayuntamiento? 동사무소는 몇 시에 문을 닫나요?
¿Cuándo abre el banco? 은행은 언제 문을 여나요?

1 요일 묻고 대답하기

요일은 스페인어에서 철자가 소문자로만 시작하는 것에 주의를 해야 한다. 그리고, 일반동사와 함께 올 때, 전치사를 사용하지 않고, 남성단수 정관사 'el'을 사용한다는 것을 확인하자.

요일

월요일	화요일	수요일	목요일	금요일	토요일	일요일
lunes	martes	miércoles	jueves	viernes	sábado	domingo

¿Qué día (de la semana) es hoy?　　오늘이 무슨 요일이지?

Hoy es domingo.　　오늘은 일요일이다.

Nos vamos el lunes.　　우리는 월요일에 떠난다.

시간 표현의 전치사 사용

시간을 나타내는 종류는 '시간, 날짜, 요일, 달, 계절, 연도 등'으로 나눌 수 있다. 일반적으로 영어의 be동사에 해당하는 'ser'동사를 사용하게 될 때는 전치사의 사용을 고려할 필요 없지만, 일반 동사와 함께 사용하게 될 때, 전치사를 통해 시간을 표시해야 하는데, 어떤 전치사가 오는지 보도록 하자. 단, 'estar'동사를 사용하게 될 때는 전치사를 사용한다.

① 시간
[ser동사일 때]
¿Qué hora es ahora?　　지금 몇 시입니까?
- Son las cinco de la tarde.　　오후 5시입니다.

[일반동사일 때] 전치사 'a' 사용
¿A qué hora empieza la clase?　　수업은 몇 시에 시작하나요?
- La clase empieza a las nueve.　　수업은 9시에 시작합니다.

② 날짜, 요일
[ser 동사 사용할 때]
¿Qué día es hoy?　　오늘은 무슨 요일입니까?
- Hoy es martes.　　오늘은 화요일입니다.
¿Qué fecha es hoy?　　오늘은 며칠입니까?
- Hoy es el primero de mayo.　　오늘은 5월 1일입니다.

[estar 동사 사용할 때] 전치사 'a' 사용.
¿A qué estamos hoy?　　오늘은 며칠이죠.
- Hoy estamos a siete de julio.　　오늘은 7월 7일입니다.

[일반 동사 사용할 때] 전치사 없이 정관사 'el'을 사용.
¿Cuándo nos vemos?　　우리 언제 보니?
- Nos vemos el domingo.　　우리 일요일에 보자.

- Nos vemos el tres de agosto.　　　　　우리 8월 3일에 보자.

※ 날짜나 요일은 전치사를 사용하지 않고, 전치사 역할을 하는 남성정관사 'el'을 사용한다. 날짜를 말할 때, 달(mes)
　의 경우는 'de + 달 명칭'으로 나타낸다.

El cinco de mayo　　　　　　　　　5월 5일에
El dieciséis de octubre　　　　　　10월 16일에

③ 달, 계절, 연도

[estar 동사를 사용할 때] 전치사 'en' 사용.

¿En qué mes estamos?　　　　　　무슨 달이죠?
¿En qué estación estamos?　　　　무슨 계절이죠?
¿En qué año estamos?　　　　　　무슨 해인가요?
- Estamos en enero.　　　　　　　1월입니다.
- Estamos en verano.　　　　　　여름입니다.
- Estamos en dos mil veinte.　　　2020년입니다.

[일반 동사를 사용할 때] 전치사 'en' 사용.

¿En qué mes encontrarás a María?　　마리아는 몇월에 만날거니? -
La encontraré en septiembre.　　　　난 그녀를 9월에 만날 것이다.
¿En qué estación vas de excursión?　어떤 계절에 소풍가니?
- Voy de excursión en otoño.　　　　가을에 소풍간다.
¿En qué año terminarás el curso ?　과정은 몇 년에 끝나니? -
Terminaré el curso en 2017.　　　　2017년에 끝낼 거야.

2　날짜 묻고 대답하기

스페인어는 영어와 다르게 날짜를 기수로 사용하는데, 오직 1일은 서수로 사용해왔다. 하지만,
근래에 기수인 uno도 날짜 사용법으로 인정한다. 일반 동사와 함께 날짜를 표시할 때, 전치사를
사용하지 않고 남성 단수 정관사 'el'을 사용한다는 것에 주의를 해야 한다.

¿Qué fecha es hoy?　　　　　　　　오늘 몇 일이니?

Es el veinticuatro de octubre.　　　10월 24일이야.

Ellos vienen el uno de diciembre.　그들은 12월 1일에 올 것이다.

▶ '오늘 몇 일이니?'의 다른 표현

¿Cuál es la fecha de hoy?

¿A cuántos estamos hoy?

¿A cómo estamos hoy?

¿A qué estamos hoy?

달(Mes) 명칭

※스페인어에서 달(Mes)은 영어에서처럼 첫 철자
　를 대문자로 사용하지 않고, 소문자로 쓴다.

1월	enero	7월	julio
2월	febrero	8월	agosto
3월	marzo	9월	septiembre
4월	abril	10월	octubre
5월	mayo	11월	noviembre
6월	junio	12월	diciembre

3 después de / antes de

(1) 「antes de(~의 앞에)」는 시간의 순차적 의미를 나타내는 의미

antes de su llegada

그의 도착 전에

Antes de las ocho, ella se levanta.

8시 전에 그녀는 일어난다.

▶ antes 부사를 단독으로 사용할 때

cuatro días antes

4일 전

diez años antes

10년 전

(2) 「después de(~의 후에)」는 시간의 순차적 의미를 나타내는 곳에 주로 사용

Juan llega un poco después de las cinco.

후안은 5시 조금 이후에 도착한다.

▶ después 부사를 단독으로 사용할 때

cinco días después

5일 후

trece meses después

13개월 후

장소에서 앞, 뒤를 말할 때

단독 부사일 때

▶ adelante (앞쪽에)
Ella va adelante. 그녀는 앞쪽으로 간다.

▶ atrás (뒤쪽에)
Ellos corren atrás. 그들은 뒤쪽에서 뛴다.

복합형 부사일 때

▶ delante de (~의 앞에)
La escuela está delante del banco.
학교는 은행 앞에 있다.

▶ detrás de (~의 뒤에)
El espejo está detrás de la puerta.
거울은 문 뒤에 있다.

▶ enfrente de (~의 정면에, ~의 앞에)
La cafetería está enfrente del hotel.
카페는 호텔과 마주보고 있다.

※ enfrente (단독으로 사용할 경우) 앞에
Ella vive justo enfrente.
그녀는 바로 앞쪽에 산다.

▶ frente a (~의 정면에, ~의 앞에)
La oficina está frente a la escuela.
사무실은 학교 앞에 있다.

- 형용사의 어미에 -o로 끝나는 것은 -o를 -a로 바꾸고 -mente를 붙인다.

  directo → directamente   직접적으로

  claro → claramente   분명히

- 그밖에 것은 그대로의 형태에 -mente를 붙이면 된다. 강세의 위치는 바꾸지 않는다.

  alegre → alegremente   즐겁게

  fácil → fácilmente   손쉽게

빈도 부사

※ 부사의 위치는 고정되어 있지 않고 자유롭다.

siempre	항상
a menudo	자주
a veces	때때로
cada vez	매번
alguna vez	언젠가, 어느 때
algunas veces	때때로
muchas veces	여러 번
a la vez	동시에
al mismo tiempo	동시에
otra vez	다시 한번
de vez en cuando	간간히, 때때로
de cuando en cuando	간간히, 때때로
rara vez	아주 드물게
apenas	거의 ~ 아니다
nunca	결코 ~ 아니다
por primera vez	최초로
una vez al día	하루에 한 번
dos veces al día	하루에 두 번
una vez a la semana	일주일에 한 번
una vez al mes	한 달에 한 번
una vez al año	일 년에 한 번

1. 잘 듣고 빈칸에 들어갈 말을 쓰시오.

A : ¿ _______ⓐ_______ es hoy?

B : Hoy es martes.

A : ¿ _______ⓑ_______ es hoy?

B : Hoy es _______ⓒ_______ de mayo.

2. 잘 듣고 빈칸에 들어갈 말을 쓰시오.

A : ¿Qué haces _______ⓐ_______ la escuela?

B : ¿Hoy o normalmente?

A : Hoy.

B : Hoy es lunes, ¿verdad?

  Pues voy _______ⓑ_______ .

A : ¿Normalmente vas allí?

B : No. Especialmente hoy tengo _______ⓒ_______ de badmintón.

3. 빈칸에 알맞은 말을 넣으시오.

월요일	el lunes
화요일	ⓐ
수요일	el miércoles
목요일	ⓑ
금요일	ⓒ
토요일	ⓓ
일요일	el domingo

 **4.** 빈칸에 들어갈 말로 알맞은 것은?

> En Corea, hace frío y nieva a menudo en _______________.
>
> Por eso, podemos esquiar.

① enero　　　　② mayo　　　　③ julio

④ septiembre　　⑤ octubre

5. 빈칸에 들어 갈 것을 보기에서 골라 쓰시오.

> [보기]　　a, el, en, de　　(대문자로 변형 가능)

①

¿ __________ qué hora empieza la clase?

 - La clase empieza __________ las nueve.

②

¿ __________ qué año terminarás el curso?

 -Terminaré el curso __________ 2017.

③

¿Cuándo nos vemos?

 - Nos vemos __________ tres __________ agosto.

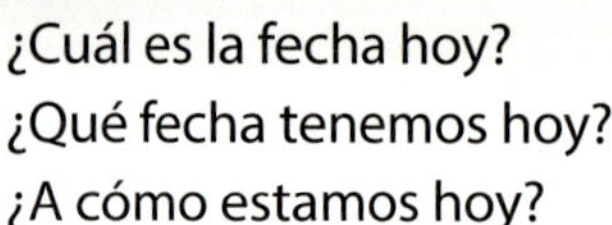

¿Cuál es la fecha hoy?	오늘이 며칠이죠?
¿Qué fecha tenemos hoy?	오늘은 며칠이죠?
¿A cómo estamos hoy?	오늘이 며칠이죠?

Hoy es el veinticinco de mayo.	오늘이 5월 25일입니다.
Hoy es lunes, el veinticinco de mayo.	오늘은 5월 25일 월요일입니다.
Tenemos el veinticinco de mayo.	오늘은 5월 25일입니다.
Estamos a veinticinco.	오늘은 25일입니다.

Lunes es el primer día de la semana.	월요일은 주의 첫 번째 날입니다.
El segundo día es martes.	두 번째 날은 화요일입니다.
Voy a la clase los lunes.	월요일마다 수업에 간다.
La Navidad de este año cae en domingo.	올해 크리스마스는 일요일에 해당된다.
La peluquería no se abre al público los lunes.	미용실은 월요일에 쉽니다.
Nos vemos el viernes a las seis de la tarde.	우리 금요일 오후 6시에 만나자.
El miércoles no se trabaja.	수요일은 일하지 않는다(휴일이다).
El lunes no me viene bien.	월요일은 나에게 편하지 않다.
El miércoles hacemos puente.	수요일은 징검다리 연휴이다. (화요일과 목요일이 공휴일)

Hoy es un viernes y trece.	오늘은 13일의 금요일이다.
El día primero de noviembre cae en domingo.	11월 1일은 일요일이다.

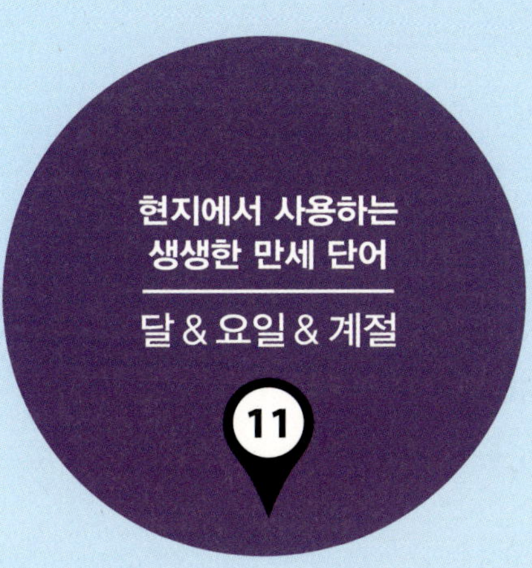

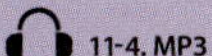
11-4. MP3

▶ 영어와는 다르게 '요일과 달'을 쓸 때, 첫글자를 대문자로
사용하지 않고 소문자로 쓴다는 것에 유의한다.

요일

el lunes	월요일
el martes	화요일
el miércoles	수요일
el jueves	목요일
el viernes	금요일
el sábado	토요일
el domingo	일요일

계절

la primavera	봄
el verano	여름
el otoño	가을
el invierno	겨울

달

enero	1월
febrero	2월
marzo	3월
abril	4월
mayo	5월
junio	6월
julio	7월
agosto	8월
septiembre	9월
octubre	10월
noviembre	11월
diciembre	12월

그 밖에

el cumpleaños	생일
la Navidad	크리스마스
la Nochebuena	크리스마스 이브
el Año Nuevo	새해 첫날
el día laborable	평일
el fin de semana	주말
el día feriado	휴일
la Nochevieja	섣달그믐

"중남미 가장 유명한 관광지는 어디일까?"
¿Cuál es el lugar más conocido de turismo en la América Latina?

10위 과테말라, 아티틀란 호수(Guatemala, Lago Atitlán)

아티틀란 호수는 '세상에서 가장 아름다운 호수'라고 불리기도 한다. '아티틀란'은 원주민(나우아틀) 어로 '물속에 있는'이라는 의미이다. 아티틀란 화산을 포함한 3개의 화산이 만들어 낸 주변은 지금까지도 인공이 전혀 가미되지 않은 태고의 멋이 그대로 살아 있다.

9위 브라질과 아르헨티나 사이, 이구아수 폭포
(entre Brasil y Argentina, Las Cataratas de Iguazú)

너비 4.5킬로미터, 평균낙차 70미터인 이구아수 폭포는 나이아가라 폭포보다도 규모가 크다. 브라질 파라나 주(州) 남부를 서류해 온 이구아수 강(江)이 파라나 강과 합류하는 지점에서부터 36킬로미터 상류에 있다. 암석과 섬 때문에 20여 개의 폭포로 물길이 갈라지면서 갈색에 가까운 많은 양의 물이 낙하한다. 부근은 개발되지 않은 삼림으로 뒤덮여 있으며, 폭포수와 삼림과 계곡이 아름다운 남아메리카 지역 중에서도 훌륭한 관광지로 꼽힌다.

8위 칠레, 토레스 델 파이네(Chile, Torres del Paine)

토레스 델 파이네는 칠레 파타고니아 남부에 위치한 국립 공원이다. '토레스 델 파이네'는 테우엘체(Tehuelche) 족의 언어로 '창백한 블루 타워'를 의미한다. 유네스코가 지정한 생물다양성 보존 지역인 이곳은 파타고니아 대초원 지대에 2천 미터에서 3천 미터의 높이로 치솟은 거대한 바위 산 군들로 유명하다.

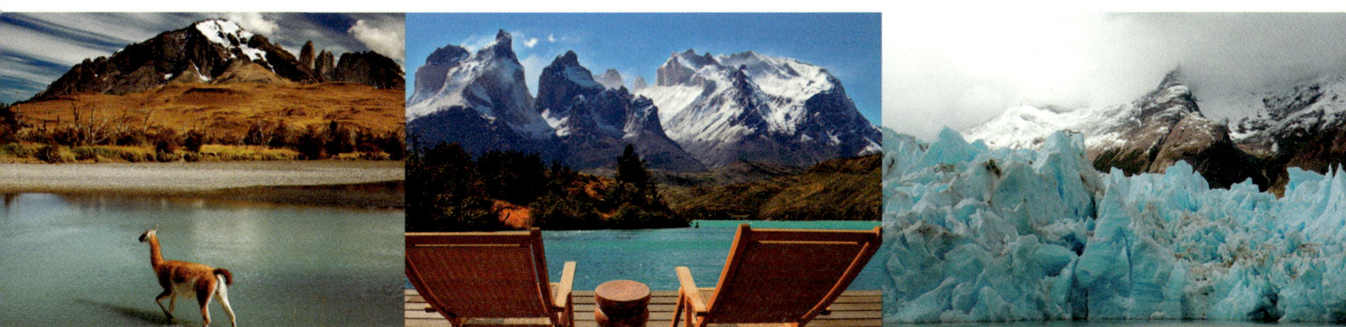

7위 아르헨티나, 우수아이아(Argentina, Ushuaia)

아르헨티나 최남단 티에라델푸에고의 주도이다. 티에라델푸에고 주에서도 가장 남쪽에 위치하여 '세상의 끝'이라는 별칭을 가진 항구 도시이다. 이 도시의 우수아이아 항구는 대서양과 태평양을 잇는 비글 해협에 위치한 남극 항로의 기점으로, 해상 교통의 요지이다. 위치와 기후적 특성이 만들어 낸 특별한 자연환경, 티에라델푸에고 국립공원 등 관광 자원도 풍부하다. 원격지라는 특성 때문에 19세기 중엽 이후에야 취락이 형성되기 시작하였다. 1년 중에 가장 따뜻할 때의 기온이 10도이다.

6위 에콰도르, 갈라파고스 섬(Ecuador, Isla Galápagos)

생물은 고유종(固有種)이 많으며, 1835년 영국의 생물학자인 찰스 다윈이 비글 호(號)로 이 제도를 탐험한 뒤로 이 섬의 독특한 생물 생태계가 널리 알려지게 되었다. 체중이 200kg에 달하는 코끼리거북, 몸길이 1.5m에 달하는 바다이구아나(바다도마뱀)나 뭍이구아나(뭍도마뱀) 등의 파충류, 날개가 퇴화한 코바네우, 작은 갈라파고스펭귄, 다윈핀치 등의 조류, 목본성(木本性) 국화과 식물 스칼레시아류(類), 기타 고유 동식물 등이 풍부하다. 전체 종류에 대한 고유 종류의 비율, 즉 고유종률(固有種率)은 포유류·조류·파충류는 80% 이상, 고등식물은 40% 전후의 높은 비율을 나타낸다. 이러한 생물들이 다윈에게 진화론의 착상 동기를 주었다고 하며, 오늘날 이곳을 '생물 진화의 야외 실험장'이라고도 부른다.

Mi hermano mayor es Juan.

내 형이 후안이다.

- 부사 demasiado
- 비교급 mayor, menor
- 가족 명칭
- 동등비교 tan(to)

DIÁLOGO A

Elena **Es una foto de mi familia. Estamos en el parque. En**

Pedro **el parque hay demasiada gente.**

Elena **Sí, hay mucha gente. ¿**

Pedro **Dónde estás tú? Estoy**

Elena **en el centro. ¿No eres tú**

Pedro **aquí?**

Elena **Ah, es mi hermana mayor. Soy muy parecida a mi hermana.**

만세
포인트

1 공원에 사람이 너무 많이 있다.
En el parque hay demasiada gente.

demasiado는 다소 많다는 부정적 성격을 가진 표현으로 'demasiado....
para~'라고 문형을 만들면, '~하기에는 너무 ....하다'라고 문장을 만들 수 있다.

Ella es demasiado loca para trabajar con nosotros. 그녀는 우리와 일하기에는 너무 이상한 사람이다.

Está demasiado lejos para llegar a tiempo.
정시에 도착하기에는 너무도 멀다.

2 내가 우리 언니하고 많이 닮았다.
Soy muy parecida a mi hermana.

'parecerse a + 대상'의 어구는 '닮다'라는 의미를 가지고 있는데, 이 어휘를 수동형으로 사용하게 되면 'ser/parecer + parecido(a) a + 대상'의 형태로 사용할 수 있다.

Él se parece mucho a su abuelo.
그는 그의 할아버지를 많이 닮았다.

Ella se parece mucho a su madre.
그녀는 그녀의 엄마와 많이 닮았다.

12-1. MP3

DIÁLOGO B

Pedro   **¿Cómo es tu madre?**

Ana   **Es alta y delgada.**

Pedro   **¿Ella es tan guapa como tú?**

Ana   **Ja, ja, ja... No sé si soy guapa. Pero, mi madre es muy guapa.**

Pedro   **¿Cómo es tu abuelo?**

Ana   **Él es viejo, pero muy fuerte.**

foto	사진
familia	가족
parque	공원
demasiado	너무(도), 엄청(나게) [형용사 또는 부사로 사용]
gente	사람들
mayor	더 위; 더 큰
parecido	닮은. 비슷한
madre	어머니
tan	그렇게
como	∼처럼
abuelo	할아버지
viejo	늙은; 낡은
fuerte	힘 센, 강한
loco	미친
trabajar	일하다
lejos	먼, 멀리
llegar	도착하다
parecerse	닮다; ∼처럼 보이다
inteligente	영리한, 명석한
resolver	(문제를) 풀다, 해결하다
problema	문제
bonito	예쁜
amado	사랑받는
difícil	어려운
nunca	결코 ∼ 않은

DIÁLOGO A

엘레나	우리 가족의 사진이야. 우리는 공원에 있지.
페드로	공원에 사람이 굉장히 많네. [1]
엘레나	응, 사람이 많이 있지.
페드로	넌 어디에 있어?
엘레나	난 중앙에 있어.
페드로	이게 너 아니니?
엘레나	아, 우리 언니야. 내가 우리 언니하고 많이 비슷해. [2]

DIÁLOGO B

페드로	너희 어머니는 어떠셔?
아나	키가 크시고 마르셨어.
페드로	그분이 너처럼 그렇게 예쁘시니?
아나	하하하, 내가 예쁜지는 모르겠네. 하지만, 우리 어머니는 아주 예쁘셔.
페드로	너희 할아버지는 어떠셔?
아나	그는 나이가 드셨지만, 매우 힘이 세셔.

3 그녀는 너무 영리해서 문제를 잘 해결할 수 있다.

Ella es tan inteligente que puede resolver bien el problema.

'tan(to)... que∼' 유형은 동등비교와는 다르게, 이유와 결과를 모두 이야기할 수 있는 형태로, tan(to) 뒤에 이유 또는 원인을 이야기하고, que 뒤에 결과를 표현할 수 있는 문형이다.

Ella es tan bonita que es amada de todos.
그녀는 너무 예뻐서 모두에게 사랑을 받는다.

Este problema es tan difícil que no podemos resolver nunca.
이 문제는 너무 어려워서 우리는 결코 해결할 수 없다.

1 demasiado 부사/형용사 사용

demasiado는 부사와 형용사로 사용될 수 있다. 부사로 사용될 때는 형용사나 부사를 수식하는데, 이때 형태의 변화는 없다. 형용사로 사용될 때는 명사의 성수에 따라 어미의 형태를 맞춰 변화해야 한다. 의미는 영어의 too 의미를 가지고 있다.

Hay demasiada gente en la plaza.　광장에 사람이 너무 많다.

El agua está demasiado fría.　물이 너무 차갑다.

▶ demasiado는 의미상 부정적인 성향이 있다. 「demasiado + 명사/형용사... para~」의 형태로 사용되는 경우는 「~하기에는 너무 ...하다」라는 의미를 가지게 된다.

Hay demasiada gente para tomar el metro.
전철에 타기에는 너무 많은 사람이 있다.

Tengo demasiados libros para llevar allá.
나는 저쪽으로 가져가기에는 책을 너무 많이 가지고 있다.

Ella es demasiado baja para subir.
그녀는 올라가기에 너무 키가 작다.

2 mayor, menor 사용

일반적으로 형용사나 부사의 비교급을 만들 때, 형용사나 부사 앞에 más, menos를 붙이는데, 몇 개 어휘는 자체 비교급형태를 가지고 있다.

불규칙 비교급 어휘

우등비교	bueno → mejor	좋은 → 더 좋은
	grande → mayor	나이든 → 더 나이든 (큰 → 더 큰)
열등비교	malo → peor	나쁜 → 더 나쁜
	pequeño → menor	어린 → 더 어린 (작은 → 더 작은)

Mi hermano menor es más alto que mi hermana mayor.

나의 남동생은 내 언니보다 더 키가 크다.

Este restaurante es mejor que el otro.

이 음식점은 다른 음식점보다 더 좋다.

비교급

「**más + 명사/형용사/부사 que + 비교 대상**」

위에서 **que**는 영어의 **than**의 역할을 하며, '더(**más**)'의 경우는 부사와 형용사 역할을 하기 때문에 '명사, 형용사, 부사'모두 수식이 가능하다. '더(**más**)'의 반대로 '덜(**menos**)' 의미를 사용할 수 있다.

Ella tiene más libros que él.
그녀는 그보다 많은 책을 가지고 있다.(명사수식)

Él es más alto que ella.
그는 그녀보다 더 키가 크다.(형용사수식)

Miguel corre más rápidamente que Pedro.
미겔은 페드로보다 더 빨리 달린다.(부사수식)

③ ser parecido a…

'parecerse a + 대상'이라는 표현이 있는데, 이 동사로부터 수동형 형용사 'parecido(닮은)'라는 표현이 만들어 졌다.

La hija muy parecida a su madre	어머니를 빼닮은 딸
A **¿A quién te pareces?**	너는 누구를 닮았니?
B **Me parezco a mi abuelo**	나는 할아버지를 닮았다

꼭 알아야할 가족 기본 명칭

가족	familia
친척	pariente
아버지	padre
어머니	madre
부모	padres
할머니, 할아버지	abuelo. abuela
조부모	abuelos
형, 남동생	hermano
언니, 여동생	hermana
삼촌, 숙모	tío. tía
사촌(남, 여)	primo. prima
조카(남, 여)	sobrino. sobrina
손자, 손녀	nieto. nieta
며느리	nuera
사위	yerno

▶ 더 자세한 가족(사람) 명칭은 p.195 참조.

5 tan(to)... como

규칙 비교급의 공식

원급비교	tan + 형용사 또는 부사 + como ~
의미	~만큼이나 그렇게 [형용사 또는 부사]한

Él es tan guapo como el actor.
그는 배우만큼이나 그렇게 잘 생겼다.

Ellas son tan altas como los jugadores.
그녀들은 운동선수들만큼이나 그렇게 키가 크다.

Ella habla tan lentamente como mi profesor.
그녀는 우리 선생님처럼 그렇게 천천히 말을 한다.

「형용사 + 명사」의 비교급

원급비교	tanto(s) / tanta(s) + 명사 + como ~
의미	~만큼이나 그렇게 [명사]한

Ella tiene tanta maleta como él.
그녀는 그와 같은 그러한 가방을 가지고 있다.

Él tiene tantos libros como el profesor.
그는 선생님만큼이나 그렇게 많은 책을 가지고 있다.

「tan(to)... que~」는 '원인'과 '결과'를 나타내는 문형이다. 즉, 「tan(to) 원인... que 결과」의 형태로 나타난다.

Ella es tan inteligente que puede solucionar las dificultades.
그녀는 너무 영리해서 어려움들을 해결할 수 있다.

Él tiene tanto dinero que puede comprar el coche de lujo.
그는 돈이 많아서 고급차를 살 수 있다.

1. 잘 듣고 빈칸에 들어갈 알맞은 말을 쓰시오.

A : Es una foto de mi familia. Estamos en el parque.

B : En el parque hay _________________.

A : Sí, hay mucha gente.

B : ¿Dónde estás tú?

A : Estoy _________________.

B : ¿No eres tú aquí?

A : Ah, es mi _________________.
Soy _________________ a mi hermana.

2. 잘 듣고 빈칸에 들어갈 알맞은 말을 쓰시오.

A : ¿Cómo es tu madre?

B : Es _________________.

A : ¿Ella es _________________ como tú?

B : Ja, ja, ja... No sé _________________.
Pero, mi madre es muy guapa.

A : ¿Cómo es tu abuelo?

B : Él es viejo, pero _________________.

3. 가계도의 내용과 일치하는 것은?

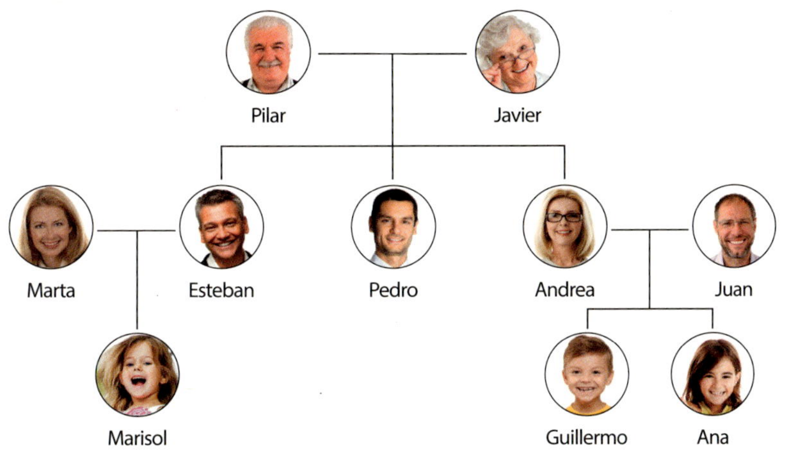

① Juan tiene dos sobrinos.

② Marta y Ana son primas.

③ Pilar es la abuela de Pedro.

④ Guillermo es el nieto de Javier.

⑤ Esteban es el marido de Andrea.

4. 빈칸에 알맞은 말을 넣으시오.

친척	ⓐ
부모	ⓑ
조부모	ⓒ
삼촌, 숙모	tío, tía
사촌(남, 여)	primo, prima
조카(남, 여)	ⓓ
손자, 손녀	nieto, nieta
며느리	ⓔ
사위	yerno

El hijo mayor tiene quince años y el menor tiene dos.
큰 아들은 15살이고 막내는 2살이다.

Pedro y María están casados.　　　페드로와 마리아는 기혼이다.
Pedro y María son solteros.　　　페드로와 마리아는 미혼이다.

El marido de Carmen es Felipe.　　　까르멘의 남편은 펠리페이다.
La mujer de Felipe es Carmen.　　　펠리페의 부인은 카르멘이다.
Felipe y Carmen son el matrimonio　　　펠리뻬와 까르멘은 최근에 결혼한 부부이다.
recién casado.

La familia de Felipe es grande.　　　펠리페 네는 대가족이다.
Ella sostiene a su familia.　　　그녀는 집안 살림을 떠맡았다.
Él es de buena familia.　　　그는 좋은 가문에서 태어났다.
Ella es la mujer cabeza de familia.　　　그녀는 여성 가장이다.
Mi amigo echa de menos a su familia.　　　내 친구는 가족을 그리워한다.
La enfermedad le viene de familia.　　　그(녀)에게 질병은 가족력이다(혈통으로부터 왔다).
Su familia es inferior a la clase media.　　　그의 가정은 중류층 이하이다.
Él se cría en la familia estricta.　　　그는 엄격한 가정에서 자란다.
La abuela es la mayor de la familia.　　　할머니가 가족 중에 가족 연장자이시다.
Soy nieto mayor de la familia principal.　　　나는 종손이다.
Ellos me tratan como el miembro de la familia.　　　그들은 나를 한 식구처럼 대한다.
Mi amigo es de la familia histórica.　　　내 친구는 유서 깊은 가문 사람이다.

12-4. MP3

familia	가족	**mujer**	부인
padre	아버지	**anciano/-a**	노인
papá	아빠	**adulto**	성인
madre	어머니	**chico/-a**	소년/소녀
mamá	엄마	**adolescente**	청소년
padres	부모님	**niño/-a**	소년/소녀
hijo/-a	아들/딸	**pequeñito/-a**	소아, 걸음마 아이
hermano/-a	형제/자매	**bebé**	아기
hermanos	형제들, 형제와 자매	**matrimonio**	결혼
hermanas	자매들	**mujer embarazada**	임신한 여자
abuelo/-a	할아버지/할머니	**padrino**	대부
abuelos	조부모님	**madrina**	대모
nieto/-a	손자/손녀	**separado/-a**	결별한
tío/-a	삼촌/숙모	**divorciado/-a**	이혼한
sobrino/-a	남 조카/여 조카	**casado/-a**	기혼인
primo/-a	남 사촌/여 사촌	**viudo**	홀아비
parientes	친척(들)	**viuda**	과부
suegro/-a	장인/장모	**boda**	결혼식
yerno	사위	**Luna de miel**	신혼여행
nuera	며느리	**nacimiento**	출생
cuñado	매형	**bautizo**	세례
cuñada	형수	**cumpleaños**	생일
novio/-a	애인, 신혼부부	**separación**	결별
esposo/-a	남편/부인	**divorcio**	이혼
marido	남편	**funeral**	장례

"중남미에서 세계문화유산을 찾아봤니?"

¿Buscaste el patrimonio de la Humanidad en la América Latina?

5위 아르헨티나, 페리토 모레노 빙하(Argentina, Glaciar Perito Moreno)

1981년 유네스코 자연유산으로 지정된 국립공원의 빙하들은 남극과 그린란드에 이어 세계에서 세 번째로 큰 빙하인 파타고니아 대륙 빙하에서 떨어져 나왔다. 보통 빙하가 형성되는 2500미터의 고도에 비하면 페리토 모레노 빙하의 해발고도는 1500미터에 불과하다. 저지대임에도 이곳에 빙하가 만들어질 수 있었던 건 남극에 가까운 위도 덕분이다. 극한의 추위가 얼음의 대륙을 만들었지만, 현재의 속도로 지구 온난화가 계속된다면 반세기가 지나기 전에 파타고니아 남부의 빙하는 완전히 사라질 것이라고 한다.

4위 칠레, 아타카마 사막(Chile, Desierto de Atacama)

칠레 북서부의 아타카마 사막은 지구에서 가장 건조한 곳이다. 단 한 방울의 비도 내리지 않는 곳도 있으며 미생물조차도 찾아보기가 어렵다. 그래서 몇 천 년 전에 죽은 동물과 식물들이 부패하지 않고 햇빛에 구워진 채로 남아있다. 바위, 깊은 모래 언덕, 운석으로 형성된 구멍들, 오래전에 말라붙은 고대의 호수 등으로 이루어진 이곳의 풍경은 종종 달이나 화성과 비교된다. 심지어 나사는 이곳에서 우주에서 쓸 원격 착륙 장치의 테스트를 하기도 한다. 아타카마 사막의 중심부는 살아있는 것이라곤 찾아볼 수 없는 극도로 건조한 지역이지만 가장자리로 갈수록 오른쪽으로는 안데스 산맥으로, 왼쪽은 태평양으로 이어진다.

3위 칠레, 이스터 섬(Chile, La Isla de Pascua)

고고학상 중요한 섬으로서, 인면석상(人面石像) 등의 거석문화(巨石文化)의 유적과 폴리네시아 유일의 문자가 남겨져 있으나, 이것들을 만든 사람들에 대해서는 명확하게 밝혀지지 않았다. 이 섬으로의 이주는 10세기 이전에 이루어진 것으로 보며, 언어·인류학상으로 보아 최초의 주민은 멜라네시아의 피가 섞인 폴리네시아인으로 추정하고 있다. 1722년 이전에는 최고 4천 명에 가까운 사람들이 살고 있었다고 추정되나 1862년의 노예 사냥과 그에 잇달은 천연두의 유행 등으로 섬의 인구는 최저치인 111명까지 감소되었다. 1864년 이후에 백인도 정착하게 되고 1888년에 칠레령이 되었다.

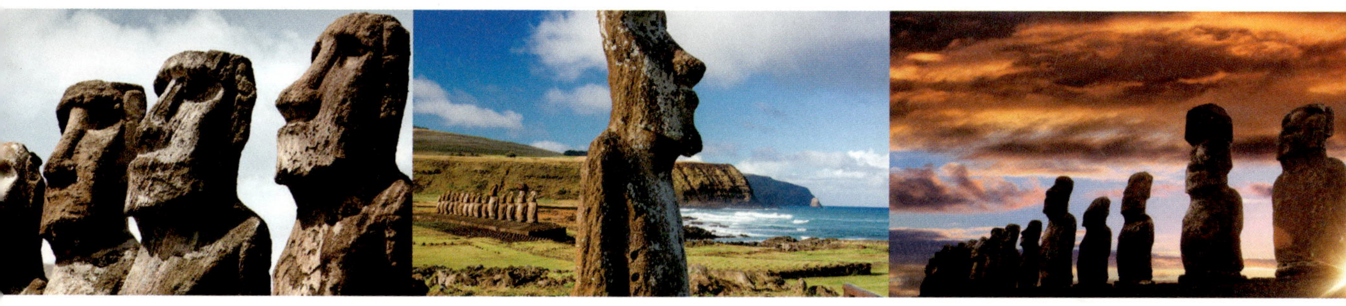

2위 볼리비아, 우유니 소금사막(Bolivia, Salinas de Uyuni)

포토시 주와 오루로 주의 남서쪽에 자리 잡은 우유니는 해발고도 3,653미터의 높이에 12,000제곱킬로미터의 면적으로 펼쳐진 세계 최대의 소금사막이다.

1위 페루, 마추픽추(Perú, Machu Picchu)

1만 명이나 되는 잉카인들이 살던 요새도시였던 마추픽추는 1911년 미국인 하이럼 빙엄에 의해 발견되었고, 발견 당시 마추픽추는 세월의 풀에 묻혀 있던 폐허의 도시였다. 잉카인들이 더욱 깊숙이 숨기 위해 처녀들과 노인들을 마추픽추의 한쪽 묘지에 묻어버리고 제2의 잉카 제국을 찾아 어디론가 사라져 버린 것이다. 그리하여 마추픽추는 세계인들의 뇌리 속에 영원한 수수께끼의 도시로 남게 된 것이다.

¿Cuántos años tiene tu primo?

네 사촌은 몇 살이니?

LECCIÓN
13

- 나이 묻기 표현
- 감탄문
- 직업 말하기
- 관계사 que

DIÁLOGO A

Pedro	¿Cuántos años tiene tu esposa?
Miguel	Treinta y ocho.
Pedro	Ella es menor que tú.
Miguel	¿Cuántos años tiene tu hijo mayor?
Pedro	Tiene dieciocho. Él es estudiante de bachillerato.
	¿Cuándo es el cumpleaños de tu esposa?
Miguel	Um... No lo recuerdo bien.
Pedro	Wow, ¡qué sorpresa! ¿No recuerdas la fecha del cumpleaños de tu esposa?
Miguel	¡Qué vergüenza!
Pedro	Pobre de tu esposa.

**만세
포인트**

1 네 부인은 몇 살이야?

¿Cuántos años tiene tu esposa?

나이를 물어볼 때, 'cuántos años'를 통해 물어볼 수도 있지만, 'qué edad'을 통해서도 물어볼 수 있으며, 그 대답은 같다.

Tengo diecisiete. 17살입니다.
Ella tiene veinte años. 그녀는 20살입니다.

2 당신 나이에 비해 젊어 보여요.

Parece joven para su edad.

사람들이 만났을 때, 자주 인사하는 말 중에 나이를 빗대서 말하는 표현이 많다. 그중에 나이에 비해 나이가 '들어 보인다'거나 '젊어 보인다'는 표현이 있는데, 그 때는 parecer동사를 이용한다.

Parece viejo para su edad. (그는) 나이에 비해 늙어 보인다.
Ella parece más joven que yo. 그녀는 나보다 더 젊어 보인다.

DIÁLOGO B

Pedro	¿Dónde trabaja tu padre?
Miguel	Él trabaja en el banco.
	¿A qué se dedica tu padre?
Pedro	Mi padre ayuda a mi madre que trabaja en un restaurante mexicano.
Miguel	¿Tu madre es cocinera?
Pedro	Sí, es cocinera de la comida mexicana. Pero, mi padre no es cocinero. Solo ayuda a manejar el restaurante.

cuánto 얼마나 많은(How much, How many)
año 연도, 해; 나이
esposa 부인
menor 더 적은; 더 작은
bachillerato 고등학교, 중등교육
cumpleaños 생일
recordar 기억하다
sorpresa 놀람
vergüenza 수치, 부끄러움
pobre 불쌍한; 가난한
trabajar 일하다
padre 아버지
banco 은행; 벤치
dedicarse 종사하다, 몰두하다
ayudar 돕다
restaurante 식당
mexicano 멕시코의; 멕시코사람(남성)
cocinera 요리사(여성)
comida 음식
solo 홀로; 단지
manejar 운영하다; 운전하다
joven 젊은; 젊은이
edad 나이
colega 동료
superior 월등한, 상부의, 우수한
subcolega 후배, 손아래 동료

DIÁLOGO A

페드로	네 부인은 몇 살이야? 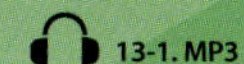[1]
미겔	38이야.
페드로	그녀는 너보다 어리네.
미겔	네 큰 아들은 몇 살이야?
페드로	18살이야. 그는 고등학생이지. 언제 네 부인의 생일이야?
미겔	음... 난 기억이 잘 안 나네.
페드로	와우. 너무 놀랍네! 네 부인 생일의 날짜를 기억 못해.
미겔	에구 면목 없네.
페드로	네 부인이 불쌍하다.

DIÁLOGO B

페드로	너희 아버지는 어디서 일하셔?
미겔	은행에서 일하셔. 너희 아버지는 어떤 일을 하시는데?
페드로	나의 아버지는 멕시코 식당에서 일하시는 어머니를 도와주셔.
미겔	너의 어머니는 요리사니?
페드로	응, 멕시코 음식 요리사지. 하지만, 아버지는 요리사는 아니고, 단지 멕시코 식당 운영을 도와주시지.

3 그녀는 내 선배이다.
Ella es mi colega superior.

일반적으로 나이로 손위, 손아래를 말할 때는 비교급 형용사 mayor, menor를 사용하는데, 학교나 직장의 선배와 후배를 이야기할 때는 나이로 말하지 않음으로 mayor와 menor를 사용하지 않는다.

Él es mi subcolega. 그는 내 후배이다.
Él es 2(dos) años mayor que yo. 그는 나보다 2살이 많다.

 1 나이 묻는 표현

¿Cuántos años tiene…?
¿Qué edad tiene…?

A ¿Cuántos años tiene usted?	당신은 몇 살 입니까?
B Tengo diecisiete años.	17살입니다.
A ¿Qué edad tienes?	넌 몇 살이니?
B Tengo dieciséis.	16살이요.

> **Clave**
>
> **parecer를 이용한 표현.**
>
> Ella parece joven.
> 그녀는 젊어 보인다.
>
> Él parece viejo.
> 그는 나이 들어 보인다.
>
> Tú pareces mucho más joven para tu edad.
> 넌 네 나이에 비해 훨씬 젊어 보인다.

 2 감탄문

¡Qué…!

감탄문은 감탄부호(¡~!)를 문장의 앞뒤에 찍어야 한다. Qué 뒤에 명사, 형용사, 부사가 모두 올 수 있으며, 주어 동사가 뒤 따라 오는 것이 원칙이다.

¡Qué bonitas flores éstas son!	이것은 얼마나 아름다운 꽃인가!
¡Qué encantador tiempo hace!	얼마나 화창한 날씨인가!
¡Qué bien ella habla inglés!	그녀는 정말 영어를 잘하는구나!

감탄문에서 「주어+동사」는 생략되는 경우가 많다.

¡Qué amable (ella es)!

얼마나 친절한가! (그녀가)

¡Qué interesante (el partido es)!

얼마나 흥미진진한가! (경기가)

¡Qué hermoso pájaro (ése es)!

얼마나 아름다운 새인가! (그 새가)

[의문사 qué와 비교]

▶ 의문 대명사 역할

① 무엇(주어)

¿Qué es esto? 이것은 무엇입니까?

② 무엇(목적어)

¿Qué hay de nuevo? 새로운 무슨 일 있니?
¿Qué tienes? 너 무슨 일이니?

③ 무엇을(명사구)

No sé qué hacer. 난 무엇을 해야 할지 모르겠다.

※ [참고] saber(알다) 동사변화

	단수	복수
1인칭	sé	sabemos
2인칭	sabes	sabéis
3인칭	sabe	saben

▶ 의문 형용사 역할

영어의 what에 해당하는 의미를 가지는데, 형용사 용법에서는 what이외에도 which의 역할도 하게 된다.

¿Qué profesión tiene ella?
그녀는 무슨 직업을 가지고 있나요?

¿Qué título tiene esa película?
그 영화의 제목이 무엇인가요?

3　pobre de + 대상

Pobre de mí
내 신세야

Ay de mí
아 내 신세야

형용사 pobre

'가난한, 불쌍한'이라는 의미를 가진 형용사이다. 일반적으로 형용사가 명사의 앞에 오던, 뒤에 오던 의미가 바뀌는 경우가 많지 않은데, 위치에 따라서 그 의미가 바뀌는 어휘 중에 하나가 바로 'pobre'이다.

① 명사 앞에 쓰일 때, '불쌍한, 가엾은'의 의미.
El pobre hombre. 불쌍한 남자.
El pobre campesino. 불쌍한 농부.

② 명사 뒤에 쓰일 때, '가난한'의 의미.
El hombre pobre. 가난한 남자.
El campesino pobre. 가난한 농부.

③ 이외의 의미로 사용되는 경우.
Él es un bebedor pobre. 그는 술에 약하다.
Ella habla español pobre. 그녀는 스페인어가 어설프다.
Él es pobre en matemáticas. 그는 수학실력이 달린다.
Eso es la excusa pobre. 그것은 속보이는 핑계이다.

¿Qué es...?　(3인칭 단수) 직업이 뭐죠?

¿A qué se dedica...?　(3인칭 단수) 어디에 종사하고 있죠?

¿Dónde trabaja...?　(3인칭 단수) 어디에서 일하죠?

¿Qué haces?　넌 무슨 일을 하니?	
¿A qué te dedicas?　넌 어느 쪽에서 일해?	Soy profesor.　난 선생님이야.
¿Dónde trabajas?　넌 어디에서 일하니?	Trabajo en una escuela.　난 학교에서 일을 해.

일반동사의 변화

dedicarse(종사하다)

	단수	복수
1인칭	me dedico	nos dedicamos
2인칭	te dedicas	os dedicáis
3인칭	se dedica	se dedican

hacer(하다, 만들다)

	단수	복수
1인칭	hago	hacemos
2인칭	haces	hacéis
3인칭	hace	hacen

5　관계사 que

Mi padre ayuda a mi madre que trabaja en un restaurante mexicano.

우리 아버지는 멕시코 식당에서 일하시는 어머니를 도와주신다.

선행사의 종류나 절의 성격에 관계없이 두루 사용되며, 성·수의 변화를 하지 않는다. 관계사 que 는 문장의 내용에 따라 전치사와 함께 쓰이는 경우가 있다.

El idioma que estudiamos es muy difícil.

우리가 공부하는 언어는 매우 어렵다.

(1) que의 선행사가 사람인 경우: 주격과 직접목적격 역할에서 사용

El profesor que vimos ayer es mexicano.

어제 우리가 보았던 그 교수님은 멕시코 사람이다.

Ella es profesora que nos enseña el español.

그녀는 우리에게 스페인어를 가르치는 선생님이시다.

(2) 앞에 전치사와 함께 쓰이는 경우

La pluma con que escribo es negra.

내가 쓰고 있는 펜은 검은색이다.

La escuela en que estudiamos es muy grande.

우리가 공부하고 있는 학교는 매우 크다.

일반동사의 변화

escribir(쓰다, 필기하다)

	단수	복수
1인칭	escribo	escribimos
2인칭	escribes	escribís
3인칭	escribe	escriben

estudiar(공부하다)

	단수	복수
1인칭	estudio	estudiamos
2인칭	estudias	estudiáis
3인칭	estudia	estudian

6 ayudar a + 동사원형

ayudar는 규칙동사 변화를 하게 되며, 일반적으로 명사를 사용할 때는 'ayudar + 목적어/대상'을 사용하는데, 동사원형이 오는 경우에는 전치사 a를 사용해서 쓰는 것에 유의한다. 간혹 para를 사용해 a를 대체할 때도 있다.

Ellos ayudan a los niños pobres.

그들은 가난한 아이들을 돕는다.

Él ayuda a encontrar un empleo.

그는 취직을 알선한다.

Ella me ayuda a llevar la mesa.

그녀가 나를 도와 테이블을 옮긴다.

일반동사의 변화

ayudar(돕다)

	단수	복수
1인칭	ayudo	ayudamos
2인칭	ayudas	ayudáis
3인칭	ayuda	ayudan

▶**ayudar의 다른 용법**

「ayudarse de +...(도움/힘을) 빌리다」

Él se ayuda de los amigos.

그는 친구들의 힘을 빌린다.

1. 잘 듣고 빈칸에 들어갈 말을 쓰시오.

A : ¿ _______ⓐ_______ tiene tu esposa?

B : Treinta y ocho.

A : Ella es menor que tú.

B : ¿Cuántos años tiene tu _______ⓑ_______?

A : Tiene dieciocho. Él es estudiante _______ⓒ_______.

　　¿Cuándo es el cumpleaños de tu esposa?

B : Um... No lo recuerdo bien.

A : Wow, ¡_______ⓓ_______! ¿No recuerdas la fecha del cumpleaños de tu esposa?

B : ¡_______ⓔ_______!

A : _______ⓕ_______ tu esposa.

2. 잘 듣고 빈칸에 들어갈 말을 쓰시오.

A : ¿_______ⓐ_______ tu padre?

B : Él trabaja en el banco.

　　¿A qué _______ⓑ_______ tu padre?

A : Mi padre ayuda a mi madre _______ⓒ_______ en un restaurante mexicano.

B : ¿Tu madre es cocinera?

A : Sí, es cocinera de la comida mexicana.

　　Pero, mi padre no es cocinero. Solo _______ⓓ_______ el restaurante.

3. 빈칸에 알맞은 말을 넣으시오.

ⓐ 당신은 몇 살 입니까?

→ ¿ _______________ años tiene usted?

ⓑ 넌 몇 살이니?

→ ¿ _______________ tienes?

ⓒ 얼마나 친절한가!

→ ¡ _______________ (ella es)!

ⓓ 얼마나 흥미진진한가!

→ ¡ _______________ (el partido es)!

ⓔ 얼마나 아름다운 새인가!

→ ¡ _______________ pájaro (ese es)!

4. 빈칸에 들어갈 말로 가장 알맞은 것은?

¡ _______________ día más hermoso!

① Qué un   ② Qué   ③ Cuál

④ De qué   ⑤ De quién

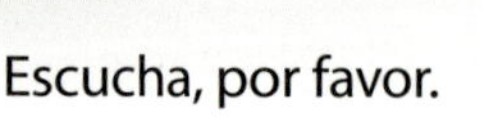

Escucha, por favor.	들어 보세요.
Repite, por favor.	따라 하세요.
Mira aquí, por favor.	여기 보세요.
Cubre el libro, por favor.	책을 덮으세요.
Abre el libro. por favor.	책을 펴세요.
Contesta, por favor.	대답하세요.
Pregunta, por favor.	질문하세요.
Habla, por favor.	말해보세요.
No lo entiendo.	이해가 안 됩니다.
No lo sé.	모르겠습니다.
Tengo una pregunta.	질문이 있습니다.
¡Presente!	네(출석했습니다)!
Ella está ausente.	그녀는 결석했다.
¿Cómo se escribe esto?	이것을 어떻게 쓰나요?
¿Cómo se dice esto en español?	이것을 스페인어로 뭐라고 하나요?
¿Qué asignatura le gusta?	무슨 과목을 좋아하세요?
Yo soy pobre en matemáticas.	난 수학 실력이 형편없다.
Yo voy a aprobar en el examen.	난 시험에 합격할 것이다.
Yo soy fuerte en español.	난 스페인어에 강하다.
Él estudia a último momento.	그는 벼락치기 공부한다.
Me gustan el español y el inglés.	저는 스페인어와 영어를 좋아합니다.
En Corea del Sur, el semestre empieza en marzo.	대한민국에서는 학기가 3월에 시작한다.

13-4. MP3

alumno/-a	학생
estudiante	학생(m.f.)
maestro/-a	선생님
profesor/-ra	선생님, 교수님
vendedor/-ra	장사꾼, 판매원
ayudante	도우미(m.f.)
secretario/-a	비서
gerente	매니저
periodista	신문기자(m.f.)
funcionario/-a	공무원
policía	경찰(m.f.)
soldado/-a	군인

jefa de cocina	쉐프(여)
mecánico/-a	기술자
médico/-a	의사
dentista	치과의사(m.f.)
enfermero/-a	간호사
científico/-a	과학자
ingeniero/-a	엔지니어, 기술자
político/-a	정치가
empresario/-a	기업가
abogado/-a	변호사
juez	판사(m.f.)
guía	가이드(m.f.)

bombero/-a	소방관
conductor/-ra	운전사
piloto	파일럿
granjero/-a	농부
agricultor/-ra	농부
pescador/-ra	어부
jefe	사장(남)
jefa	사장(여)
empleado/-a	직원
dependiente	점원(남)
dependienta	점원(여)
jefe de cocina	쉐프(남)

agente de Bolsa	증권 중계인
actor	배우(남)
actriz	배우(여)
cantante	가수(m.f.)
peluquero/-a	미용사
artista	예술가
músico/-a	음악가
atleta	육상선수(m.f.)
deportista	운동선수(m.f.)
informático/-a	컴퓨터 기술자
psicólogo/-a	심리학자
entrenador/-ra	트레이너
economista	경제전문가(m.f.)

"스페인의 박물관 가볼래?"
¿Quieres visitar los museos de España?

프라도 미술관(Museo del Prado)

스페인 마드리드에 있는 세계적인 미술관 중의 하나이다. 15세기 이후 스페인 왕실에서 수집한 미술 작품들을 전시하고 있다. 디에고 벨라스케즈(Diego Velázquez), 프란시스코 고야(Francisco Goya), 엘 그레코(El Greco)와 주세페 데 리베라(Jusepe de Ribera)를 비롯한 수많은 화가들의 그림이 소장되어 있다.

구겐하임 박물관(Museo de Guggenheim)

스페인 바스크 지역 중심지인 빌바오(Bilbao)에 위치한 구겐하임 박물관은 테마별로 나누어진, 구조물 위주의 현대미술 작품이 전시되어 있는데, 박물관 자체를 구경하러 가는 경우가 많다.

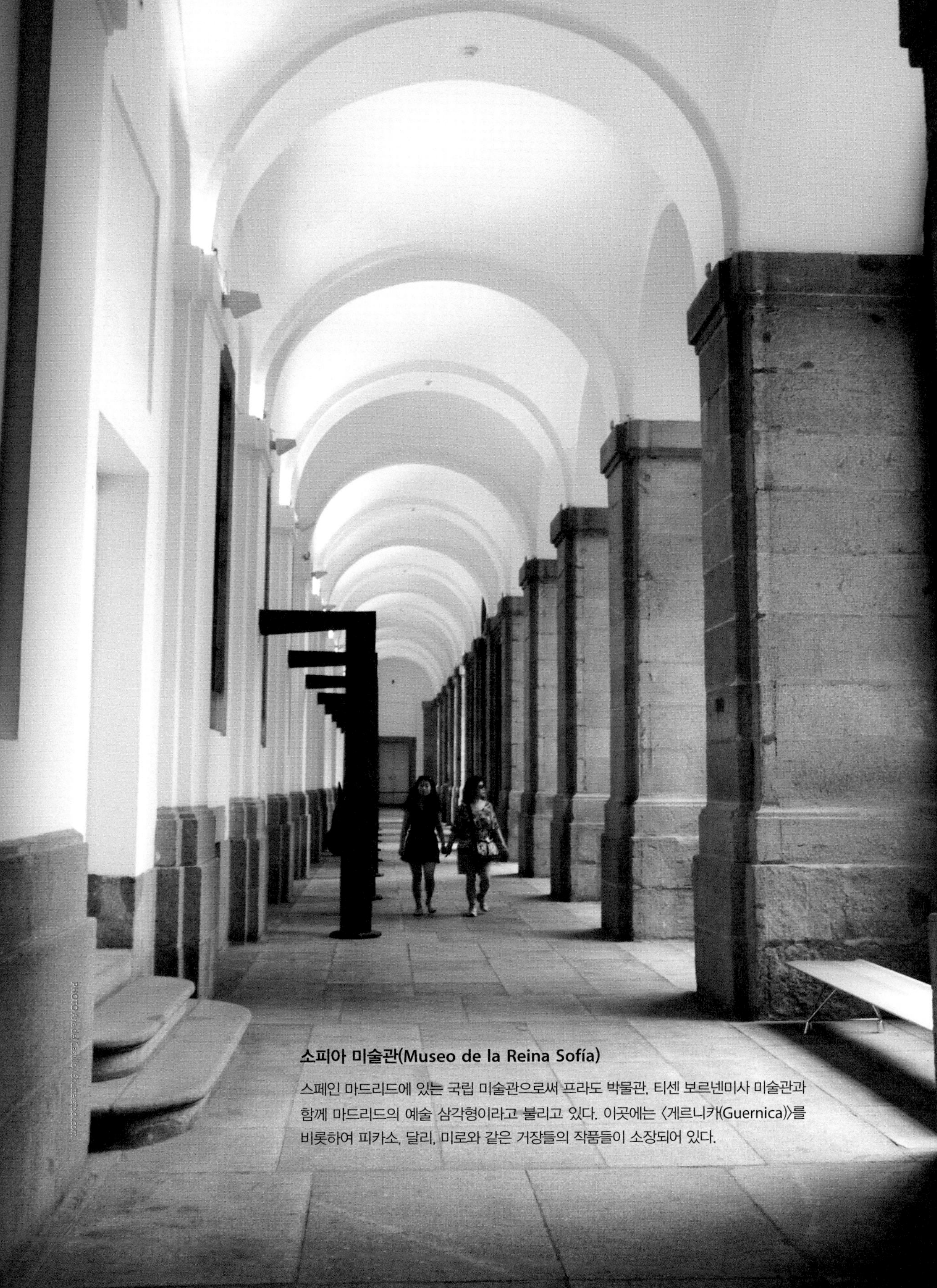

소피아 미술관(Museo de la Reina Sofía)

스페인 마드리드에 있는 국립 미술관으로써 프라도 박물관, 티센 보르넨미사 미술관과 함께 마드리드의 예술 삼각형이라고 불리고 있다. 이곳에는 〈게르니카(Guernica)〉를 비롯하여 피카소, 달리, 미로와 같은 거장들의 작품들이 소장되어 있다.

¿Cuánto
vale esto?
이건 얼마죠?

- 가격 묻고 답하기
- 물건 사기
- 비교급 표현
- 현재완료 표현

DIÁLOGO A

Dependienta	¡Buenas tardes! ¿Qué desea Ud.?
Ana	¡Buenas tardes! ¿Tiene la naranja fresca?
Dependienta	Sí. Es esta de aquí.
Ana	¿A cuánto está el kilo?
Dependienta	A 10 euros el kilo.
Ana	Está muy cara. Quiero comprar algo menos caro.
Dependienta	La manzana está más barato que la naranja.
	Está a 4 euros el kilo.
Ana	Entonces 2 kilos de manzana, por favor.

만세
포인트

1 이 셔츠는 얼마죠?
¿Cuánto vale esta camisa?

가격을 묻는 표현은 여러 가지가 있는데, 여기에 소개하는 것은 모두 일반적인
표현이다.

¿Cuánto cuesta esto? 이것은 얼마인가요?
¿Cuánto es esto? 이것은 얼마인가요?
¿Cuál es el precio? 가격은 어떻게 되나요?

2 제가 그것을 사겠습니다.
Me la llevo.

'내가 그것을 가져가겠다'는 것을 '사겠다'로 사용하는 표현이다. 아래에서 동사
'comprar'와 대상 목적어인 'lo'를 사용한 것인데, 만약 구매하고자 하는 대상
이 여성의 성을 가진 경우는 'la compro.'라고 해야 한다.

Lo compro. 그것을 사겠습니다.
Me quedo con esto. 제가 이것을 사겠습니다.

DIÁLOGO B

Dependienta	¡Hola! Buenos días. ¿Puedo ayudarlo?
Elena	Sí, quiero comprar una camisa.
Dependienta	Aquí hay muchas camisas bonitas.
Elena	¿Cuánto vale esta camisa?
Dependienta	Cuesta 30 euros.
Elena	¿Y esa de ahí, la azul?
Dependienta	Esa está rebajada, vale 20 euros.
Elena	Muy bien. Me la llevo.

desear 원하다
naranja 오렌지
fresco 신선한
kilo 킬로그램; 킬로미터
euro 유로(화폐 단위)
caro 비싼
comprara 사다, 구매하다
algo 어떤 것
manzana 사과
barato 싼, 저렴한
entonces 그래서, 그때, 그럼으로
poder ~할수 있다(조동사)
ayudar 돕다
camisa 셔츠
bonito 예쁜
azul 파랑색(의)
rebajado 할인된, 면제한
valer ~의 가격이다; 가치가 있다
llevar 가져가다
costar 비용이 들다; 힘이 들다
precio 가격
quedar 놓다, 남겨두다
descuento 할인

DIÁLOGO A

점원	좋은 오후입니다. 무엇을 원하시죠?
아나	좋은 오후입니다. 신선한 오렌지 있나요?
점원	네, 여기에 이것입니다.
아나	킬로로 얼마죠?
점원	킬로에 10유로입니다.
아나	너무 비싸네요. 덜 비싼 어떤 것을 사고 싶은데요.
점원	사과는 오렌지보다 훨씬 쌉니다.
	킬로에 4유로입니다.
아나	그럼 2킬로, 부탁해요.

DIÁLOGO B

점원	안녕하세요. 좋은 아침입니다. 무엇을 도와드릴까요?
엘레나	네, 셔츠를 하나 사려고 합니다.
점원	네 여기 예쁜 셔츠들이 많이 있습니다.
엘레나	이 셔츠는 얼마죠?  ¹
점원	30유로입니다.
엘레나	그럼, 그쪽의 것은요? 파란색이요?
점원	그것은 세일 중입니다. ³ 20유로입니다.
엘레나	아주 좋네요. 그거 살게요. ²

---

3 그것은 세일 중입니다. **Esa está rebajada.**

'할인하다', '물건 값을 깎다'라는 표현은 여러 방법으로 사용할 수 있는데, 그중에 간단히 단어만으로 표현하는 경우도 있다.

Descuento, por favor. 할인해 주세요.

Básico

Está en ganga.
할인 중이다.

¿A cuánto está el kilo?
킬로 당 얼마입니까?

Está rebajada. 할인 중이다.

Quiero comprar algo menos caro. 저는 조금 덜 비싼 것을 사고 싶습니다.

La manzana está más barato que la naranja.
사과는 오렌지보다 더 싸다.

1 가격 묻기

A ¿Cuánto cuestan(valen / son) las manzanas? 사과는 얼마입니까?

B Cuestan(valen / son) dos euros por el kilo. 킬로에 2유로입니다.

A ¿A cuánto está el plátano? 바나나 가격은 얼마입니까?

B Está a 3 euros el kilo. 킬로에 3유로입니다.

Clave

일반동사의 변화

costar(가치가 나가다, 가격이다)

	단수	복수
1인칭	cuesto	costamos
2인칭	cuestas	costáis
3인칭	cuesta	cuestan

valer(가치가 나가다, 가격이다)

	단수	복수
1인칭	valgo	valemos
2인칭	vales	valéis
3인칭	vale	valen

※스페인어권 국가 화폐단위

스페인	: 에우로(euro)	도미니카공화국: 페소(peso)
멕시코	: 페소(peso)	아르헨티나 : 페소(peso)
코스타리카	: 콜론(colón)	볼리비아 : 볼리비아나(boliviana)
쿠바	: 페소(peso)	콜롬비아 : 페소(peso)
엘살바도르	: 콜론(colón)	칠레 : 페소(peso)
과테말라	: 켓살(quetzal)	에콰도르 : 수크레(sucre)
온두라스	: 렘피라(lempira)	파라과이 : 과라니(guaraní)
니카라과	: 코르도바(córdoba)	페루 : 솔(sol)
파나마	: 발보아(balboa)	우루과이 : 페소(peso)
푸에르토리코	: 돌라르(dólar)	베네수엘라 : 볼리바르(bolívar)

2 가격에 대한 다른 표현

Es caro. 비싸다.

Es barato. 싸다.

Es razonable. (가격이) 적정하다.

Es demasiado caro. 너무 비싸다.

Es damasiado barato.　　너무 싸다.

¿Tiene algo más barato?　　더 싼 것이 있나요?

¿Puedo ver algo más barato?　　제가 더 싼 것을 볼 수 있나요?

¿Puede ser más barato?　　(이것은) 더 쌀 수 있나요?

¿Es su último precio?　　최종 가격은 어떻게 되죠?

¿Puedo obtener un diez por ciento
 de descuento?　　10% 정도 할인 받을 수 있나요?

Lo compro si es 20 mil wones.　　만약 2만 원이라면 그것을 사겠습니다.

Lo compro todo si tiene descuento.　　할인을 해준다면, 그것 모두를 사겠습니다.

¿Cómo va a pagarlo?　　그것을 어떻게 지불하실 것입니까?

¿Va a pagar en metálico?　　현금으로 지불하실 것입니까?

¿Va a pagar al contado?　　현금으로 지불하실 것입니까?

¿Va a pagar con tarjeta de crédito?　　신용카드로 지불하실 것입니까?

¿Tiene cupones?　　쿠폰을 가지고 계신가요?

Tengo unos cupones para esta maleta.　　이 가방에 해당하는 쿠폰이 있습니다.

Perdón, su cupón ha expirado.　　죄송합니다. 손님의 쿠폰은 유효기간이 지났습니다.

③ 물건 사기

¿Cuánto cuesta?　　얼마지요?

¿Cuánto paga por aquel sombrero?　　저 모자 얼마죠?

¿Enséñeme algo más barato?　　더 싼 것을 보여주시겠어요?

¿Puede rebajarlo un poco?　　조금 싸게해줄 수 있나요?

Me quedo con esto.　　이것을 사겠습니다.

Lo compro.　　그것을 사겠습니다.

¿Cuánto cuesta en total?　　　　　전부 얼마입니까?

Es un dólar.　　　　　1달러입니다.

Son dos euros.　　　　　2유로입니다.

Son ochocientos cincuenta pesos.　　　　　850페소입니다.

¿Cuánto es en total?　　　　　모두 합쳐서 얼마입니까?

¿Cuánto vale en conjunto?　　　　　모두 합쳐서 얼마입니까?

¿Cuánto vale con impuestos incluidos?　　　　　세금 합쳐서 얼마인가요?

¿Este precio incluye los impuestos?　　　　　이 가격은 세금을 포함하나요?

¿Cuánto tengo que pagar?　　　　　제가 얼마를 지불해야 하나요?

¿Puedo pagar a plazos?　　　　　할부로 지불할 수 있나요?

 비교급

(1) 규칙 비교급 más/menos ~ que

우등비교	más + 형용사 + que + ~
의미	~보다 더 [형용사]한
열등비교	menos + 형용사 + que + ~
의미	~보다 덜 [형용사]한

La avenida es más ancha que nuestra calle.　　　　　가로수 길은 우리의 거리보다 폭이 넓다.

Ella tiene más dinero que él.　　　　　그녀는 그보다 돈을 더 가지고 있다.

La avenida es menos ancha que nuestra calle.　　　　　가로수 길은 우리의 거리보다 폭이 좁다.

Ella tiene menos libros que él.　　　　　그녀는 그보다 책을 덜 가지고 있다.

(2) más/menos de ~

'más de(〜이상)'와 'menos de(〜이하)'

동종의 다른 사물을 수량적으로 비교하는 것을 의미한다.

Hay más libros de los que quiero.	내가 원하는 책 이상의 책들이 있다.
Hay menos libros de los que quiero.	내가 원하는 책 이하의 책들이 있다.
Ella tiene más libros de los que necesita.	그녀는 그녀가 필요로 하는 것들 이상으로 책을 가지고 있다.
Él tiene más dinero de lo que hemos dicho.	그는 우리가 말한 것 이상으로 돈을 가지고 있다.

▶ **보충 1** 'el que, la que, los que, las que'는 '영어의 which, 또는 that'처럼 바로 앞에 나오는 명사를 지칭하는 관계대명사이다. 영어의 경우는 남녀, 단수 또는 복수를 구별하지 않고 수식하는 관계대명사를 사용하지만, 스페인어에서는 el que(남성단수), la que(여성단수), los que(남성복수, 또는 혼성), las que(여성복수)를 정확하게 지칭한다. 즉, Ella tiene más libros de los que necesita. 문장에서 'los que'는 앞에 나오는 'libros'를 지칭한다. 「Ella necesita los libros(그녀는 책들을 필요로 한다).」는 문장이 관계대명사로 연결된 것이다.

▶ **보충 2** 'lo que'는 앞에서 말한 것들과는 다르게 선행사, 즉 지칭하는 말이 없이 자체의 문장을 묶어주는 역할을 한다. 영어의 what과 같은 역할을 한다.

What I want = Lo que yo quiero	내가 원하는 것
What she needs = Lo que ella necesita	그녀가 필요로 하는 것

즉, Él tiene más dinero de lo que hemos dicho. 문장에서 'lo que'는 지칭하는 말이 없다. 「Lo que hemos dicho(우리가 말했던 것)」이란 의미임. 여기에서 'hemos dicho'는 현재완료형으로 영어의 have + p.p.를 의미한다.

현재완료형은 'haber + 과거분사 남성단수형태'이다. 과거분사형은 형용사 의미처럼 남성, 여성, 단수, 복수의 형태를 가질 수 있는 성격을 가진 어휘이지만, '완료형'으로 사용될 때는 반드시 남성 단수 형태로만 사용된다는 것에 유의한다.

▶ **haber(문법적 의미의 have) 동사변화**

	단수	복수
1인칭	he	hemos
2인칭	has	habéis
3인칭	ha	han

▶ **과거분사형 만들기**

※ **규칙 형태(대부분)**

① ~ar 형태의 동사

hablar(말하다) : hablado   tomar(붙잡다, 먹다) : tomado   estar(〜있다) : estado

② ~er 형태의 동사

comer(먹다) : comido   ser(〜이다) : sido   tener(가지다) : tenido

③ ~ir 형태의 동사

vivir(살다) : vivido   ir(가다) : ido   venir(오다) : venido

※ 예시문에 나온 dicho는 불규칙 형태로 이와 같은 불규칙 형태는 그 숫자가 많지 않다. 예시 몇 개를 아래에서 보도록 한다.

decir(말하다) : dicho   escribir(쓰다) : escrito   abrir(열다) : abierto

1. 잘 듣고 빈칸에 들어갈 말을 쓰시오.

> A : ¡Hola! Buenos días. ¿Puedo ________________ ?
>
> B : Sí, quiero comprar una camisa.
>
> A : Aquí hay muchas camisas bonitas.
>
> B : ¿ ________________ esta camisa?
>
> A : Cuesta 30 euros.
>
> B : ¿Y esa de ahí, la azul?
>
> A : Esa ________________ , vale 20 euros.
>
> B : Muy bien. ________________ .

2. 잘 듣고 빈칸에 들어갈 말을 쓰시오.

> A : ¡Buenas tardes! ¿Qué desea Ud.?
>
> B : ¡Buenas tardes! ¿Tiene ________________ ?
>
> A : Sí. Es esta de aquí.
>
> B : ¿ ________________ está el kilo?
>
> A : A 10 euros el kilo.
>
> B : Está muy cara. Quiero comprar ________________ .
>
> A : La manzana está ________________ que la naranja.
>
>   Está a 4 euros el kilo.
>
> B : Entonces dos kilos de manzana, por favor.

3. 빈칸에 알맞은 말을 넣으시오.

> ⓐ 얼마지요?
>
> ¿ ________________ cuesta?
>
> ⓑ 저 모자 얼마죠?
>
> ¿ ________________ paga por aquel sombrero?

ⓒ 더 싼 것을 보여주시겠어요?

¿Enséñeme algo más ________________?

ⓓ 조금 싸게해 줄 수 있나요?

¿Puede ________________ lo un poco?

ⓔ 이것을 사겠습니다.

Me ________________ con esto.

ⓕ 전부 얼마입니까?

¿Cuánto cuesta en ________________?

4. 빈칸에 들어갈 비교급에 해당하는 말을 쓰시오.

ⓐ Ella bebe ________________ agua que él.

ⓑ Él es ________________ gordo que su amigo.

ⓒ Ellos comen ________________ que los deportistas.

5. 빈칸에 들어갈 알맞은 말은?

> A : ¿Qué quiere?
>
> B : Un cuaderno, por favor.
>
>   ¿ ________________?
>
> A : Dos euros.
>
> ※euro: 유로화

① Qué más　　② Qué hace　　③ Cuánto vale

④ Cuántas veces　　⑤ A cuántos estamos

 14-3. MP3 **14**

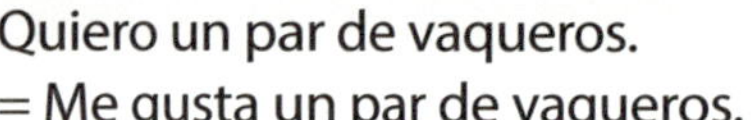

Quiero un par de vaqueros.	청바지 한 벌을 원합니다.
= Me gusta un par de vaqueros.	청바지 한 벌을 원합니다.

Yo quiero una camisa de algodón.	저는 면으로 된 셔츠를 원합니다.
La quiero con mangas largas.	저는 긴팔 셔츠를 원합니다.
Yo quiero una chaqueta de cuero.	저는 가죽 자켓을 원합니다.
Me gusta esta camisa a rayas.	저는 스트라이프 모양의 셔츠를 원합니다.

A: ¿Cuál es tu talla?	사이즈가 어떻게 되시죠?
B: No sé. ¿Me puede tomar las medidas?	모릅니다. 측정해주시겠어요?

No sé mis medidas.	제 치수를 알지 못합니다.
¿Podría medirme la cintura?	제 허리 치수를 제 주실 수 있나요?
¿Podría mostrarme eso del colgador?	걸려 있는 그것을 제게 보여주실 수 있나요?
¿Lo hay en negro?	검정색 (옷도) 있나요?
¿Podría ver el azul?	파랑색 (옷을) 볼 수 있나요?
¿Podría ver otros colores?	다른 색들도 볼 수 있나요?
¿Tiene unos con otro diseño?	다른 디자인의 옷들을 가지고 있나요?
¿Hay algo de medidas más grande?	더 큰 치수의 것이 있나요?
¿Tiene la chaqueta con las medidas más pequeñas?	더 작은 치수들의 자켓을 가지고 있나요?

¿Aquí hay corbatas?	여기 넥타이가 있나요?
¿Dónde está el departamento de ropa de hombres?	남성 의류 파트가 어디에 있습니까?
¿Dónde se vende la ropa para niños?	아동복은 어디에서 파나요?
¿Aquí venden bolsos de ADIDAS?	여기에서 아디다스 가방을 파나요?
Quiero comprar algo para mi esposa.	저는 제 부인을 위한 무엇인가를 사고 싶습니다.
Solo echo un vistazo.	한번 들러보겠습니다.
Gracias, solo estoy mirando.	감사합니다만 그냥 아이쇼핑 중입니다.

Quiero probarme estos zapatos.	저는 이 구두를 신어보고 싶습니다.
¿Le importa si me lo pruebo?	제가 입어 봐도 되겠습니까?
¿Puedo porbarme este traje?	제가 이 옷을 입어볼 수 있을까요?
¿Dónde puedo probármelo?	어디서 제가 옷을 입어볼 수 있나요?

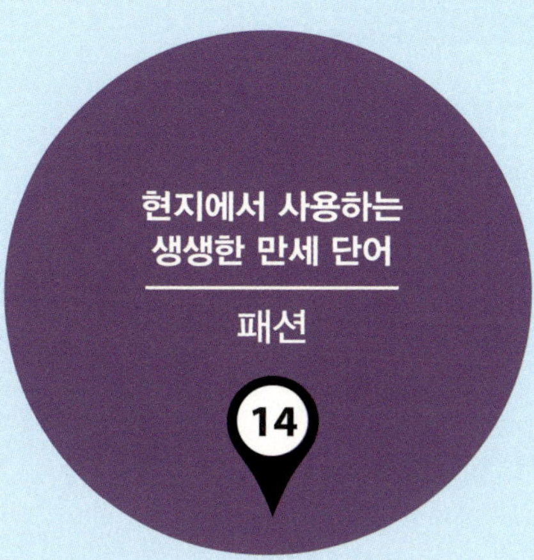

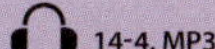

14-4. MP3

zapatos	구두	**corbata**	넥타이
botas	부츠	**bufanda**	목도리, 스카프
zapatillas	간편 운동화	**guantes**	장갑
sandalias	슬리퍼	**pañuelo**	손수건
deportivos	운동화	**cinturón**	허리띠
ropa	옷	**bolso**	핸드백
camisa	셔츠	**mochila**	배낭
blusa	블라우스	**cartera**	지갑
traje	정장	**sombrero**	모자
falda	치마	**gorro**	모자
vestido	원피스	**gorra**	모자(캡)
patalón	바지	**algodón**	면
vaqueros	청바지	**lana**	양모, 털
chaqueta	자켓	**seda**	실크, 비단
abrigo	외투	**viscosa**	레이온, 인조견사
camiseta	티셔츠	**cuero**	가죽
jersey	스웨터	**piel**	무두질 가죽(f.)
impermeable	레인코트, 비옷	**pana**	벨벳, 우단
bragas	팬티(여)	**talla**	치수
calzoncillos	팬티(남)	**a rayas**	스트라이프 모양의
calcetines	양말	**a lunares**	물방울 모양의
medias	스타킹	**a cuadros**	체크 모양의
anillo	반지	**liso**	무늬없는
pulsera	팔찌	**corto**	짧은
reloj	시계	**largo**	긴
collar	목걸이	**ancho**	폭 넓은
pendientes	귀걸이	**estrecho**	폭 좁은

스페인 음식

"스페인어권 국가에 가면 이건 꼭 먹어봐!
¡Cómelos sin falta al viajar por los países hispánicos!

스페인

1. Paella(파에야)

발렌시아 지방의 대표 요리이자 요리의 탄생지이다. 고기와 채소를 곁들여 만들지만, 쌀, 조개, 게, 미트볼 등을 넣어서 만드는 볶음밥이다.

2. Gazpacho(가스파초)

안달루시아 지방의 대표 음식인 차가운 수프이다. 토마토, 마늘, 양파, 오이 등을 기본 재료로 쓰고, 새우, 오징어, 멸치 등을 추가하기도 한다.

3. Caldo gallego(칼도 가예고)

갈리시아 지방의 대표 요리로 문어와 청어로 만들어 먹는 해산물 요리이다.

4. Jamón(하몬)

스페인을 대표하는 음식으로 돼지의 뒷다리를 소금에 절인 뒤 냉장 숙성을 해 발표시켜 말린 염장햄을 일컫는다.

5. Churros(추로스)

페이스트리 반죽을 기름에 튀겨낸 것으로 일반적으로 긴 막대 모양을 하고 있으며, 자른 단면은 별 모양의 간식이다.

멕시코

1. Tortilla(토르티야)

밀 또는 옥수수 가루를 반죽해 손으로 편편하게 펴서 기름 없는 화덕에 구워낸 음식이다.

2. Taco(타코)

토르티야에 여러 가지 음식을 싸 먹는 것을 일컫는다.

3. Fajita(파히타)

구운 쇠고기나 치킨을 볶은 양파, 신선한 샐러드와 함께 밀 전병인 토르티야에 직접 싸먹는 요리를 말한다.

4. Burrito(부리토)

토르티야에 쇠고기 또는 닭고기, 콩을 얹어 네모 모양으로 만들어 구운 후 소스를 발라 먹는 요리이다.

5. Enchilada(엔칠라다)

옥수수 토르티야에 소고기를 넣고 둥글게 말아서 소스를 발라 오븐에 구워낸 것으로 그 위에 치즈를 얹은 음식이다.

6. Quesadilla(케사디야)

넓은 밀가루 토르티야를 반으로 접어 치즈와 할라페뇨 고추, 닭고기, 쇠고기, 햄, 양파 등을 넣고 구워낸 부채꼴 모양으로 3–4등분한 음식이다.

7. Nacho(나초)

튀긴 토르티야 조각에 치즈를 부어 먹거나 매콤한 소스를 찍어먹는 간식이다.

아르헨티나

1. Asado(아사도)

아르헨티나 대표 요리로 소고기에 소금을 뿌려 숯불에 구운 전통 요리이다.

2. Puchero(푸체로)

고기가 붙은 뼈와 야채를 삶은 수프 요리이다.

3. Parillada(파리야다)

간, 창자 등 내장 소금구이 요리이다.

4. Empanada(엠파나다)

파이의 한 종류로 속은 갈아 넣은 소고기, 말린 포도, 옥수수, 계란, 올리브 등을 넣는다.

¿De qué color es el libro?
그 책은 무슨 색이죠?
HOY
3€

- 색깔 표현
- 옷 착용, 탈의 표현
- gustar동사
- 의견 묻고, 답하기
- 비교급 불규칙형

DIÁLOGO A

Elena	¡Hola! Quiero comprar unos pantalones.
Dependienta	¡Hola, buenas tardes! ¿De qué color los quiere?
	Los tenemos de varios colores: negros, azules, verdes, etc.
Elena	Los quiero azules.
Dependienta	¿De qué talla se pone Ud.? Creo que de ese color solo tenemos tallas pequeñas.
Elena	Me quedan un poco pequeños. ¿No tiene otra talla mayor?
Dependienta	No, lo siento. Por desgracia, su talla está agotada en este color.

만세
포인트

1 현금으로 지불하시겠습니까 아니면 신용카드로 지불하겠습니까?

¿Paga con dinero o con tarjeta de crédito?

계산에는 여러 가지 방법이 있는데, 가장 일반적인 것이 '신용카드', '현금', '(여행자) 수표'를 사용하는 것이라 본다. 그 표현을 보면 다음과 같다.

Ella paga con tarjeta de crédito. 그녀는 신용카드로 지불한다.
Él paga en efectivo. 그는 현금으로 지불한다.

2 제게는 조금 작습니다.

Me quedan un poco pequeños.

'의복, 신발이 잘 어울린다 / 크다 / 작다'라는 방식으로 이야기할 때, 일반적으로 다음 3개의 동사를 사용한다.

Me quedan apretados. (신발이) 꽉 껴요.
Me sienta ancha. 내게는 헐렁하다.
Me cae muy bien. 내게는 매우 잘 어울린다.

DIÁLOGO B

Dependienta	¡Bunas tardes! ¿Qué desea Ud.?
Pedro	Quiero comprar unos zapatos.
Dependienta	¿Cómo los quiere?
Pedro	Me gusta el modelo moderno.
Dependienta	Aquí los tiene. ¿Quiere probárselos?
Pedro	Sí, estos zapatos son grandes para mí.
	¿No tiene otro número menor?
Dependienta	Un momento. Aquí están.
Pedro	Estos son más cómodos. ¿Qué le parecen estos?
Dependienta	Le sientan muy bien.
Pedro	Los compro.
Dependienta	¿Paga con dinero o con tarjeta de crédito?
Pedro	Con tarjeta de crédito. Aquí la tiene.

pantalones 바지
color 색(깔)
vario 여러가지의
negro 검정(색)
azul 파랑(색)
verde 초록(색)
talla 치수, 사이즈
ponerse (의류를) 입다, 착용하다
creer 믿다
pequeño 작은
otro 다른
sentir (미안함을) 느끼다
agotado 바닥난, 절판된
este 이[것] (남성)
zapatos 구두
gustar ～를 원하다
modelo 모델
moderno 현대의, 최신의
probarse (의류를) 입어보다, 착용해보다
grande (크기가) 큰
número 번호, 사이즈
cómodo 편안한
dinero 돈
tarjeta 카드
crédito 신용
pagar 지불하다
cheque 수표
viajero 여행자(남성)
apretado 꽉 낀, 곤란한
sentar 앉히다; (옷 등이) 맞다
caer (옷 등이) 맞다; 떨어지다, 쓰러지다
ancho (폭이) 넓은

DIÁLOGO A

엘레나	안녕하세요! 저는 바지를 사고 싶습니다.
점원	안녕하세요. 좋은 오후입니다!
	무슨 색을 원하시죠?
	저희는 여러 색을 가지고 있습니다.
	검정, 파랑, 초록 등등이요.
엘레나	저는 파랑색 바지를 원합니다.
점원	어떤 치수를 입으시죠? 제 생각에 그 색은 작은 치수만 있는 것 같습니다.
엘레나	제게는 좀 작네요. ² 다른 더 큰 치수는 없나요? ³
점원	없습니다. 죄송합니다. 안타깝게도, 이 색에서 손님의 치수는 다 떨어졌습니다.

DIÁLOGO B

점원	좋은 오후입니다. 무엇을 원하시죠?
페드로	구두를 사고 싶습니다.
점원	어떤 것(스타일)을 원하시죠?
페드로	저는 현대적인 스타일을 원합니다.
점원	여기에 있습니다. 신어 보시겠습니까?
페드로	네. 이 구두는 제게 크네요. 다른 작은 사이즈 있나요?
점원	잠시만요. 여기에 있습니다.
페드로	이것은 아주 편안하네요. 보기에 어떤가요?
점원	매우 잘 어울리세요.
페드로	그것 사겠습니다.
점원	현금으로 하시겠습니까 카드로 하시겠습니까? ¹
페드로	카드로요. 여기 있습니다.

3 다른 더 큰 치수는 없나요?

¿No tiene otra talla mayor?

비교급 어휘인 más를 이용해서 말할 수 있는 표현으로, 치수의 작음과 크다는 사실을 형용사를 통해 알 수 있으며, más는 한 단계 정도 더 심화시키는 역할을 한다.

¿No tiene otro más pequeño? 더 작은 다른 것이 없나요?
¿Tiene uno más grande? (당신) 더 큰 것을 가지고 있습니까?
¿Tiene algo más ancho? 폭이 더 넓은 어떤 것을 가지고 계시나요?

1   일반동사에서 색깔 표현

색깔은 일반적으로 명사를 수식해서 사용하는 형용사의 형태로 많이 사용되는데, 수식하는 말 없이 단독 명사로 사용할 때는 남성 단수 형태로 사용하는 것이 일반적이다.

Los tenemos de varios colores: negros, azules, verdes, etc.

우리는 여러 색을 가지고 있습니다. 검정. 파랑, 초록 등등.

Los quiero azules.

저는 파랑색 제품을 원합니다.

꼭 알아야할 기본 색깔

빨강	rojo
파랑	azul
흰	blanco
초록	verde
밤색	marrón
노랑	amarillo
회색	gris
검정	negro
보라	violeta
주황	anaranjado

▶ 더 자세한 색깔 명칭은 p.237 참조.

¿De qué color es la casa?	집은 무슨 색입니까?
La casa es amarilla.	집은 노란색이다.
La casa es de color amarillo.	집은 노란색이다.
Doy color amarillo a esta casa.	이 집을 노란색으로 칠하겠다.

llevar	
ponerse	옷을 입다
vestirse de	
quitarse	옷을 벗다
cambiarse	옷을 갈아입다
probarse	옷을 입어보다

Me pongo el traje.	난 정장을 입는다.
¡Lleva el abrigo esta noche!	오늘 밤에 외투를 입어라!
Me cambio de la camiseta.	난 티셔츠를 갈아입는다.
Me quito las gafas.	난 안경을 벗는다.

③ gustar 동사

gustar 동사는 스페인어의 독특한 표현으로 구조 자체가 일반적으로 알고 있는 동사와 다르게 사용되고 있기 때문에 '역구조' 동사라고 한다. 동사 자체의 의미는 '~좋아하다'라는 의미인데, 문법적 주어는 '의미상 목적어'로 해석하고, 인칭 간접목적어는 '의미상 주어'로 해석한다.

간접 목적격 대명사의 중복형	간접 목적격	gustar	주어
(a mí) (a ti) (a él. a ella. a Ud.) (a nosotros/–as) (a vosotros/–as) (a ellos. a ellas. a Uds.)	ⓐ me ⓑ te le nos os les	gusta	la música. ver la televisión.
		gustan	las películas románticas.

ⓐ Me gusta…: 난 음악을 좋아한다.
　　　　　　　 난 TV 보는 것을 좋아한다.
ⓑ Te gustan…: 너는 낭만적인 영화들을 좋아한다.

Me gusta el libro.

Me gustan los libros.

Me gusta ver la película.

난 책을 좋아한다.

난 책들을 좋아한다.

난 영화 보는 것을 좋아한다.

4 의견을 묻는 표현

Para mí, la obra fue excelente.

Nos parece que va a llover.

En mi opinón, ella lo dice verdaderamente.

Como he dicho, este libro es mío.

¿Que le parecen estos?

¿Qué es lo que quieres decir?

¿Qué vas a decirme?

¿Dónde está el punto?

¿Cuál es la esencia del problema?

내 의견으로는, 그 작품은 뛰어났다.

우리는 비가 올 것 같은 생각이 든다.

내 의견으로는 그녀는 그것을 진심으로 말한다.

말했던 것처럼, 이 책은 내 것이다.

당신은 이것들을 어떻게 생각하십니까?

네가 말하려는 것은 무엇이니?

나에게 무엇을 말하려고 하니?

(말의) 요점이 어디에 있지?

문제의 핵심이 뭐야?

▶ parecer(〜로 보이다, 나타나다) 동사변화

	단수	복수
1인칭	parezco	parecemos
2인칭	pareces	parecéis
3인칭	parece	parecen

gustar동사처럼 역구조 동사의 형태를 나타내는 경우
가 자주 있다. 위의 'Nos parece que va a llover.'
에서 'nos'는 의미상 주어, 'que va a llover'는 의미
상 목적어로 해석할 수 있다.

▶ Nos parece que va a llover.
우린 비가 올것이라고 본다.

일반적으로 más와 menos를 명사, 형용사, 부사 앞에 사용해서 우등, 열등 비교급을 표시하는데,
영어의 good의 비교급이 better이듯 특이한 형태의 비교급이 스페인어에도 존재한다.

원급		불규칙 비교급
bien / bueno	→	mejor (더 좋은)
mal / malo	→	peor (더 나쁜)
grande	→	mayor (더 큰, 더 나이가 많은)
pequeño	→	menor (더 작은, 더 어린)

▶ 나이가 '더 많고', '적은'의 표현을 mayor와 menor를 통해 사용할 수 있다. 그리고 단순히 크기를 얘기할 때는
 más grande와 más pequeño도 비교급 표현으로 사용할 수 있다.

Mi nota es peor que la de mi primo.

내 성적은 내 사촌의 성적보다 더 좋지 않다.

※ 'la nota de mi primo'에서 반복되는 말을 생략해 'la de mi primo'로 쓸 수 있다.

Ella es mayor que mi hermana.

그녀는 나의 누이보다 나이가 많다.

Su casa es mayor que la mía.

그의 집은 나의 집보다 더 크다.

※ 'mi casa'는 앞에서 반복되는 casa를 생략하기 위해 'la (casa) mía'로 쓴 것이다.

1. 잘 듣고 빈칸에 들어갈 말을 쓰시오.

A : ¡Hola! Quiero comprar unos pantalones.

B : ¡Hola, buentas tardes! ¿ _______ ⓐ _______ los quiere?

Los tenemos _______ ⓑ _______ : negros, azules, verdes, etc.

A : Los quiero azules.

B : ¿ _______ ⓒ _______ se pone Ud.?

Creo que de ese color solo tenemos tallas pequeñas.

A : _______ ⓓ _______ un poco pequeños. ¿No tiene otra talla mayor?

B : No, lo siento. Por desgracia, su talla _______ ⓔ _______ en este color.

2. 잘 듣고 빈칸에 들어갈 말을 쓰시오.

A : ¡Buenas tardes! ¿Qué _______ ⓐ _______ Ud.?

B : Quiero comprar unos zapatos.

A : ¿Cómo los _______ ⓑ _______ ?

B : _______ ⓒ _______ el modelo moderno.

A : Aquí los tiene. ¿Quiere _______ ⓓ _______ ?

B : Sí, estos zapatos son grandes para mí. ¿No tiene otro número menor?

A : Un momento. Aquí están.

B : Estos son más cómodos. ¿ _______ ⓔ _______ estos?

A : _______ ⓕ _______ muy bien.

B : Los compro.

A : ¿Paga _______ ⓖ _______ o _______ ⓗ _______ ?

B : Con tarjeta de crédito. Aquí la tiene.

3. 빈칸에 들어갈 gustar의 알맞은 말을 넣으시오.

ⓐ Me _______________ esta camisa.

ⓑ Te _______________ los libros.

ⓒ Nos _______________ ver la película.

ⓓ Les _______________ estudiar español y leer el libro.

4. 빈칸 ⓐ, ⓑ에 들어갈 말로 알맞은 것은?

A : ¿De _______ ⓐ _______ es aquel reloj?

B : De Pilar.

A : Pues, ¿de _______ ⓑ _______ es?

B : Creo que es de oro.

	ⓐ	ⓑ
①	qué	quién
②	qué	cuándo
③	quién	cuándo
④	quién	qué
⑤	cuándo	qué

5. 빈칸에 들어갈 말로 가장 알맞은 것은?

Me _______________ tanto la carne como el pescado.

① gusta   ② gustan   ③ quiero

④ quieren   ⑤ tengo

15

처음 말을 걸 때 사용하는 표현

¿Adivina qué pasa?	무슨 일인지 알겠어요?
No vas a creerlo.	넌 그것을 믿지 못할 꺼야.
¡Es realmente difícil de creer!	정말 믿기 어려운데!
¿Has oído qué pasa?	무슨 일인지 들었어?
¿Has oído la gran noticia?	큰 이슈 들었니?
¿Alguien te lo ha dicho?	누가 네게 그것 말해줬니?

대화에 초청할 때 표현

¿Podemos hablar un poco?	우리 얘기 좀 할 수 있을까?
¿Puedo hablar con usted sobre este problema?	제가 당신과 이 문제에 대해 이야기 할 수 있을까요?
¿Quieres participar en nuestra discusión?	너 우리 토론에 참가할래?
¿Podría tener conversación con usted?	제가 당신과 토론을 할 수 있을까요?
¿Estás interesado en hablar sobre este tema?	이 주제에 관해 이야기하는데, 관심이 있니?

말문을 열 때 표현

A decir verdad...	사실을 말하자면...
El problema es...	문제는...
Francamente...	솔직히...
Voy a hablarlo brevemente.	그것을 간단하게 말할게.
Voy a decirte la verdad.	네게 사실을 말할게.
Esto es el límite.	이것이 한계야.

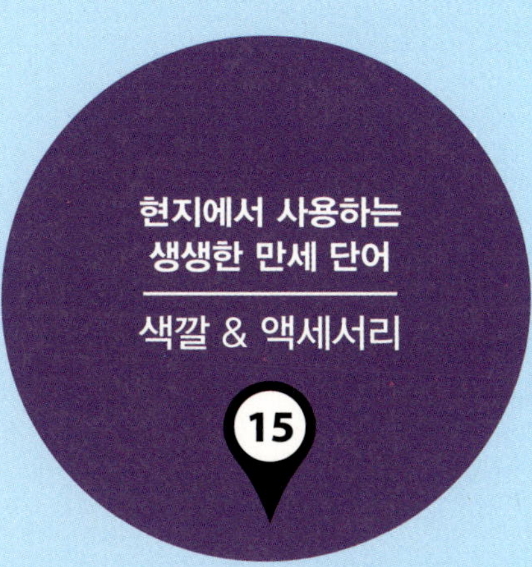

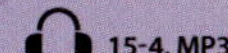 15-4. MP3

rojo/-a	빨강
rojizo/-a	적갈색
rojeante	불그스름한
rosa	핑크색(m.)
rosado/-a	핑크
azul	파랑
azulenco/-a	푸르스름한
azul celeste	스카이블루
azul verde	청록색
azul marino	감색
azul ultramarino	군청색
blanco/-a	하양
blancozo/-a	희끄무레한
blanco cremoso	크림색
verde	초록

oscuro/-a	어두운
opaco/-a	불투명한
brillante	빛이 나는
color	색
color primario	원색
blanco y negro	흑백
dorado/-a	금색
argentino/-a	은색
planteado/-a	은색
pendiente	귀걸이
collar	목걸이
cadena	목걸이 줄
anillo	반지
hebilla	버클
joya	보석

verdeante	초록빛이 도는
negro/-a	검정
negruzco/-a	거무스름한
marrón	밤색
amarillo/-a	노랑
amarillento	누르스름한
gris	회색
anaranjado/-a	주황
violeta	보라색
beige	베이지색
morado/-a	자주색
claro/-a	밝은

broche	브로치
reloj de pulsera	손목시계
cartera	지갑
cinturón	벨트
perla	진주
gemelo	커프스 단추
pulsera	팔찌
colgante	팬던트
cinta	리본
balaca	머리띠, 리본
vincha	헤어밴드

스페인어권 국가의 춤

"춤 한번 같이 출까?"
¿Vas a bailar conmigo?

플라멩코(Flamenco)는 '정열의 나라 스페인의 심장'이라고 불리는 안달루시아 지방(8현을 포함)의 전통적인 민요와 향토 무용, 기타 반주 세 가지가 합쳐져 형성된다. 안달루시아의 특징적인 감정과 기백이 풍부하고 힘차게 표현된 민족 예술이라 할 수 있다. 매혹적인 아름다움을 지닌 플라멩코는 그리스·로마의 고대부터 중세의 아라비아 시대를 거쳐 전해진 것으로 근대에 와서 눈부신 발전을 이룩했다. 특히 근대화 과정에서 플라멩코가 대중으로부터 외면당할 때 집시들이 플라멩코의 전승과 발전을 위해 힘썼기 때문에 춤의 형식에 집시적 요소가 다분하다. 순수 플라멩코에서는 캐스터네츠를 쓰지 않고 사파테아드(구두 소리), 팔마(손뼉치는 소리), 피트(손가락 퉁기는 소리)로만 춤을 진행하지만 콰드로 플라멩코에서는 관중의 할레오(장단을 맞추어 지르는 소리)까지 섞어 더욱 열광적인 모습을 자아낸다. 집시들은 플라멩코가 남에게 보이기 위한 것이 아니라 추지 않고는 견딜 수 없는 자신들의 심경을 표현하는 것이라고 말한다. 또한 전 세계의 모든 민족 무용 중에서 플라멩코가 가장 전문적인 기교를 필요로 하는 춤이라고 말한다.

플라멩코

Flamenco

탱고(Tango)는 유럽에서 아르헨티나와 우루과이로 이주한 이주민들로부터 시작된 민족 음악이다. 일반적으로 두 대의 바이올린, 피아노, 더블베이스, 반도네온으로 연주된다. 초창기에는 플루트, 클라리넷, 기타가 사용되기도 했다. 탱고 음악은 보통 연주로 이루어지지만 노래를 곁들이기도 한다. 기본 리듬은 4분의 2박자이고, 음악과 더불어 춤도 세계적으로 유명하다.

탱고는 아르헨티나와 우루과이 사이로 흐르는 라플라타 강 유역의 몬테비데오, 부에노스아이레스 두 도시의 주변에서 생겨난 음악이다. '땅고 아르헨티노(Tango Argentino)'라고도 불리는 것에서 알 수 있는 것처럼 아르헨티나가 탱고의 발상지로 알려져 있지만 그 기원이나 변천에 대해서 정확한 기록은 남아 있지 않다. 라플라타 강 유역에 있는 부에노스아이레스 선착장에서 외양항로의 선원들이 1800년대 쿠바에서 유행하던 4분의 2박자 가요조의 음악인 '아바네라'를 전하였고, 여기에 부에노스아이레스와 몬테비데오의 거리에서 춤과 함께 연주되었던 '칸돔베'가 섞여서 '밀롱가'가 탄생했으며, 밀롱가가 변형된 음악이 '탱고'라는 것이 현재까지 정설로 받아들여지고 있다.

쿠바의 음악은 시대에 따라 다양한 문화를 받아들이면서 새로운 모습으로 변해왔다. 식민지 시대에는 스페인의 민속 음악이 쿠바 각 지역으로 퍼져 과히라 같은 농촌 민요가 되었고, 흑인 노예들이 이주한 뒤에는 아프리카 음악의 영향을 받은 룸바, 콩가 등이 생겨났다. 또 1950년대에는 미국 재즈의 영향을 받아 맘보와 차차차가 탄생했으며, 스페인 음악과 아프리카 음악이 혼합되어 탄생한 손은 쿠바의 대표적인 음악 장르로 현대 음악에도 많은 영향을 끼치고 있다. 쿠바의 음악은 단순히 듣는 것을 넘어서 춤을 추기 위한 성격이 짙다. 춤은 식민지 시대부터 흑인 노예들의 유일한 놀이 문화였고, 그때의 전통이 지금까지 이어져 쿠바인들의 일상으로 자리 잡았다. 쿠바를 대표하는 춤이자 음악 장르이기도 한 맘보와 차차차, 룸바 등은 오늘날 전 세계 많은 사람들의 사랑을 받고 있다.

살사 댄스는 남미에서 마을 축제나 파티에서 자유롭게 즐기고, 가족끼리 일을 하다 잠시 쉬면서 추었을 만큼 대중적인 춤이다. 춤은 남녀가 마주 서서 손을 잡은 채 밀고 당기는 기본 스텝과 손을 엇갈려 잡은 후 복잡한 회전을 하는 응용 동작으로 구성되어 있다.

- 역구조 동사
- 전치사 con
- 추상명사화

DIÁLOGO A

Paco   ¿Qué te pasa?

Miguel   Me duele la cabeza. Es porque estoy resfriado.

Paco   ¡Vas al hospital ahora!

Miguel   No me gusta ir al hospital. No quiero la inyección.

Paco   ¡Señor! La salud es la más importante de la vida. Si es posible, vas al hospital.

만세 포인트

1 (너) 무슨 일이야? ¿Qué te pasa?

'pasar(지나가다)'동사를 이용해서 '(어떤 일이) 발생하다'라는 의미로 표현할 수 있다. 과거형으로 써서 사용한다면, '무슨 일이 있었어?'라는 의미로도 된다.

¿Qué te pasó? (네게) 무슨 일 있었어?

¿Qué pasa? 무슨 일이야?

2 (나) 머리가 야파. Me duele la cabeza.

'아프다는 표현'은 doler 동사를 사용해 표현할 수도 있지만, 'tener dolor de'를 사용해서도 나타낼 수 있다. 단, doler동사는 역구조 동사이고 신체명을 쓸 때는 관사를 꼭 사용해야 한다는 것을 알아야 한다.

Me duelen el estómago y la garganta.
난 배가 아프고, 목이 아프다.

Tengo dolor de cabeza. 난 머리가 아프다.

DIÁLOGO B

Pedro   **Voy al campo para buscar a Miguel.**

       A Miguel le gusta jugar al fútbol.

Elena   **No. Él está en la biblioteca ahora.**

       Él va a hacer la tarea de la historia europea.

Pedro   **¿Es verdad? Él va a preparar la tarea conmigo.**

pasar	지나가다; (일이) 발생하다
doler	아프다
cabeza	머리
resfriado	감기
hospital	병원
inyección	주사
salud	건강
importante	중요한
vida	삶, 생명
posible	가능한
campo	운동장; 시골, 들판
buscar	찾다
jugar	운동하다; 놀다
fútbol	축구
biblioteca	도서관
europeo	유럽의
hacer	만들다, 하다
tarea	숙제, 과제
historia	역사
verdad	사실, 진실
preparar	준비하다
conmigo	나와 함께(with me)
estómago	위; (아픈 부위) 배
garganta	목구멍; (아픈 부위) 목
dolor	통증, 고통
enfermo	아픈
gripe	독감 (f.)

DIÁLOGO A

파코   무슨 일 있니? [1]
미겔   머리가 아파. [2] 감기에 걸렸거든. [3]
파코   지금 병원에 가라!
미겔   난 병원에 가는 것이 싫어. 주사가 싫거든.
파코   이봐! 건강이 삶에서 가장 중요하다고.
       가능하다면, 병원에 가봐.

DIÁLOGO B

페드로   난 미겔 찾으러 운동장에 간다.
       미겔은 축구하는 것을 좋아하거든.
엘레나   아니야. 그는 지금 도서관에 있어.
       그는 유럽 역사 숙제를 해야 하거든.
페드로   정말? 그는 나랑 과제를 준비하기로 했는데.

3   감기에 걸렸어. Estoy resfriado.

아프다는 것을 표현할 수 있는 방법이 많은데, 'estar + 형용사'를 쓸 때는 주어의 성수에 따라 형용사의 어미가 바뀌는 것에 주의해야 한다.

Ella está enferma. 그녀는 아프다.
Ellos están resfriados. 그들은 감기에 걸렸다.
Tengo gripe. 난 독감에 걸렸다.

1 **gustar동사의 사용(구체적)**

역구조 동사 다른 예

역구조 동사의 대표적인 것으로 gustar동사를 들 수 있는데 이 동사는 "~을 좋아한다"라는 뜻을 지니고 있다. 하지만 이와 같은 역구조 동사는 다른 동사들과 달리 목적어가 문법적 주어가 되고 주어는 간접 목적격의 형태로 이루어진다.

쉽게 말하자면 'Yo quiero esta casa. 나는 이 책을 좋아한다.'의 표현을 'Me gusta esta casa. 이 집이 나에게 즐거움을 준다.'라는 형식을 갖는 것이다. 이 경우에 문장의 동사는 문법적 주어가 되는 것에 일치를 하여야 한다. 그리고 간접목적어가 되는 인칭대명사는 간접목적격(me, te, le, nos, os, les)을 사용하여야 한다.

Me gusta este libro.	나는 이 책을 좋아한다.
Me gustan estos libros.	나는 이 책들을 좋아한다.
Nos gusta la casa.	우리는 그 집을 좋아한다.
Nos gustan las casas.	우리는 그 집들을 좋아한다.

- 역구조 동사는 동사원형을 문법적 주어로 가질 수 있다. 그리고 여러 개의 동사원형들이 접속사 'y'로 연결되어 문법적 주어가 되는 경우에는 복수형이 아닌 단수형으로 취급한다.

Me gusta bailar.	나는 춤추기를 좋아한다.
Nos gusta bailar y cantar.	우리는 춤추고 노래하는 것을 좋아한다.

- 문법적 목적어로 쓰인 간접목적격의 뜻을 강조하거나 행위자를 구체적으로 밝힐 필요가 있을 때는 중복형(a mí 등)을 쓴다. 이 경우 중복형은 인칭대명사 간접목적격 앞에 놓여도 된다.

Le gusta a Elena la música[= A Elena, le gusta la música].
엘레나는 음악을 좋아한다.

Les gusta a ellas la canción[= A ellas, les gusta la canción].
그녀들은 노래를 좋아한다.

다른 역구조 동사

▶ **interesar (흥미를 가지다)**

Me interesa mucho la cuestión.　　나에게는 이 문제가 매우 재미있다.

▶ **parecer (~같이 보이다)**

Nos parece que va a llover.　　우리가 보기에 비가 올 것이다.

▶ **faltar (모자라다)**

Le faltaba tiempo para escribir.　　그(녀)는 글을 쓸 시간이 없었다.

▶ **doler (고통을 느끼다)**

Me duele el estómago.　　나는 배가 아프다.

2 **'con + 인칭대명사'의 형태**

전치격 mí와 ti가 전치사 con과 함께 올때는 각각 conmigo와 contigo가 된다.

Ellos van a la escuela conmigo.　　그들은 나와 함께 학교에 간다.

전치격 인칭대명사 3인칭 단·복수가 con과 함께 「자신이 (손수) ~을 가져가다, 가져오다」 등이 될 때는 consigo가 된다.

Mi papá lleva su maleta consigo.
나의 아버지는 자신이 자기의 가방을 가지고 간다.

▶ **인칭대명사와 con을 붙일 때,**

나와 함께	conmigo
너와 함께	contigo
그와 함께	con él
그녀와 함께	con ella
당신과 함께	con usted
미겔과 함께	con Miguel
우리와 함께	con nosotros
※(모두 여성일 때)	con nosotras
너희와 함께	con vosotros
※(모두 여성일 때)	con vosotras
그들과 함께	con ellos
그녀들과 함께	con ellas
당신들과 함께	con ustedes

역구조 동사가 모두 그러하듯 'doler'동사도 동사변화형이 3인칭 단수와 복수형만 존재한다. 의미상 주어와 문법적 주어를 구별해 이해해야 한다.

Me duele la cabeza.
난 머리가 아프다.

Me duelen la cabeza y la garganta.
난 머리와 목이 아프다.

▶ '아프다'는 표현

ⓐ 「인칭목적어 + **duele** + (정관사) 아픈 부위」
Me duele la garganta.
난 목이 아프다.

ⓑ 「주어 + **tener dolor de** + 아픈 부위」
Yo tengo dolor de garganta.
난 목이 아프다.

ⓒ 상처를 나타내는 어휘
베인 상처	el corte
찰과상	el raguño
가시(박힘)	la astilla

화상	la quemadura
물림	la mordedura
쏘임	la picadura
코피	la hemorragia nasal
기침	la tos
감기	el resfriado
독감	la gripe
열	la fiebre
멀미	el sarpullido
혈압	la presión alta
알레르기	la alergia

4 형용사의 추상명사화

'형용사'를 추상명사로 만들 때, 「lo+남성단수형 형용사」를 사용한다. 이때, 다른 성이나 복수형은 존재하지 않으며, 문법적으로는 '중성'이지만 남성 단수처럼 사용한다.

Lo hermoso no es siempre lo mejor.	아름다운 것이 항상 가장 좋은 것은 아니다.
Lo fácil no es (lo) bueno.	쉬운 것이 좋은 것은 아니다.
Lo más alto es (lo) peligroso.	가장 높은 것은 위험하다.
Lo bueno	좋은 것(선)
Lo malo	나쁜 것(악)

Lo necesario	필요한 것
Lo feo	추한 것
Lo peligroso	위험한 것
Lo simpático	착한 것

⑤ 최상급 만들기

「주어 + ser(또는 일반동사) + 정관사 + más + 형용사 (+ 명사)... de 장소/복수 대상」

의미: 「～중에서/ ～에서 최고의 ...이다.」

Él es el más alto de los amigos.

그는 친구들 중에서 가장 키가 크다.

Ella es la más alta de la escuela.

그녀는 학교에서 가장 키가 크다.

Mi amigo es el más rápido jugador del equipo.

내 친구는 팀에서 가장 빠른 선수이다.

1. 잘 듣고 빈칸에 들어갈 말을 쓰시오.

A : Voy al campo para buscar a Miguel.

A Miguel ________________ jugar al fútbol.

B : No. Él está en la biblioteca ahora.

Él ________________ la tarea de ________________.

A : ¿Es verdad? Él ________________ la tarea conmigo.

2. 잘 듣고 빈칸에 들어갈 말을 쓰시오.

A : ¿________________?

B : ________________ la cabeza. Es porque estoy resfriado.

A : ¡Vas al hospital ahora!

B : No me gusta ir al hospital. No quiero la inyección.

A : ¡Señor! La salud es ________________ de la vida.

________________, vas al hospital.

3. Marisol이 좋아하는 것은?

a Marisol le gusta	a Marisol no le gusta
hacer ejercicio	escribir cartas
ver la televisión	leer libros
ir a la playa	hablar por teléfono

① 종이접기　　② 독서하기　　③ 전화하기

④ 요리하기　　⑤ 운동하기

4. 빈칸에 지시하는 동사의 알맞은 형태를 넣으시오.

ⓐ interesar

Me _______________ mucho las cuestiones políticas.

ⓑ parecer

Nos _______________ que va a llover mucho.

ⓒ faltar

Le _______________ tiempo para hacer la tarea.

ⓓ doler

Me _______________ el estómago y el brazo.

5. 전치사와 인칭대명사 결합형태를 맞춰 쓰시오.

ⓐ para + yo　　　　　_______________

ⓑ con + tú　　　　　_______________

ⓒ en + ella　　　　　_______________

ⓓ a + él　　　　　　_______________

ⓔ de + usted　　　　_______________

6. 빈칸에 들어갈 말로 가장 알맞은 것은?

A :　¿Cuál te gusta más?

B :　No me gustan mucho esos.

　　 Pero _______________ el primero al segundo.

① quiero　　　　② gusta　　　　③ gustan

④ prefiero　　　　⑤ encantan

축구 관련

Es un equipo de fútbol.	축구 팀이다.
Hay once jugadores en cada equipo.	각 팀별로 11명의 선수가 있다.
Están en el campo de fútbol.	(사람들은) 축구 경기장에 있다.
Los jugadores lanzan el balón con los pies.	선수들이 발로 공을 찬다.
El portero para el balón.	골키퍼는 공을 막는다.
El árbitro suena el silbato.	심판이 휘슬을 분다.
Marca un tanto(=punto).	한 골을 넣었다(1점을 올렸다).
El jugador hace un gol.	선수가 한 골을 넣었다.
El partido quedó empatado en cero.	경기는 0대 0으로 끝났다.
Ningún equipo ganó.	어떤 팀도 이기지 못했다.
Un jugador le da una patada al otro.	한 선수가 다른 선수에게 패스를 한다.
El ala derecha pasa el balón a un compañero.	라이트 윙이 동료에게 공을 패스한다.

테니스 관련

Hay un torneo de tenis.	테니스 토너먼트가 있다.
Los dos jugadores están en la cancha de tenis.	두 명의 선수들이 테니스 코트에 있다.
Cada uno tiene su raqueta.	각각의 선수가 자신의 라켓을 가지고 있다.
Están jugando un juego de individuales.	단식경기 중이다.
No están jugando dobles.	복식이 경기 중이 아니다.
Un jugador sirve la pelota.	한 선수가 서브를 하고 있다.
El otro la devuelve.	다른 선수는 공을 받아 친다.
El jugador lanza la pelota por encima de la red.	선수가 네트 위로 공을 넘겼다.
La pelota está out.	공이 (선) 밖으로 나갔다.
El tanto está a quince-nada.	점수가 15대 0(love)이다.
Hizo un net.	네트에 걸렸다.
Él ganó dos de los tres sets.	그는 세 세트 중 두 세트를 이겼다.

농구 관련

Los jugadores están en la cancha de baloncesto.	선수들은 농구 코트에 있다.
Un jugador tira el balón.	한 선수가 슛을 던진다.
Lo mete en el cesto.	공을 골대에 넣는다(슛이 들어간다).
Falla el tiro.	슛이 실패하다.
Marca un punto(=tanto).	한 점을 넣다.

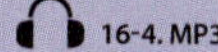
16-4. MP3

fútbol	축구	escalada en roca	암벽등반
tenis	테니스	bolos	볼링
golf	골프	béisbol	야구
natación	수영	balón prisionero	족구
carreras de coches	자동차 경주	sóftbol	소프트볼(m.)
atletismo	육상	tenis de mesa	탁구
baloncesto	농구	hockey sobre hielo	아이스하키(m.)
balonmano	핸드볼	hockey sobre hierba	필드하키(m.)
voleibol	배구	fútbol americano	럭비
esquí	스키	juego de corquet	크로켓
esquí de fondo	크로스컨트리 스키	billares	당구(m.pl.)
esquí alpino	알파인 스키	bádminton	배드민턴
paracaidismo	스카이다이빙	críquet	크리켓(m.)
ala delta	행글라이딩	squash	스쿼시(m.)
paseos en bote	카누	nadar al estilo perrito	개 헤엄
rafting	래프팅(m.)	nadar al estilo braza	평형
patinaje artístico	피겨스케이팅	nadar al estilo libre	자유형
patinaje sobre el hielo	아이스 스케이팅	nadar al estilo espalda	배영
patinaje sobre ruedas	롤러 스케이팅	nadar al estilo mariposa	접영
patinaje en línea	인라인스케이팅	tirarse al agua	다이빙
tiro con arco	양궁	natación sincronizada	싱크로나이즈드 스위밍
footing	조깅(m.)	esquí acuático	수상스키
ciclismo	사이클	surf	서핑(m.)
equitación	승마	kickboarding	킥보딩(m.)
subir en monopatín	보드	windsurf	윈드서핑(m.)
snowboard	스노우보드(m.)	buseo con esnórquel	스노쿨링

"스페인어권 나라 사람들은 어떤 스포츠를 좋아할까?"

¿Qué deporte les gusta más a los hispanohablantes?

1. 스페인 축구

스페인어 권에서 가장 좋아하는 스포츠는 축구이다. 스페인 프로축구를 Primera Liga(프리메라 리가) 또는 La Liga(라 리가)로 약칭으로 부르기도 한다. 한국의 프로야구처럼 해마다 후원하는 회사 등의 이름을 붙여 리그를 부르기도 하는데, 2015년을 기준으로 보면 BBVA 은행이 후원을 하기 때문에 Liga BBVA라고도 불린다.

프리메라 리가(Primera Liga)는 9월부터 다음해 7월까지 진행되는 동안 각 팀은 상대 팀과 총 두 번씩 경기를 치르는데, 한 번은 자신의 홈구장에서 다른 한 번은 상대의 홈구장에서 치르게 된다. 한 팀당 총 경기 수는 38경기다. 이길 경우 승점 3점, 비기면 1점이고, 순위는 승점의 합산으로 계산된다. 승점이 같은 팀의 순위 결정은 ① 해당 팀과의 맞대결 결과 ② 골득실 ③ 총 득점 ④ 페어플레이 순서로 한다. 가끔 그 경기의 명칭이 특이한 경우가 있는데, 그 몇 개의 예를 보면 아래와 같다.

(1) 엘 클라시코 (El Clásico) : Real Madrid vs. FC Barcelona

(2) 마드리드 더비 (El Derbi Madrileño) : Real Madrid vs. Atlético Madrid

(3) 바스크 더비 (El Derbi Vasco) : Real Sociedad vs. Atlético Bilbao

(4) 바르셀로나 더비 (El Derbi catalán) : FC Barcelona vs. RCD Español

▶ 이 외에도 자치주별로 '안달루시아 더비', '아스투리아스 더비', '칸타브리아 더비', '발렌시아 더비', '갈리시아 더비', '카나리아 더비'가 있다.

PHOTO Christian Bertrand / Shutterstock.com

FC바르셀로나 로고

레알마드리드 로고

아틀레티코 마드리드 로고

2. 라틴 아메리카 축구

우리나라에는 아직까지 라틴 국가의 리그가 잘 알려지진 않았지만, 라틴 아메리카 축구는 유럽과 마찬가지로 나라별로 상당히 활발하게 진행되고 있다. 나라별 리그의 명칭을 살펴보면 브라질을 제외하고는 같은 이름인 '프리메라 디비시온(Primera División)'을 사용한다.

(1) 브라질 : 세리A (Série A)

(2) 아르헨티나 : 프리메라 디비시온 (Primera División)

(3) 우루과이 : 프리메라 디비시온 (Primera División)

(4) 파라과이 : 프리메라 디비시온 (Primera División)

(5) 페루 : 프리메라 디비시온 (Primera División)

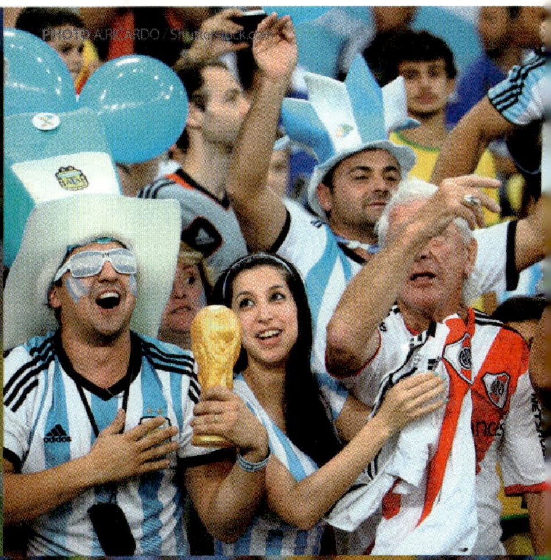

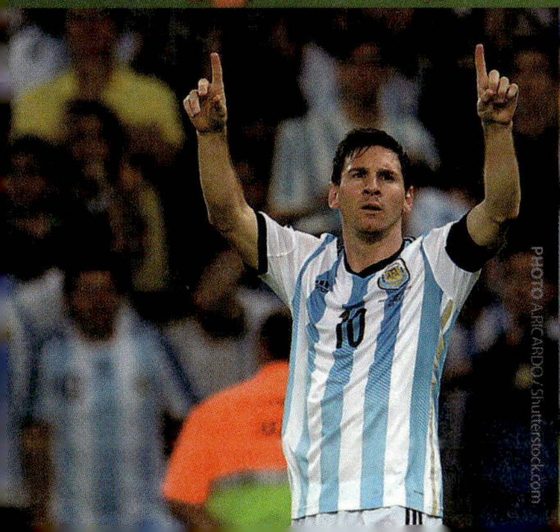

(6) 멕시코 : 프리메라 디비시온 (Primera División)

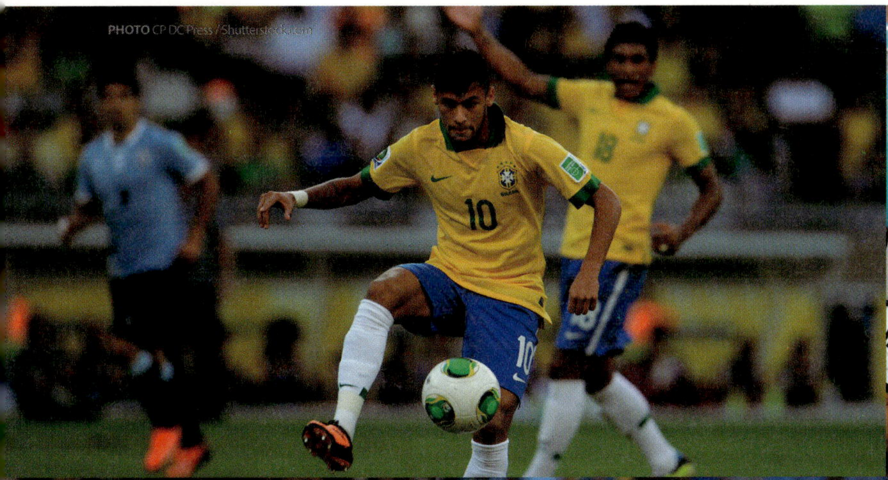

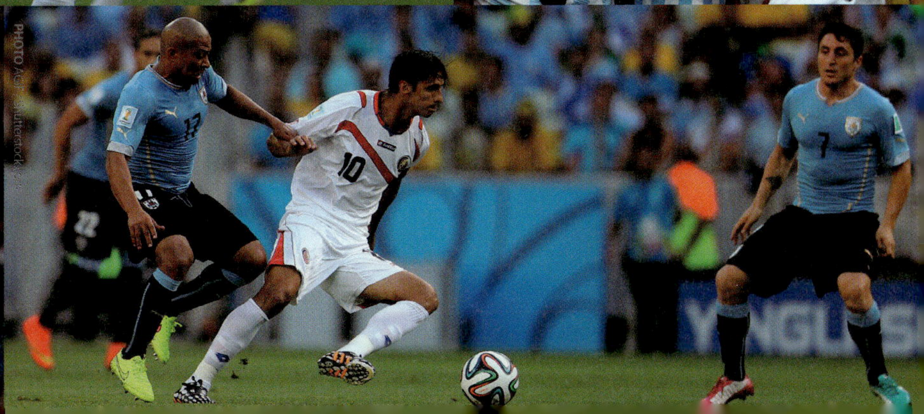

¡Feliz cumpleaños!
생일 축하해!

- 미래형 동사
- 명사 **tiempo**
- 소유대명사
- 긍정, 부정 대답

DIÁLOGO A

Pedro ¿Tienes tiempo mañana?

Vamos a ver la película.

Elena Um... Lo siento. No puedo ir contigo.

Mañana es mi cumpleaños. Quiero invitarte a mi casa.

Si estás ocupado mañana, no vienes a la fiesta de mi cumpleaños.

Pedro ¿De verdad? Voy a tu casa. Voy a ver la película el otro día.

만세
포인트

1 너무 예쁘다! **¡Qué bonito!**

감탄을 나타낼 때, 'qué + 명사/형용사/부사'를 사용할 수 있다. 'qué' 이외에 '수량을 헤아릴 수 있을 표현'에는 'cuánto +명사'를 사용할 수 있다.

¡Qué bien! 너무 좋다!
¡Qué pena! 너무 안됐다!
¡Cuánta gente! 너무 사람 많다!

2 너 내일 바쁘니?
¿Estás ocupado mañana?

여유 시간이 '있다' 또는 '없다'라고 말을 할 때, 'esta libre/ocupado'로 표현한다.

¿Estás libre este sábado? 이번 주 토요일에 시간되니?
Ella está muy ocupada. 그녀는 매우 바쁘다.

DIÁLOGO B

Miguel	¿A dónde vas?
Ana	Voy a la casa de Petra.
	Hoy es su cumpleaños y da una fiesta en su casa.
Miguel	Quiero ir también. ¿Puedo?
Ana	¡Por supuesto! Ella quiere verte.
Miguel	¿Qué es eso?
Ana	Es un regalo para ella.
	Es el abrigo de nuestra escuela.
Miguel	¡Qué bonito!

DIÁLOGO A

페드로	내일 시간 있니?
	우리 영화 보러 가자.
엘레나	음… 미안해. 너랑 갈수 없어.
	내일이 내 생일이야. 널 우리 집에 초대하고 싶은데.
	만약 **내일 네가 바쁘다면,** [2] 내 생일 파티에 못 오겠는 걸.
페드로	정말? 너희 집에 갈게. 영화는 다른 날에 보러가야지.

DIÁLOGO B

미겔	어디 가니?
아나	난 뻬뜨라 집에 가는 거야.
	오늘 그녀의 생일이거든. 그녀의 집에서 파티가 있어.
미겔	나도 가고 싶은데. 가능할까?
아나	당연하지! 그녀가 널 보고 싶어 해.
미겔	그건 뭐니?
아나	그녀를 위한 선물이야. 우리 학교의 외투지.
미겔	**너무 예쁜데!** [1]

---

tiempo 시간; 날씨
mañana 내일; 아침
ver 보다
película 영화
contigo 너와 함께(with you)
cumpleaños 생일
invitar 초대하다
casa 집
ocupado 바쁜, 자리가 꽉 찬
venir 오다
fiesta 파티, 축제
verdad 사실, 진실
otro 다른
también 역시, 또한
supuesto 추측, 상상
por supuesto 물론; 당연히
regalo 선물
abrigo 외투
escuela 학교
bonito 예쁜
pena 괴로움; 벌, 형벌
gente 사람들
libre 한가로운, 자유로운
culpa 실수, 잘못
decir 말하다
malo 나쁜
intención 의도

---

3   제 잘못입니다.   **Es mi culpa.**

'미안하다'고 말하는 경우에 여러 가지 방법이 있다. 내 탓이라는 말로 표현하는 위와 같은 방법도 있고, 일반적으로 말하는 방법도 있지만 완곡하게 말하는 법도 다음과 같이 있다.

No sé qué decir. 무슨 말을 해야 할지 모르겠습니다.
Fue sin querer. 고의가 아니었습니다.
No fue con mala intención. 나쁜 의도가 아니었습니다.

1 ir a + 동사원형 / 동사 미래형

'ir a + 동사원형'으로 미래의미를 표현할 수 있지만, 스페인어 동사변화 자체로 미래를 표현할 수 있다.

Voy a visitar el museo Prado pasado mañana. 나는 모레 프라도 박물관을 방문할 것이다.

Visitaré el museo Prado pasado mañana. 나는 모레 프라도 박물관을 방문할 것이다.

규칙동사 미래형 어미

미래	−ar 어미	
	단수	복수
1인칭	− aré	− aremos
2인칭	− arás	− aréis
3인칭	− ará	− arán

미래	−er 어미	
	단수	복수
1인칭	− eré	− eremos
2인칭	− erás	− eréis
3인칭	− erá	− erán

미래	−ir 어미	
	단수	복수
1인칭	− iré	− iremos
2인칭	− irás	− iréis
3인칭	− irá	− irán

Yo hablaré mañana con ella. 난 내일 그녀와 대화할 것이다.

Él escribirá la carta a su hija. 그는 그의 딸에게 편지를 쓸 것이다.

Ellos no lo entenderán. 그들은 그것을 이해하지 않을 것이다.

tiempo는 상황에 따라, '날씨'로 사용되기도 하고, '시간'으로 사용되기도 한다.

'날씨'일 때

¿Qué tiempo hace hoy?
오늘 날씨가 어떻게 되지?

Hace buen tiempo.
날씨가 좋다.

'시간'일 때

¿Cuánto tiempo para el tren aquí?
여기서 기차가 얼마동안 정차하지?

Llegamos a tiempo.
우리는 정시에 도착한다.

③ **'개최하다' 의미 표현**

La fiesta <u>es</u> al lado de mi escuela.　　　　파티는 우리 학교 옆에서 개최된다.

La fiesta <u>se celebra</u> al lado de mi escuela.　　파티는 우리 학교 옆에서 개최된다.

<u>Dan</u> la fiesta al lado de mi escuela.　　　　파티는 우리 학교 옆에서 개최한다.

La casa está al lado de mi escuela.　　　　집은 우리 학교 옆에 있다.

▶ estar 동사의 경우는 '위치' 표현을 위한 의미만 있고, '(행사 등의) 개최하다' 의미는 가지고 있지 않다.

④ **소유대명사**

- 소유대명사를 알기 위해서는 스페인어의 소유격 형태를 먼저 이해해야 한다. 앞에서 배웠지만, 스페인어에서 소유격, 즉 소유형용사는 명사의 앞에 올 때와 명사의 뒤에서 수식할 때가 있다. 먼저 앞에 올 때 형태를 보도록 한다.

스페인어	한국어	스페인어	한국어
mi(s)	나의	nuestro/a(s)	우리의
tu(s)	너의	vuestro/a(s)	너희들의
su(s)	당신[그·그녀]의	su(s)	당신[그·그녀]들의

¡Qué bonito! Allí están Sancho y Elena. Necesito su libro.

잘됐다! 산초와 엘레나가 저기에 있다. 난 그(그녀/들의)의 책이 필요해.

- 후치형은 명사의 뒤에 놓인다. 의미는 명사 앞에 오는 전치형과 차이가 없다. 그러나 전치형을 취할 때는 명사의 관사가 생략되나 후치형을 취할 때는 관사가 생략되지 않으며 반드시 성수 일치에 신경을 써야 한다.

스페인어	한국어	스페인어	한국어
mío/a(s)	나의	nuestro/a(s)	우리의
tuyo/a(s)	너의	vuestro/a(s)	너희들의
suyo/a(s)	당신[그·그녀]의	suyo/a(s)	당신[그·그녀]들의

La pluma mía no tiene tinta. ¿Me prestas la pluma tuya?

나의 펜은 잉크가 하나도 없다. 넌 내게 너의 펜을 빌려줄 수 있니?

소유 대명사

소유대명사는 후치형 대명사와 정관사 사이의 명사를 생략해서 사용할 수 있는 것을 말한다. 영어와는 다르게 그 형태가 남성단수, 복수, 여성단수, 복수처럼 4가지 형태를 가졌는데, 이는 영어의 mine과 같이 한 가지 형태와 달리 지칭하는 대상을 정확하게 표현할 수 있다는 이점이 있다.

El libro de Juan está aquí, y el mío está ahí.

후안 책은 여기에 있고, 내 것(책)은 그곳에 있다.

el (libro) mío

내 것(책)

la (casa) mía

내 것(집)

los (libros) míos

내 것들(책들)

las (casas) mías

내 것들(집들)

5 긍정/부정 대답하기

▶ 긍정으로 대답

¡Sí!	맞다!
¡Vale!	알았다(오케이)!
¡Bien!	좋다!
No hay problema.	문제없다.
Estoy de acuerdo.	동의한다.
¡Estupendo!	아주 좋다!
¡Claro!	분명하다!
¡Magnífico!	환상적이다!
¡Buena idea!	좋은 생각이다!
¡Correcto!	정확하다!
Tienes razón.	네가 옳다.

▶ 부정으로 대답

¡No!	아니다!
¡Imposible!	불가능하다!
¡Claro que no!	절대 아니다!
¡Ciertamente no!	분명 아니다!
Estás equivocado.	네가 혼동한 것이다.
Es erróneo.	잘못된 것이다.
Es solo lo que quieres.	단지 네가 원하는 것이다.

1. 잘 듣고 빈칸에 들어갈 말을 쓰시오.

A : ¿ _____ ⓐ _____ mañana?

Vamos a ver la película.

B : Um... Lo siento. No puedo ir _____ ⓑ _____ .

Mañana es mi cumpleaños. Quiero _____ ⓒ _____ a mi casa.

Si ves la película mañana, no vienes a la fiesta de mi cumpleaños.

A : ¿De verdad? Voy a tu casa. Voy a ver la película _____ ⓓ _____ .

2. 잘 듣고 빈칸에 들어갈 말을 쓰시오.

A : ¿A dónde vas?

B : Voy a la casa de Petra.

Hoy es su cumpleaños y _____ ⓐ _____ en su casa.

A : Quiero ir también. ¿Puedo?

B : ¡ _____ ⓑ _____ ! Ella quiere verte.

A : ¿Qué es eso?

B : Es _____ ⓒ _____ para ella. Es el abrigo de nuestra escuela.

A : ¡ _____ ⓓ _____ !

3. 빈칸에 알맞은 소유격 형태를 쓰시오.

ⓐ La casa _____ .(yo)

ⓑ _____ libros.(ella)

ⓒ La mesa es _____ .(tú)

ⓓ El cuaderno _____ .(ellas)

ⓔ _____ amigas.(él)

4. 빈칸에 들어갈 알맞은 말은?

A： ¿Sabe Ud. dónde está la plaza Central?

B： ________________. No lo sé.

① De nada
② Lo siento
③ Es claro
④ Con permiso
⑤ No hay de qué

5. 빈칸에 들어갈 말로 가장 알맞은 것은?

A： Paco, ¿quieres ver la película conmigo?
Tengo dos billetes.

B： Lo quiero. Pero tengo una cita a las 4.

A： No te preocupes. La película ________________ a las 7.

① es ② hay ③ está
④ termina ⑤ preocupes

¡Qué grande!	와, 크다!
¡Qué pequeño!	와, 작다!
¡Qué sucio!	아이구, 더러워!
¡Qué limpio!	와, 깨끗해라!
¡Qué ancho!	야, 넓다!
¡Qué estrecho!	어이구, 좁다!
¡Qué largo!	와, 길다!
¡Qué corto!	어, 짧네!
¡Qué caro!	아이고, 비싸라!
¡Qué barato!	와! 싸다!
¡Qué rico!	엄청, 맛있다!
¡Qué picante!	앗, 맵다!
¡Qué salado!	아이고, 짜다!
¡Qué agrio!	아, 시다!
¡Qué amargo!	아이고, 쓰다!
¡Qué dulce!	아, 달다!
¡Qué sorpresa!	아이구, 놀라라!
¡Qué bien!	아이고 좋다!

- -

Apenas puedo creerlo.	난 거의 그것을 믿을 수 없다.
Estoy muy sorprendido.	난 너무 놀랍다.
No lo había pesado.	그것을 생각도 못했다.
Me sorprende mucho esta noticia.	이 소식이 날 매우 놀랍게 한다.
Es como un trueno.	천둥 같았다.
Es como un rayo en cielo sereno.	맑은 하늘에 날벼락과 같다.
Es un gran susto.	크게 놀랐다.
Es un acontecimiento imprevisto.	예상치 못한 일이다.
Parece alarmado.	마음 졸여진 것 같다.

jugar al ajedrez	체스하기	guitarra	기타
jugar a la carta	카드놀이 하기	guitarra eléctrica	전자기타
pintura	그림	violín	바이올린
escultura	조각	violonchelo	첼로
baile	춤	piano	피아노
paseo	산책	pandereta	탬버린
footing	조깅	tambor	드럼
senderismo	하이킹	xilófono	실로폰
montañismo	등산	arcodeón	아코디온
ir de cámping	캠핑가다	club nocturno	나이트클럽
pesca	낚시	discoteca	디스코텍
jardinería	화단 가꾸기	bar	바, 술집
ornitología	새 관찰	parque de atracciones	놀이공원
cantar karaoke	노래방에서 노래하기	montaña rusa	롤러코스터
ir de compras	쇼핑 가기	torre de caída libre	자유로드롭
fotografía	사진	bote de remos	보트 타기
lectura	독서	tazas de té	접시 타기
escuchar música	음악감상 하기	tienda de recuerdos	기념품가게
ver la televisión	TV 보기	Instalación de 4D (cuatro dimensiones)	4D 입체 상영관
ver películas	영화 보기	coches de choque	범퍼카
cine	영화관	desfile	퍼레이드
teatro	극장	casa embrujada	귀신의 집
concierto	콘서트	galería de tiro	인형 맞추기 사격장
danza	댄스, 춤	barco pirata	바이킹
toros	투우	tiovivo	회전목마
jugar a los videojuegos	오락게임 하기	cafetería	스낵바, 간이음식점
navegar por Internet	인터넷 서핑하기	karting	카트, 차운전(m.)
saxófono	색소폰		
armónica	하모니카		

스페인 순례길

"스페인 순례길을 걸어 볼래?"
¿Quieres caminar por el camino de Santiago en España?

산티아고 순례길(Camino de Santiago)은 성야고보(St. James)가 묻힌 스페인 북서쪽의 도시 산티아고 데 콤포스텔라(Santiago de Compostela)를 향해 걷는 길로, 그 시작점에 따라 수많은 루트가 있다. 가장 유서 깊고 전통적인 루트인 '프랑스길 Camino Frances(800km)'을 비롯해 아름다운 해안 경치로 유명한 '북쪽길 Camino del Norte(830km)'과 스페인 남부 세비야에서 시작되는 '은의 길 Camino de la Plata(1,000km)' 등이 가장 잘 알려진 루트이다.

중세 기독교가 이슬람교도로부터 스페인을 수복하는 시점에 맞춰 재조명된 성야고보는 스페인의 수호성인이 되었고, 많은 순례자들이 십자군의 몰락 이후 위험해진 예루살렘 순례길 대신 산티아고 순례길을 걷기 시작했다.

순례자를 보호하던 '템플기사단'과 '성 요한병원기사단', 스페인의 황금기를 이끌었던 가톨릭 군주들은 물론 때때로 로마시대까지도 거슬러 올라가는 화려하고 흥미로운 역사가 순례길 곳곳에서 순례자들을 맞이하는데, 이 같은 역사적 발자취를 들여다 보는 것도 순례길의 큰 재미이다.

하지만 40도를 넘어가는 뜨거운 스페인의 태양 아래, 매일 10시간 내외 무거운 배낭을 짊어지고 걷는 것은 절대 쉬운 일이 아니다. 실제로 순례길을 걷다 보면 순례 중 목숨을 잃은 순례자의 무덤과 비석을 심심찮게 찾아볼 수 있을 뿐 아니라, 순례 도중 쓰러져 병원에 실려가는 동료 순례자를 마주하는 일도 적지 않다. 또, 극심한 피로 와중에도 여러 순례자들이 함께 머무는 순례자용 숙소에서 서로를 끊임없이 양보, 배려해야 하고, 순례자가 몰리는 구간에선 때때로 바닥에서 잠을 자는 등 여러 어려움이 많다. 이 같은 육체적, 정신적 스트레스를 견디지 못한 나머지 순례자 상당수는 순례를 중도 포기한다.

그럼에도 불구하고, 저마다 다양한 이유로 순례길을 찾는 사람들과의 놀라운 인연은 매일매일 지친 몸과 마음에 기쁨과 감동, 기대와 설렘을 불어넣어 준다. 아름다운 자연과 풍경을 보고 걸으며 우연히 얻게 되는 소소한 깨달음과 명상의 기회는 한 달이라는 시간 동안 자신의 깊은 내면과 쉽게 지나치던 일상을 돌아 보게 해주는데, 이러한 까닭에 많은 사람들이 순례를 인생의 전환점으로 삼기도 한다.

사진 외대동문 47기 조진기(2015년 8월)

Vaya todo recto
por esta calle.
이 길로 쭉 가세요.

LECCIÓN

18

- 시간의 거리 표현
- 현재 분사
- 접속법
- 길 묻기 표현

DIÁLOGO A

Pedro	¿Cómo vas a la escuela?
Miguel	Andando.
Pedro	¿Está cerca de tu casa?
Miguel	Sí. Está a diez minutos.
	Y tú, ¿cómo vas a la escuela?
Pedro	Yo voy en metro.
Miguel	¿Cuánto tardas?
Pedro	Media hora.

만세 포인트

1 이 길로 공원까지 쭉 가세요.

Siga recto por esta calle hasta el parque.

존칭으로 사람을 안내할 때는 접속법 동사형을 사용하는데, 문법적으로 접근하기 보다는 친절하게 말하는 법으로 반복해서 암기해 사용하도록 한다.

Vaya todo derecho. 쭉 가세요.
Pare aquí. 여기 세워주세요.
Gire a la derecha. 오른쪽 방향으로 가세요.

2 서울 극장에 가는데 얼마나 걸리나요?.

¿Cuánto tiempo tarda en llegar al cine Seúl?

'시간이 얼마나 걸리는가?'에 관한 질문을 하는 문장으로 'tardar + 시간 + en 동사원형'의 패턴을 사용한다.

¿Cuánto tiempo tarda en hacer la tarea?
숙제하는데 얼마의 시간이 걸리나요?

¿Cuánto tiempo tarda en tomar el tren?
기차를 타는데 얼마의 시간이 걸리나요?

DIÁLOGO B

Elena	Perdón, ¿cómo puedo ir a la universidad Hankuk?
Paco	Mire, siga recto por esta calle hasta el parque. Allí, gire a la derecha y tome la segunda calle a la izquierda.
Elena	A ver... Sigo todo recto hasta el parque. Giro a la derecha y después tomo la segunda calle a la izquierda.
Paco	Eso es.
Elena	Muchas gracias.

escuela 학교
andar 걷다
cerca de ～에서 가까이에(전치사)
metro 전철
tardar (～하는데 시간이) 걸리다; 지체하다
media hora 30분
universidad 대학교
seguir 따라가다
recto 곧은, 직선의
calle 거리, 길
hasta ～까지(전치사)
parque 공원
girar 선회하다
derecha 오른쪽
tomar 잡다; (길로) 접어들다; 먹다
izquierda 왼쪽
gracias 감사
derecho 곧은, 직선의; 올바른; 권리
parar 멈추다
cine 영화관
museo 박물관
taxi 택시

DIÁLOGO A

페드로	넌 학교에 어떻게 가니?
미겔	걸어서.
페드로	너희 집에서 가깝니?
미겔	응. 10분 거리에 있어. 그럼 너는 어떻게 학교에 가니?
페드로	난 전철 타고 가. [3]
미겔	얼마나 걸리는데?
페드로	30분.

DIÁLOGO B

엘레나	실례합니다. 한국대학으로 어떻게 갈 수 있나요?
파코	보세요. 이 길로 공원까지 쭉 가세요. [1] 거기에서 오른쪽으로 돌아서, 두 번째 길에서 왼쪽으로 가세요.
엘레나	잠시만... 이 길로 공원까지 쭉 간다. 오른쪽으로 꺾어서, 두 번째 길에서 왼쪽으로 가는 거죠.
파코	그렇죠.
엘레나	대단히 고맙습니다.

3 저는 전철타고 갑니다.

Yo voy en metro.

교통수단을 이야기할 때, 전치사 en를 사용하면 편리하게 교통수단을 표현할 수 있다.

Ella va al museo en autobús. 그녀는 버스를 타고 박물관에 간다.
Mi amigo viene aquí en taxi. 내 친구는 택시를 타고 여기에 온다.

1 시간의 거리 표현

「tardar + 시간 + en + 도착관련 동사: ~하는데, … 시간이 걸린다.」 표현이 있는데, 대답할 때는 시간만 말하는 것이 일반적이다.

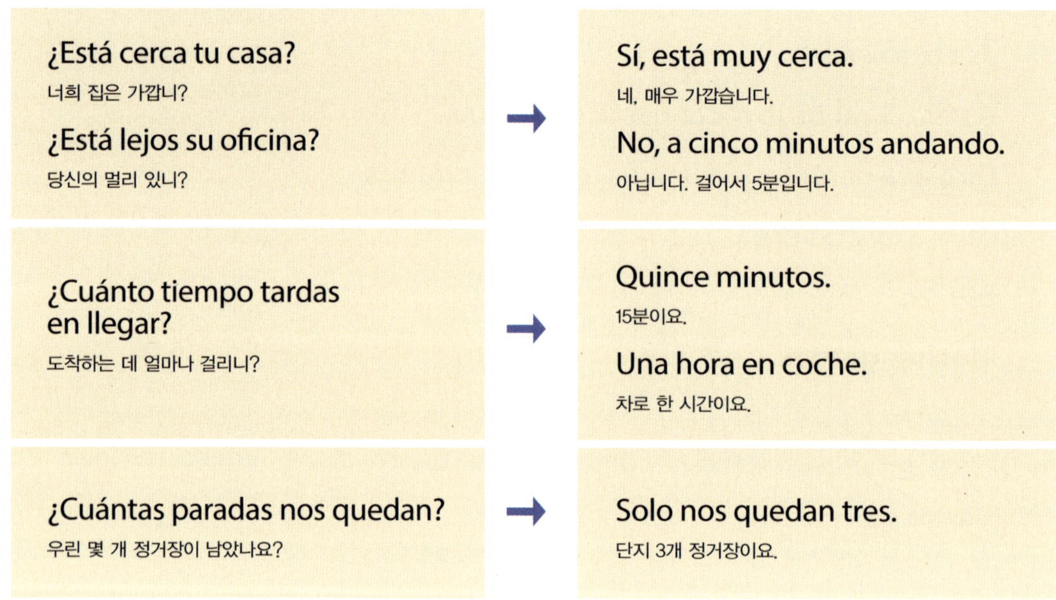

2 현재분사형

-ar로 끝나는 동사는 어미 -ar를 떼고 -ando를, -er, -ir로 끝나는 동사는 어미 -er 및 -ir를 떼고 -iendo를 붙여 현재 분사를 만든다. 영어의 현재분사 'ing형태'는 형용사적 역할이 있지만 스페인어에서는 형용사적 용법이 없다. 현대 스페인어 신문에서는 자주 볼 수 있는 형태이지만, 스페인어 문법에서는 부사적 성격만을 가지고 있다고 알아두어야 한다.

▶ **규칙 형태**

동사원형	현재분사형
hablar (말하다)	hablando
comer (먹다)	comiendo
vivir (살다)	viviendo

동사원형	현재분사형
decir (말하다)	diciendo
ir (가다)	yendo
poder (할 수 있다)	pudiendo
venir (오다)	viniendo
leer (읽다)	leyendo
oír (듣다)	oyendo

Ellas están diciendo la mentira.　　그녀들은 계속해서 거짓말을 하고 있다.

Mi hijo está leyendo la novela.　　내 아들은 계속해서 소설을 읽고 있다.

③ 접속법과 직설법

접속법 현재는 주로 현재와 상상의 미래 동작을 표현한다. 말하는 화자의 말과 청자 또는 대상의 행동이나 생각하는 사실과 다를 수 있는 상태를 표현하는 것이다. 18과에서는 '존칭, 공손한 표현'으로 기억해서 사용하자.

▶ 기본 규칙 동사 변화

hablar (말하다)

	단수	복수
1	hable	hablemos
2	hables	habléis
3	hable	hablen

comer (먹다)

	단수	복수
1	coma	comamos
2	comas	comáis
3	coma	coman

vivir (살다)	단수	복수
1	viva	vivamos
2	vivas	viváis
3	viva	vivan

tener (가지다)	단수	복수
1	tenga	tengamos
2	tengas	tengáis
3	tenga	tengan

Él habla de la verdad.	(직설법)	그는 진실에 대해 말한다.
Quiero que él hable de la verdad.	(접속법)	난 그가 진실에 대해 말하기를 원한다.
El equipo de Corea no vive.	(직설법)	한국 팀은 죽지 않는다.
(Queremos que) el equipo de Corea no viva.	(접속법)	한국 팀이 죽지 않기를 (우리는 바란다).
Ella viene aquí.	(직설법)	그녀가 여기에 온다.
Yo quiero que ella venga aquí.	(접속법)	난 그녀가 여기에 오기를 바란다.

▶ '여자가 온다는 것'은 사실이 아니고, 기대하고 있는
   내용.

접속법 현재를 변화할 때, 주의해야 할 것은 직설법
현재 1인칭 단수의 동사형태가 '-o'로 끝나는 동사들
만이 그 변화형을 위의 표를 이용해서 어미를 만들어
낼 수 있고, 그렇지 않을 경우는 불규칙형태의 동사
변화임을 기억해 둔다.

예) ser 동사 → 1인칭 단수 형태(soy)

▶ 1인칭 단수의 어미 형태가 '-o'가 아닌 경우는 불규칙 형태.

	단수	복수
1	sea	seamos
2	seas	seáis
3	sea	sean

접속법 형태

▶ venir(오다)

	단수	복수
1인칭	venga	vengamos
2인칭	vengas	vengáis
3인칭	venga	vengan

aquí	여기	a la derecha	오른쪽으로
ahí	거기	a la izquierda	왼쪽으로
allí	저기	todo recto	쭉(가세요)
adelante	앞쪽에	todo derecho	쭉(가세요)
atrás	뒤쪽에	hasta + 장소	(장소)까지

¿Cómo puedo ir al Museo del Prado?
프라도 박물관으로 어떻게 갈 수 있나요?

¿Dónde está la estación del metro?
전철역은 어디에 있죠?

¿La Plaza Mayor, por favor?
프라도 광장, 부탁합니다?

¿Hay un mercado por aquí cerca?
여기 가까이에 시장이 있나요?

→

Gire a la izquierda.
왼쪽으로 돌아가세요.

Gire a la derecha.
오른쪽으로 돌아가세요.

Siga todo recto.
쭉 가세요(직진하세요).

Lo siento, no soy de aquí.
죄송해요. 전 여기 출신이 아닙니다.

Sí, hay uno, al final de esta calle.
네, 하나가 이 길의 끝에 있습니다.

1. 잘 듣고 빈칸에 들어갈 말을 쓰시오.

A : ¿Cómo vas a la escuela?

B : ___________________.

A : ¿Está ___________________ tu casa?

B : Sí. Está ___________________.

Y tú, ¿cómo vas a la escuela?

A : Yo voy ___________________.

B : ¿Cuánto tardas?

A : ___________________.

2. 잘 듣고 빈칸에 들어갈 말을 쓰시오.

A : Perdón, ¿cómo puedo ir a la universidad Hankuk?

B : Mire, ___________________ por esta calle hasta el parque.

Allí, ___________________ y ___________________ a la izquierda.

A : A ver... Sigo todo recto hasta el parque.

Giro a la derecha y después tomo la segunda calle a la izquierda.

B : ___________________.

A : Muchas gracias.

3. 빈칸에 알맞은 말을 쓰시오.

스페인어	한국어	스페인어	한국어
ⓐ	난 말하고 있다	ⓓ	우리는 읽고 있다
ⓑ	넌 먹고 있다	ⓔ	너희들은 가져오고 있다
ⓒ	(그는) 살고 있다	ⓕ	(그들은) 듣고 있다

4. 문장을 해석하시오.

ⓐ Carlos es frío. _______________________.

ⓑ Él es bueno. _______________________.

ⓒ Ellas son listas. _______________________.

ⓓ Carlos está frío. _______________________.

ⓔ Él está bueno(bien) ahora. _______________________.

ⓕ Ellas están listas. _______________________.

5. 빈칸에 공통으로 들어갈 말로 알맞은 것은?

A : Profesor, ¿cuánto tiempo _______________ en llegar a su casa?

B : _______________ un hora.

① tarda　　② tarde　　③ tardar　　④ se tarda　　⑤ tardando

6. A가 찾고 있는 곳의 위치는?

A : ¿Dónde está el teatro, Gabriel?

B : Está enfrente de la escuela y a la izquierda del banco.

㉠	서점		학교	

㉡		㉢	은행
박물관		식당	

미용실	㉣		제과점	㉤

① ㉠　　　　② ㉡　　　　③ ㉢

④ ㉣　　　　⑤ ㉤

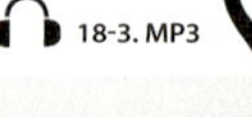

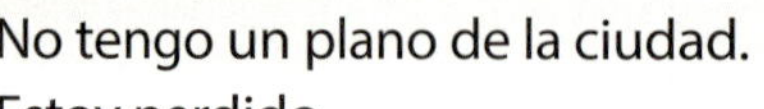

No tengo un plano de la ciudad.	저는 도시의 지도가 없습니다.
Estoy perdido.	제가 길을 잃었습니다.
¿Puede ayudarme? Es que estoy perdido.	도와주실 수 있나요? 제가 길을 잃어서요.
Estoy confundido. ¿Dónde estamos?	제가 헷갈려서요. 우리가 어디에 있는 거죠?
No puedo encontrar el camino a la estación.	제가 역으로 가는 길을 찾을 수가 없네요.
¿Está cerca o lejos?	가까운가요? 먼가요?
¿Puedo ir a pie?	걸어갈 수 있나요?
¿Puedo andar?	걸어갈 수 있나요?
¿Cómo puedo llegar al centro de la ciudad?	제가 어떻게 시내로 갈 수 있을까요?
¿El centro de la ciudad está en esta dirección?	이 방향에 시내가 있나요?
¿En qué calle tengo que girar?	제가 어떤 거리에서 회전을 해야 하나요?
¿A qué distancia está de aquí?	여기에서 거리는 얼마나 되나요?
¿Dónde está la estación del metro más cercana?	가장 가까운 지하철 역은 어디에 있나요?
¿Dónde se puede aparcar?	어디에 주차를 할 수 있나요?
Es una distancia muy larga.	매우 먼 거리입니다.
Es una distancia muy corta.	매우 가까운 거리입니다.
Está bastante lejos.	매우 멀리에 있습니다.
Está muy cerca de aquí.	여기에서 매우 가까이 있습니다.
Tiene un largo camino por andar.	걷기에는 먼 길 입니다.
Hay una distancia de cinco kilómetros de aquí.	여기에서 5킬로 거리가 있습니다.
Está a 2 kilómetros de aquí.	여기에서 2킬로 거리에 있습니다.
Está a 5 minutos andando.	걸어서 5분 거리에 있습니다.
Está a una hora de aquí conduciendo.	여기에서 차로 한 시간 거리에 있습니다.
Está en la esquina.	모퉁이에 있습니다.
Está a la vuelta de la esquina.	모퉁이를 돌아서 있습니다.
Es el tercer edificio de aquí.	여기에서 3번 째 건물입니다.
Está en el próximo bloque.	다음 블록에 있습니다.
Gira a la derecha en el semáforo.	신호등에서 오른쪽으로 회전하세요.
Cruza esta calle.	이 길을 건너세요.
Cruza la calle y vuelve la esquina de la Calle 5.	길을 건너서, 5번 거리의 모퉁이에서 돌아가세요.
Anda dos bloques hasta ver el banco.	은행이 보일 때까지 2블록을 걸어가세요.
Al llegar al río, ve hacia el norte.	강에 도착했을 때, 북쪽을 향해 보세요.
Perdone, no soy de aquí.	죄송합니다. 저는 여기 출신이 아닙니다.
Te recomiendo que preguntes a la policía allí.	저기에 있는 경찰에게 물어보시는 것이 더 좋을 듯한데요.

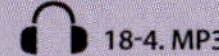

18-4. MP3

transporte	교통수단
barco	배
ferry	페리(m.)
transbordador	페리
crucero	크루즈
helicóptero	헬리콥터
avión	비행기(m.)
globo aerostático	열기구
coche	자동차
coche de caballos	마차
coche de bomberos	소방차
camión	트럭(m.)
camión cisterna	탱크트럭(m.)
camión de la basura	쓰레기차(m.)
furgoneta	밴
autobús	버스
automóvil de turismo	투어버스
autocar	세단 승용차
autobús de dos pisos	2층버스
teleférico	케이블카
velero	범선
submarino	잠수함
portacontenedores	컨테이너선(m.sing.)
lancha de motor	모터보트
bicicleta	자전거
taxi	택시

moto	오토바이(f.)
scooter	스쿠터(m.)
tranvía	전차, 트램(m.)
metro	전철, 지하철
tren	기차
monocarril	모노레일
ferrocarril	철로
hormigonera	레미콘차
bulldozer	불도저(m.)
peaje	톨게이트
autopista	고속도로
carretera	차도
gasolinera	주유소
gasóleo	디젤
gasolina	휘발유
puente peatonal	육교
señal	교통표지판(f.)
parada de autobús	버스정류장
intersección	교차로
farola	가로등
semáforo	신호등
paso subterráneo	지하도
paso de peatones	횡단보도
aparcamiento	주차장

"마드리드에 갔을 때, 무엇을 보고 싶니?"
Al viajar por Madrid, ¿qué quieres ver?

스페인의 수도인 마드리드는 재미있는 많은 것들이 있으며, 그리고 운 좋게도 볼거리들이 넓게 퍼져 있지 않습니다. 마드리드는 300만 이상이 살고 있으며, 스페인에서 가장 크고, 인구가 가장 많습니다. 여러분에게 스페인 마드리드에 간다면 여러분이 꼭 봐야할 가장 흥미로운 10군데의 방문할 곳을 알려주도록 하겠습니다. 가볼 만한 곳 10위부터 이번 주에는 6위까지 보겠습니다.

10위   시벨레스 광장(Plaza de Cibeles)

스페인은 아름다운 많은 광장들로 유명합니다. 그리고 이 광장은 그 광장들 중에 하나입니다. 시벨레스 광장과 그 분수는 마드리드를 가장 대표하는 장소들 중에 하나입니다. 시벨레스는 축구팀 레알 마드리드와 스페인 축구 대표팀에 의해서 그 승리를 축하하기 위해 선정된 장소입니다.

9위   알무데나 성당(Catedral de la Almudena)

성당의 건축은 1993년까지 100년이 넘게 걸렸습니다. 알무데나 성당은 도시에서 가장 중요한 종교적 건축물입니다. 이외에, 펠리페 데 보르본 왕과 레티시아 오르티스 왕비가 2004년에 결혼했던 것으로 스페인 전역에서 유명합니다.

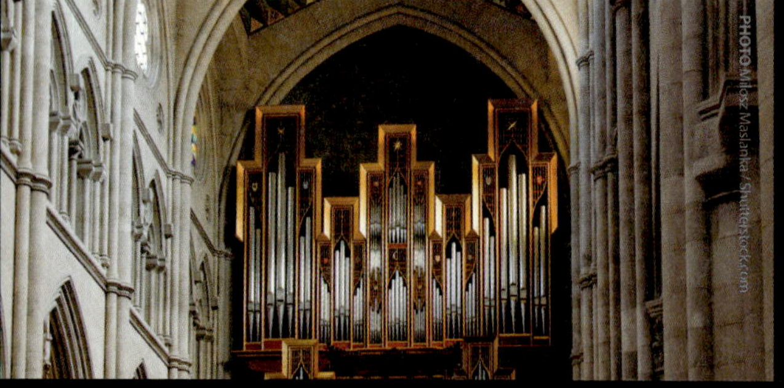

8위 데보드 사원(Templo de Debod)

많은 사람들이 스페인 마드리드 도심에 이집트 고대 사원이 있다는 사실을 알면 많이 놀랍니다. 데보드 사원은 마드리드가 숨기고 있는 가장 중요한 보물 중에 하나입니다. 이것은 누비아 지역(Nubia, 옛 이집트 남부 문명) 사원을 살리기 위해 협력에 의해 이집트로부터 스페인으로 전해진 선물이었습니다.

7위 마드리드 벼룩시장(El Rastro de Madrid)

벼룩시장은 매주 일요일과 휴일에 스페인 역사 중심지에서 열리는 야외 시장입니다. 이 지역은 마드리드 내에 라티나 (Latina) 지역입니다. 역사적으로 400년이 넘은 노천 벼룩시장입니다.

6위 그란 비아 거리(Gran Vía)

그란 비아는 스페인의 가장 유명한 거리입니다. 그 거리에는 영화관들과 마드리드에서 가장 유명한 극장들을 만나볼 수 있습니다. 결코 지루하지 않은 거리입니다. 그란 비아(거리)의 조성은 수십 년에 걸쳐 처음부터 끝까지 계획에 의해 만들어 진 것입니다.

¿Qué es
la comida
de hoy?
오늘의 요리가 뭐죠?

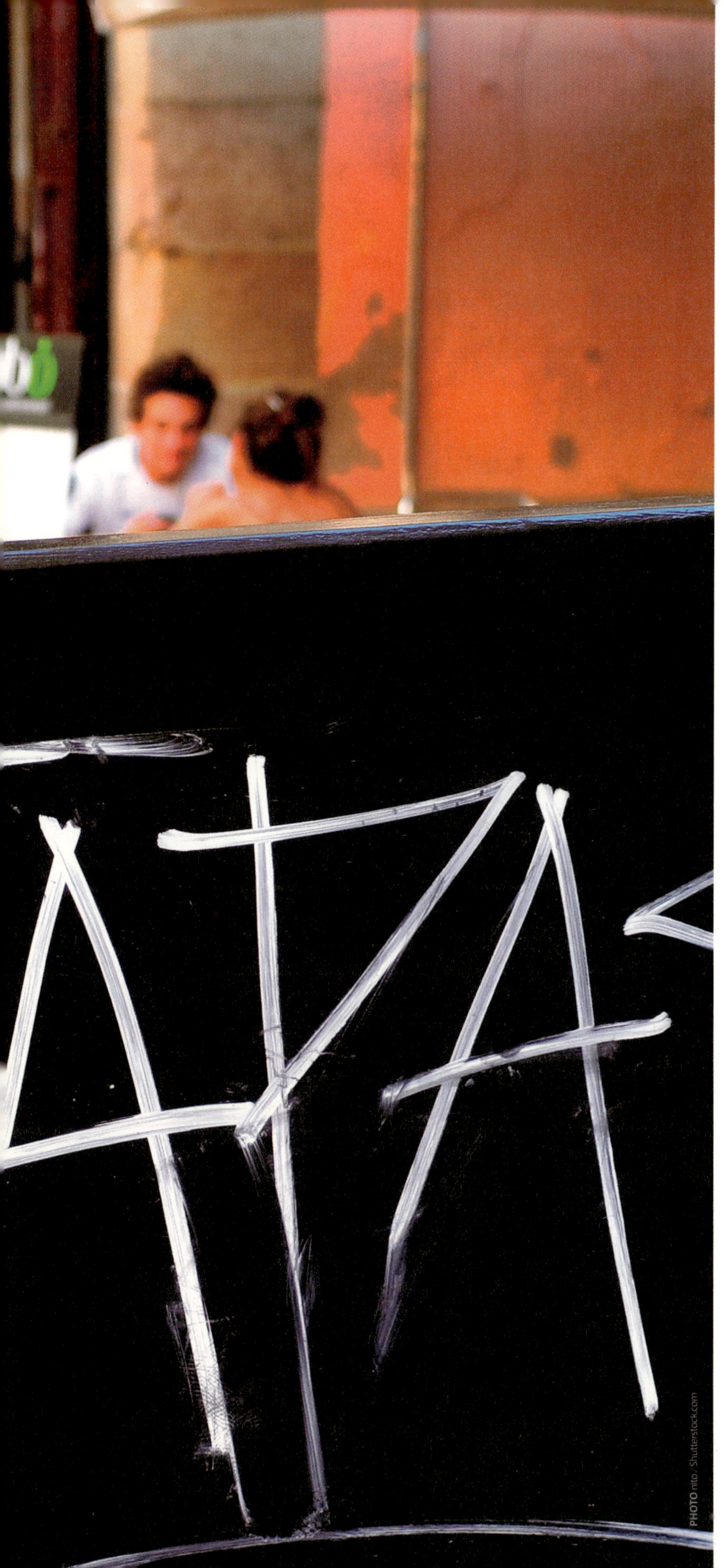

LECCIÓN
19

- 동사 poder
- 의문 부정사
- 축약형 목적어
- 동사 preferir

DIÁLOGO A

Miguel	¡Camarero, por favor! ¿Me puede traer el menú?
Camrero	Un momento. Aquí lo tiene. ¿Qué quiere comer?
Miguel	De primero, una paella valenciana. De segundo, no sé qué comer. ¿Qué es la comida de hoy?
Camrero	Es un cordero asado.
Miguel	¡Bien! De segundo, un cordero.
Camrero	Y ¿para beber?
Miguel	Una copa de vino tinto, por favor.
Camrero	Y de postre, ¿qué desea tomar?
Miguel	Helado de chocolate, por favor.
Camrero	Muchas gracias. Enseguida se los traigo.

만세 포인트

1 오늘의 요리가 무엇인가요?

¿Qué es la comida de hoy?

외국식당에 갔을 때, 이름도 생소하고 후회하지 않을 가장 좋은 방법은 '오늘의 요리'를 주문하는 것이다. 많은 종류를 파는 커피 전문집도 오늘의 커피가 있는 것을 한국에서도 종종 보는데, 커피를 주문할 때는 다음과 같이 말하면 된다.

El café de hoy, por favor. 오늘의 커피, 부탁해요.

2 여기에 있습니다.

Aquí lo tiene.

물건을 전해줄 때, '여기에 있습니다'라는 표현이다. 그 사물의 성을 알고 있을 때, 그것을 축약목적으로 표현해도 된다.

Aquí lo tiene. 여기에 있습니다. (el libro를 전할 때)
Aquí la tiene. 여기에 있습니다. (la carta를 전할 때)

DIÁLOGO B

Camarero	**Buenas tardes, señorita, ¿qué quiere comer?**
Elena	**De primer plato, una ensalada mexicana.**
Camarero	**¿Y de segundo plato?**
Elena	**Prefiero unos huevos con chorizo.**
Camarero	**¿Y para beber?**
Elena	**Una botella de agua, por favor.**
Camarero	**Muy bien. Y de postre, ¿qué desea?**
Elena	**Fruta del tiempo.**
Camarero	**Muy bien, ahora mismo se los traigo.**

camarero 웨이터, 종업원
traer 가지고 오다
menú 메뉴(판)
comer 먹다
paella 파에야(스페인 해물볶음밥)
valenciano 발렌시아의
cordero 양고기
asado 구운
beber 마시다
copa 잔, 컵
vino 와인, 포도주
tinto 포도주 빛깔의, 검붉은
postre 후식
helado 아이스크림
chocolate 초콜릿
enseguida 즉시, 즉각
plato 요리; 접시
ensalada 샐러드
mexicano 멕시코의
preferir 선호하다, 더 원하다
huevo 계란
chorizo 소시지
botella 병(甁)
fruta 과일
mismo 같은, 동일한
ahora mismo 지금 당장

DIÁLOGO A

미겔	웨이터, 제게 메뉴판 좀 가져다 주겠습니까?
웨이터	잠시만요, 여기에 있습니다. [2] 무엇을 드시겠습니까?
미겔	우선 (전채 요리로), 발렌시아식 파에야. 두 번째(메인 요리)는 뭘 먹을지 모르겠네. 오늘의 요리가 뭐죠? [1]
웨이터	구운 양고기입니다.
미겔	좋습니다. 두 번째(메인 요리)는 양고기요.
웨이터	그럼, 음료는?
미겔	적포도주 한잔, 부탁합니다.
웨이터	그리고 후식은, 무엇으로 하시겠습니까?
미겔	초코 아이스크림, 부탁해요.
웨이터	감사합니다. 곧바로 (주문한 요리들을) 가져다 드리겠습니다.

DIÁLOGO B

웨이터	좋은 오후입니다. 무엇을 드시겠습니까?
엘레나	우선(전채 요리로), 멕시칸 샐러드요.
웨이터	그리고 두 번째(메인 요리)는요?
엘레나	저는 소시지 곁들인 계란이요. [3]
웨이터	그럼 음료는요?
엘레나	생수 한 병 부탁합니다.
웨이터	네, 알겠습니다. 그럼 후식은 무엇을 원하시는지요?
엘레나	제철 과일이요.
웨이터	네, 알겠습니다. 지금 바로 가져다 드리겠습니다.

3 소시지 곁들인 계란이 더 좋습니다.
Prefiero unos huevos con chorizo.

'preferir'라는 표현은 두 가지 중에서 선호하는 것을 말할 때, 사용할 수 있는 표현이다. 이 표현 이외에 다른 표현으로 더 좋다는 것을 표현할 수 있는 방법도 있다.

Quiero más esto. 이것이 더 좋습니다.
Me gusta más esto. 이것이 더 좋습니다.

1 poder + 동사원형

'~을 할 수 있다'를 나타내는 표현으로 조동사 역할을 한다.

Yo no puedo hablar de nada. 나는 어떤 것에 대해서도 말할 수 없다.

Ella puede salir esta noche. 그녀는 오늘 저녁에 나갈 수 있다.

poder 동사변화

	단수	복수
1인칭	puedo	podemos
2인칭	puedes	podéis
3인칭	puede	pueden

▶「~할 수 있다」로 번역할 수 있는 **saber**와 **poder**의 비교

■ **SABER:**

① 배운 능력에 관해 말하기 위해 사용된다.

예를 들자면, nadar(수영하다), dibujar(그림을 그리다), hablar un idioma(언어를 말하다)

¿Sabes hablar chino? 넌 중국어를 말할 줄 아니?

② 가지고 있는 지식이나, 정보에 관해서 말하기 위해 사용한다.

¿Sabes que María se ha casado? 마리아가 결혼한 것을 아니?

¿Sabes quién viene esta tarde? 누가 오늘 오후에 오는지 아니?

■ **PODER:**

① 무엇인가를 할 수 있는 가능성이나 능력을 표현한다.

Yo sé tocar el piano.
난 피아노를 칠 줄 안다.

pero hoy no puedo tocar nada porque me duele mucho la cabeza.
그러나 오늘 어떤 것도 연주할 수 없다. 왜냐하면 머리가 너무 아프다.

② 허락을 구하거나, 어떤 명령, 주문을 하기 위해 사용할 수 있다.

¿Puedo sentarme aquí?
여기에 앉을 수 있을까요?

'의문사 + 동사원형'이 명사 역할을 할 수 있다. 이러한 것을 의문부정사라고 하며, 동사원형 대신에 문장을 만들어 명사절 역할을 하게 할 수도 있다.

Ella no sabe qué comer.
그녀는 무엇을 먹어야 할지 모른다.

Ella no sabe cómo estudia español.
그녀는 스페인어를 어떻게 공부해야할 지 모른다.

의문사가 없는 경우에 'si + 문장'을 써서 선택 의문문의 역할을 하게 할 수도 있다.

Él no sabe si estudia español esta tarde.
그는 오늘 오후에 스페인어 공부를 해야 하는지 알지 못한다.

▶ **saber(알다)**

	단수	복수
1인칭	sé	sabemos
2인칭	sabes	sabéis
3인칭	sabe	saben

3 축약형 목적격 대명사

13과에서 배운 변화형에 따라, 주어와 동사 사이에 올 수 있는 형태를 말한다. 간접목적어와 직접목적어를 대명사로 만들기 전 일반 목적어일 경우에 동사 뒤에 위치할 수 있으며, 어순은 특별히 중요하지 않다. 하지만, 대명사로 바꾸고 주어와 동사 사이에 위치하게 될 때는 '간접목적어 + 직접목적어'의 어순을 반드시 지켜야 한다.

3인칭 간접목적어 형태인 le와 les의 경우는 뒤 따라오는 3인칭 직접목적어가 있을 경우에 무조건 se로 변경을 해야한다. 물론 직접, 간접 목적어를 동사 뒤에 두고 사용할 수도 있고, 둘 중에 하나의 목적어만 동사 앞으로 옮겨 사용할 수도 있다.

「그들은 그녀에게 꽃을 준다」 표현 방법

① Ellos dan la flor a ella.　　(동사 뒤 목적어 어순: 직접 + 간접)

② Ellos dan a ella la flor.　　(동사 뒤 목적어 어순: 간접 + 직접)

③ Ellos la dan a ella.　　(직접목적어만 동사 앞으로)

④ Ellos le dan la flor.　　(간접목적어만 동사 앞으로)

⑤ Ellos se la dan.　　(동사 앞 목적어 어순: 간접 + 직접)

　　▶ (인칭) 간접목적어가 동사 앞에 있을 때는 동사 뒤에 중복해 사용할 수 있음.

⑥ Ellos le dan la flor a ella.　　(간접목적어만 동사 앞으로/ 중복형)

⑦ Ellos se la dan a ella.　　(동사 앞 목적어 어순: 간접 + 직접 / 중복형)

4 preferir 동사

직접적으로 '선호하다'라는 의미를 표현할 수 있는 어휘지만, 뒤에 동사원형을 붙여 조동사로 사용할 수 있다. 「주어 preferir ⓐ a ⓑ : ⓑ 보다 ⓐ를 더 선호하다」

Yo prefiero el español al inglés.　　난 영어보다 스페인어를 더 좋아한다.

Él prefiere ir a la biblioteca.　　그는 도서관에 가는 것을 선호한다.

preferir 동사 변화

	단수	복수
1인칭	prefiero	preferimos
2인칭	prefieres	preferís
3인칭	prefiere	prefieren

- El primer plato 전채 요리

  ➡ sopa   수프

    ensalada   샐러드

    paella   파에야

- El segundo plato 주요리

  ➡ carne   고기(f.)

    pollo   닭고기

    pescado   생선

- El postre 후식

  ➡ helado   아이스크림

    pastel   파이

    fruta   과일

▶ 식사할 때 나오는 빈출 용어

    de primero = de primer plato   첫 번째 요리로는

    de segundo...   두 번째 요리로는

    de postre   후식으로

    para beber   마시기 위해

    el menú = la carta   메뉴(판)

1. 잘 듣고 빈칸에 들어갈 말을 쓰시오.

A : ¡Camarero, por favor! ¿Me _______ⓐ_______ el menú?

B : Un momento. Aquí lo tiene. ¿Qué quiere comer?

A : De primero, una paella valenciana. De segundo, no sé _______ⓑ_______.
    ¿Qué es _______ⓒ_______ ?

B : Es un cordero asado.

A : ¡Bien! De segundo, un cordero.

B : Y ¿_______ⓓ_______ ?

A : Una copa de vino tinto, por favor.

B : Y _______ⓔ_______, ¿qué desea tomar?

A : Helado de chocolate, por favor.

B : Muchas gracias. _______ⓕ_______ se los traigo.

2. 잘 듣고 빈칸에 들어갈 말을 쓰시오.

A : Buenas tardes, señorita, ¿qué quiere comer?

B : _______ⓐ_______, una ensalada mexicana.

A : ¿Y de segundo plato?

B : _______ⓑ_______ unos huevos con chorizo.

A : ¿Y para beber?

B : Una botella de agua, por favor.

A : Muy bien. Y de postre, ¿qué desea?

B : _______ⓒ_______.

A : Muy bien, _______ⓓ_______ se los traigo.

3. 빈칸에 알맞은 말을 넣으시오.

	단수	복수
1인칭	ⓐ	preferimos
2인칭	prefieres	ⓒ
3인칭	ⓑ	prefieren

4. 빈칸에 알맞은 말을 넣으시오.

	단수	복수
1인칭	ⓐ	podemos
2인칭	puedes	ⓒ
3인칭	ⓑ	pueden

5. 빈칸에 들어갈 말을 순서대로 써놓은 것은?

- Ella no sabe qué ＿＿＿＿＿＿＿.
- Él no sabe ＿＿＿＿＿＿＿ estudia español esta tarde.

① comer - qué   ② comer - si   ③ como - cuál
④ comiendo - si   ⑤ comer - qué

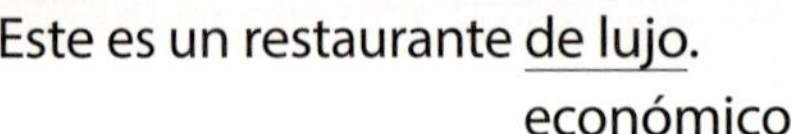

Este es un restaurante de lujo.	이 곳은 고급 식당이다.
económico.	저렴한

Tenemos una reservación a nombre de Pedro.	우리는 페드로 이름으로 예약을 했습니다.
Hemos reservado una mesa para tres personas.	우리는 3명 예약을 했습니다.

¿Nos puede dar una mesa en el rincón?	우리에게 안쪽 자리를 주시겠습니까?
cerca de la ventana	창가 가까이의 자리

Yo no tengo mucha hambre.	저는 매우 배고프지는 않습니다.
Voy a tomar solo una sopa y un plato principal.	저는 수프와 메인요리만 먹겠습니다.

¿Cuál es la especialidad de la casa?	오늘 가게의 특별식은 무엇인가요?
¿Qué desean como primer plato?	첫 번째 요리로 무엇을 원하시나요?
¿Tiene usted la lista de vino?	와인 리스트가 있나요?

¿Cómo le gusta la carne?

고기는 어떻게 원하시나요?

A mí me gusta poco asado.	저는 레어(덜 구워진)를 원합니다.
un poco roja	미디엄 레어(약간 구워진)
a término medio	미디엄(중간)
bien asado	웰던(잘 익은)

A mí me gusta la carne asada.	저는 구운 고기를 원합니다.
al horno	오븐에 구운
a la parrilla	그릴에 구운
estofada	스튜(국물이 조금 있게)
picada	다진
salteada	소금에 절인

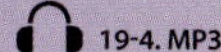

carnicería	정육점
carne	고기(f.)
ternera	송아지 고기
vaca	소
cerdo	돼지
cordero	양고기
carne picada	다진 고기
salchicha	소시지
pavo	칠면조
pollo	치킨
pechuga de pollo	닭 가슴살
alitas de pollo	닭 날개, 윙
muslo	닭 다리
jamón	하몬, 햄

marisco	조개
sardina	정어리
mero	메로
locha	추어, 미꾸라지
lácteos	유제품
leche	우유(f.)
nata	크림
mantequilla	버터
yogur	요구르트
queso	치즈
desnatado/-a	탈지의
helado	아이스크림
peleta helada	아이스 바
leche con café	커피 우유

bacón	베이컨
costillas	갈비, 립
albóndigas	미트볼
pescadería	생선가게
salmón	연어
atún	참치
bacalao	대구
merluza	헤이크(대구류)
mejillón	홍합
cangrejo	게
gamba	새우
camarón	새우
ostra	굴, 석화

leche semidesnatada	저지방 우유
batido	밀크쉐이크
verduras	야채류
zanahoria	당근
coliflor	양배추
puerro	파
patata	감자
tomate	토마토
pepino	오이
cebolla	양파
ajo	마늘
lechuga	상추
maíz	옥수수(m.)

"마드리드의 다른 곳도 가봐야지?"
¿Visita los otros lugares en Madrid?

앞에서 살펴본 지역에 이어서 마드리드에 갔을 때 꼭 가봐야 할 다섯 군데를 더 알아보자.

PHOTO Vlad Teodor / Shutterstock.com

PHOTO jvinasd / Shutterstock.com

5위 푸에르타 델 솔(Puerta del Sol)

푸에르타 델 솔은 마드리드에서 가장 유명한 광장들 중에 하나이다. 광장에서 여러분은 Oso오소(곰)와 Madroño(산매자나무), 스페인 정 중앙(Kilómetro Cero), 스페인 왕실 우체국의 시계처럼 그렇게 흥미를 끄는 지점을 볼 수 있다. 이 시계의 종소리는 1962년 말부터 한해의 마지막 날, 이 종소리에 맞춰 포도를 먹는 풍습이 진행되는 스페인 전역에서 가장 유명한 시계 종이다.

4위 스페인 중앙광장(Plaza Mayor)

스페인 중앙광장은 푸에르타 델 솔과 스페인 왕궁에서 불과 몇 미터 거리에 있는 마드리드의 심장부에 위치하고 있다. 관광객들과 지역주민들 사이에서 유명한 이곳은 16세기에 만들어졌고, 축제와 투우를 하는 장소로 사용되어 왔다. 거의 150년 전부터는 크리스마스에 스페인 중앙광장에는 크리스마스 물품과 많은 형태의 놀이, 변장 용품 판매 장소로 가득차게 된다.

PHOTO Anton Gvozdikov / Shutterstock.com

PHOTO Pavel L Photo and Video / Shutterstock.com

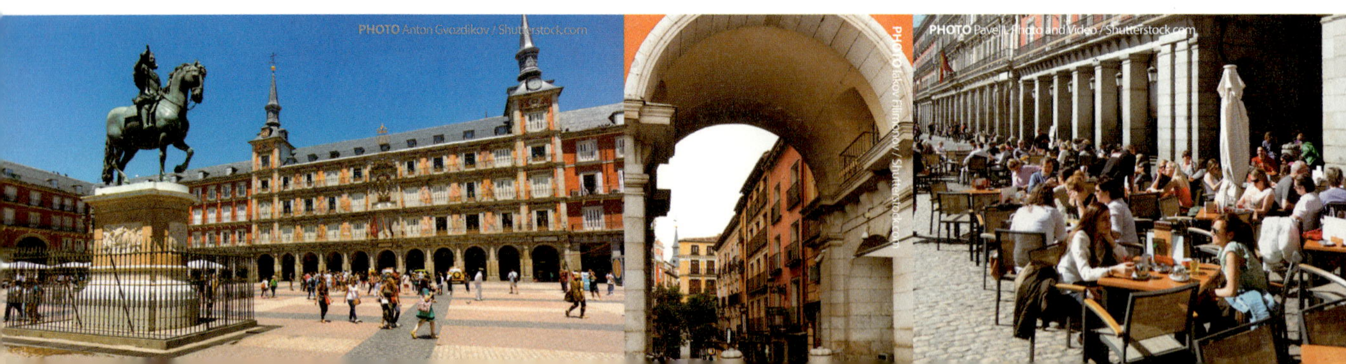

3위 엘 레티로(El Retiro)

레티로는 19세기에 대중들에게 개방된 후에 마드리드에서 가장 유명해진 공원이다. 세계에서 가장 아름다운 공원들 중에 하나인데, 이 장소는 어린이와 함께 반드시 가야하는 장소이다. 레티로 공원에는 수백 개의 방문할 작은 공간들이 있으며, 즐길만한 활동들이 있다. 꼭두각시 인형 공연, 손금보기, 관상보기 등으로 기분전환을 할 수 있다.

2위 왕궁(Palacio Real)

스페인 왕들이 공식적으로 거주하는 곳이다. 이 왕궁은 1738년에서 1764년 사이에 건축되었고, 유럽에서 가장 큰 규모 중 하나이다. 방문자는 왕궁의 정원과 홀들 그리고 예술품과 다른 전시된 많은 물품들의 갤러리를 방문할 수 있다.

1위 프라도 박물관(Museo del Prado)

프라도 박물관은 현재 세계에서 가장 큰 박물관 중 하나이다. 프라도 박물관은 1819년에 문을 열었고, 이 박물관에는 고야와 루벤스 같은 유명한 예술가들의 작품이 소장되어 있으며, 의심할바 없이 마드리드에서 가장 매력적인 장소 중 하나이다.

¿Puedo hablar
con María?
마리아와 통화할 수 있나요?

LECCIÓN
20

DIÁLOGO A

Adriana	¿Aló?
Secretario	¿Aló? ¿Está Juan?
Adriana	Sí, un momento.
	¿Con quién hablo?
Secretario	Soy Adriana, su amiga.
Adriana	Ahora voy a ponerte con él.

만세
포인트

1 여보세요? ¿Aló?

전화를 받을 때, 걸때 구분하지 않고 말할 수 있는 편한 방법은 '¿Aló?'로 중남미에서 주로 사용을 한다. 또 다른 전화를 걸거나 받을 때 사용하는 말은 다음과 같다.

Aló / Diga / Dígame (전화 받을 때) 여보세요.
Aló / Oiga / Óigame (전화 걸 때) 여보세요.
¿Con quién hablo? 누구세요? (제가 누구와 말하고 있죠?)
¿Quién habla? 누구세요? (누가 말씀하시죠?)
¿De parte de quién? 누구세요? (어디시죠?)

2 후안 있나요? 부탁합니다. ¿Está Juan, por favor?

전화를 걸어 간단하게 표현할 때 사용하는 표현으로 이름이나 담당자를 직접 지칭해서 사용할 수 있다. 전화를 바꿔달라는 이외의 표현은 다음과 같다.

¿Es el banco de Corea? 한국은행인가요?
¿Puedo hablar con Elena? 엘레나와 통화할 수 있을까요?
¿Me pone con Elena, por favor? 엘레나와 연결 부탁드립니다.

DIÁLOGO B

Secretario	**Oficina de la admisión. ¿Diga?**
Elena	**Por favor, ¿el señor Mario?**
Secretario	**Un momento, por favor, no sé si está...**
	¿Oiga? Él no está, ¿de parte de quién?
Elena	**Soy Elena.**
Secretario	**¿Quiere dejar algún mensaje?**
Elena	**No, gracias. Le llamo más tarde.**

aló 여보세요(수신, 발신 사용)
poner 연결하다, 놓다
oficina 사무실
admisión 입학
diga 여보세요(수신자)
saber 알다
oiga 여보세요(발신자)
parte 부분
de parte de ～로부터
quién 누구
dejar 남겨두다
alguno 어떤
mensaje 메시지
llamar 전화하다; 부르다
banco 은행
esperar 기다리다
ver 보다; 확인하다

DIÁLOGO A

아드리아나	여보세요? [1] 
비서	여보세요? 후안 있나요? [2]
아드리아나	네, 잠시만요. [3]
	누구시죠?
비서	저는 아드리아나이고, 그의 친구입니다.
아드리아나	지금 바꿔줄게요.

DIÁLOGO B

비서	입학부실입니다. 말씀하세요.
엘레나	마리오 씨 부탁합니다.
비서	잠시만요. 제가 그분이 계신지 몰라서요.
	여보세요? 그분이 안계십니다. 어디시죠?
엘레나	저는 엘레나입니다.
비서	메시지를 남기시겠습니까?
엘레나	아뇨. 됐습니다. 이후에 다시 연락드리겠습니다.

3 잠시만 기다리세요.
Espere un momento.

전화를 바꿔줄 때, 기다리라고 하며 사용할 수 있는 간단한 표현이다. 이 말은 다른 상황에서도 기다리라는 말로 자주 사용하는 표현이다. 전화를 바꿔주거나 다른 상황을 보면 다음과 같다.

Ahora le pongo con el Sr. Kim. 지금 김 선생님께 연결해 드립니다.
No sé si está ~. ～가 있는지 없는지 모르겠습니다.
Voy a ver si está. 있는지 확인해 보겠습니다.

1 전화 연결 표현

전화를 연결할 때 사용하는 『poner』의 경우는 바꿔주는 대상을 『con + 대상』으로 표현할 수 있다. 물론 다른 표현인 『conectar con / pasar con 연결하다』라는 표현으로도 가능하다.

Voy a pasarte con él.	너를 그와 연결해 줄게.
Le pongo con la extensión 123.	123 회선으로 (당신을) 연결해 드립니다.
Le conecto con el departamento de español.	스페인어과로 (당신을) 연결해 드립니다.

poner 동사의 변화

1인칭 단수의 경우만 특이하게 변하며, 다른 변화형은 기존 규칙변화형과 동일하다.

	단수	복수
1인칭	pongo	ponemos
2인칭	pones	ponéis
3인칭	pone	ponen

▶ 전화 표현

Hola, ¿está en casa Miguel?	안녕하세요. 미겔 집에 있나요?
¿Puedo hablar con Elena?	제가 엘레나와 통화할 수 있나요?
¿Es el banco de Oro?	오로(Oro) 은행인가요?
Una llamada a larga distancia con ~, por favor.	~와 장거리 전화, 부탁합니다.
¿Con quién quiere hablar usted?	누구와 통화를 원하시나요?
¿Con quién habla usted?	누구와 통화하시겠어요?

② Diga, Oiga

접속법의 형태인데, 접속법은 대화에서 존칭이나 공손한 표현으로 사용된다. 전화를 걸거나 받을 때 사용하는 표현으로『Oiga』와『Diga』는 암기해둔다.

(1) 전화를 걸 때

『oír 듣다』라는 의미로 usted(당신)에 해당하는 동사의 3인칭 단수를 사용하는 것이다.

¿Oiga?	여보세요(들리세요)?
¿Óigame?	여보세요(제 목소리 들리세요)?

(2) 전화를 받을 때

『decir 말하다』라는 의미로 usted(당신)에 해당하는 동사의 3인칭 단수를 사용하는 것이다.

¿Diga?	여보세요(말씀하세요)?
¿Dígame?	여보세요(제게 말씀하세요)?

③ 「si...」를 사용한 표현

(1) 선택 의문문

saber 동사 뒤에서 간접의문문의 형태를 띠는 형태나 의문대명사를 사용하는 경우가 있는데, 이러한 경우를 포함해 '~인지 아닌지'에 대한 선택의문문의 형태를 갖는 의문문을 만들 수도 있다. 이러한 것을 만드는 방법이『si + 주어 + 동사』형태이다. 단, 주어와 동사의 위치가 자유롭게 바뀔 수 있다. 스페인어의 경우 어순이 영어와 다르게 다소 자유롭다.

No sé si él está en casa.	그가 집에 있는지 없는지 모르겠다.
Ella no sabe si él viene.	그녀는 그가 올지 모른다.
Nadie sabe si está vivo o muerto.	어느 누구도 그가 살았는지, 죽었는지 모른다.
No saben si ella vendrá o no.	그녀가 올지 안 올지는 사람들이 모른다.

(2) 가정법의 사용

가정법 현재의 경우는 '만약 ~라면…'이라는 형태를 의미한다. 이 형태는『si + 주어 + 직설법현재동사…』의 패턴을 가지고 있다. 뒤에 따라오는 문장은 미래형 또는 미래 대용어구(명령, 조동사 + 동사원형 등등)로 사용한다.

Si él está en casa, voy a visitar su casa.
만약 그가 집에 있다면 그의 집을 방문할 것이다.

Si ella tiene mucho dinero, va a viajar por España.
만약 그녀가 돈이 많다면, 스페인 여행을 할 것이다.

Si tú tienes la oportunidad, date prisa.
만약 네가 기회를 가지려고 한다면, 서둘러라.

▶ 명령형 불규칙 8개 동사

동사		명령형	예문
ser (이다, 되다)	→	sé	¡Sé puntual! 약속 지켜라!
hacer (만들다, 하다)	→	haz	¡Hazlo! 그것 해라!
ir (가다)	→	ve	¡Vete allá! 저리 가!
venir (오다	→	ven	¡Ven aquí! 이리 와!
poner (놓다)	→	pon	¡Pon la mesa! 밥상 차려!
salir (나가다)	→	sal	¡Sal de aquí! 여기서 나가!
decir (말하다)	→	di	¡Di la verdad! 진실을 말해!
tener (가지다)	→	ten	¡Ten cuidado! 조심해라!

▶ 명령형(tú)

일반동사 3인칭 단수형을 이용해 명령형을 만든다. 단, 명령형일 때, 축약형 목적대명사 또는 재귀 대명사의 경우에 동사 뒤에 붙여 사용한다.

¡Habla. tú!	너, 말해라!
¡Cómelo!	그거 먹어라. (comer + lo)
¡Dámelo!	나에게 그것을 줘라. (dar + me + lo)
¡Siéntate!	앉아라! (sentar + te)
¡Date prisa!	서둘러라! (dar + te)

4 alguno, ninguno

부정형 형용사『alguno, ninguno』의 형태로 긍정문에서는『alguno』를 사용하고, 부정문에서는
『ninguno』를 사용하는데, 의미는『어떤, 몇 개의』로 사용된다. 남성 단수 앞에서는 어미의 '-o'가
탈락되는 것도 주의해야하며, 복수일 경우는 '-s'가 붙는다.

¿Quiere dejar algún mensaje?
어떤 메시지를 남기시겠습니까?

No tengo ningún nombre.
난 어떤 이름도 가지고 있지 않다.

Ella tiene algunos libros.
그녀는 몇 권의 책을 가지고 있다.

alguno와 ninguno가 대명사로 사용될 때

단독으로는 사용할 수는 없고, '복수 개체 중에 어떤 것'이란 의미일 때, 대명사로 사용할 수 있다.

Alguno de nosotros debe irse.
우리들 중에 누군가 가야만 한다.

No conozco a ninguno de sus amigos.
난 그의 친구 중에 누구도 알지 못한다.

¿Ha venido alguno de ellos?
그들 중에 누가 왔었어?

1. 잘 듣고 빈칸에 들어갈 말을 쓰시오.

A : ¿Aló?

B : ¿Aló? ¿Está Juan?

A : Sí, _________ ⓐ _________ .

¿ _________ ⓑ _________ quién hablo?

B : Soy Adriana, su amiga.

A : Ahora voy a _________ ⓒ _________ con él.

2. 잘 듣고 빈칸에 들어갈 말을 쓰시오.

A : Oficina de la admisión. _________ ⓐ _________ ?

B : Por favor, ¿el Sr. Mario?

A : Un momento, por favor, no sé _________ ⓑ _________ ...

¿Oiga? Él no está, ¿ _________ ⓒ _________ quién?

B : Soy Elena.

A : ¿Quiere dejar _________ ⓓ _________ ?

B : No, gracias. Le llamo _________ ⓔ _________ .

3. 빈칸에 알맞은 말을 쓰시오.

① No sé _____________ él está en casa.

② No saben _____________ ella vendrá o no.

③ Nadie sabe _____________ está vivo o muerto.

④ _____________ él está en casa, voy a visitar su casa.

⑤ Si ella _____________ mucho dinero, va a viajar por España.

▶ tener의 변화형

4. 다음 동사의 명령형(tú) 형태를 쓰시오.

① comer　　→　　_____________

② ser　　→　　_____________

③ hacer　　→　　_____________

④ decir　　→　　_____________

⑤ tener　　→　　_____________

5. 빈칸에 들어갈 가장 알맞은 alguno, ninguno 형태를 쓰시오.

① ¿Quiere dejar _____________ mensaje?

② No tengo _____________ dinero.

③ Ella tiene _____________ casas.

④ No viene _____________ de las amigas.

⑤ ¿Ha venido _____________ de ellos?

20-3. MP3　**20**

Quiero saber el número del profesor Miguel.	저는 미겔 선생님의 (전화)번호를 알고 싶습니다.
¿Cuál es el prefijo de Madrid?	마드리드의 지역번호가 어떻게 되죠?
Quiero denunciar un robo.	도둑 신고를 하고 싶습니다.
Hay una casa en llamas.	화재가 난 집이 있습니다.
Aquí ha habido un accidente.	여기 사고가 났습니다.
Necesitamos una ambulancia.	저희는 구급차가 필요합니다.
He recibido llamadas de broma.	장난 전화를 받았습니다.
He recibido llamadas del spam.	스팸 전화를 받았습니다.
He recibido los mensajes de texto.	문자를 받았습니다.
He recibido los mensajes del spam.	스팸 문자를 받았습니다.
No funciona este teléfono.	이 전화는 고장 났습니다.
Hable más fuerte, por favor.	더 큰 소리로 부탁합니다.
Aquí no hay nadie con ese nombre.	그런 이름을 가진 사람은 여기에 없습니다.
Perdón, me he equivocado.	죄송합니다. 전화를 잘못걸었습니다.
Decirle que he llamado.	제가 전화했다고 말씀해 주세요.
El número marcado ha cambiado al 123–4567.	거신 번호가 123–4567로 바뀌었습니다.
Deje su nombre, número de teléfono y mensaje después del tono.	귀하의 이름, 전화번호 메시지를 신호음 이후에 남기세요.
Perdone que le haya robado tanto tiempo.	긴 시간 뺏어 죄송합니다.
Nos mantendremos en contacto.	우리 계속해서 연락해요.
¿Puedo preguntar con quién hablo?	제가 누구와 통화할지 물어볼 수 있을까요?
¿Quién es, por favor?	누구신지? 부탁합니다.
¿Con quién hablo?	제가 누구와 통화하고 있나요?
Un momento, por favor.	잠시만, 부탁합니다.
Un momento, voy a llamarle.	잠시만, 당신께 전화 드리겠습니다.
Espere un momento, voy a pasarle con él.	잠시 기다리세요, 널/당신을 그와 연결해 드릴게요.
Voy a ver si está él.	그가 있는지 확인해 볼게요.
Ella estará aquí en un momento.	그녀는 잠시 후 여기에 올 것입니다.
Él está en otra línea, no cuelgue.	그는 다른 통화 중입니다. 끊지 마세요.
La línea está ocupada, no cuelgue.	통화 중입니다. 끊지 마세요.
Qué lástima, ella acaba de salir.	아쉽네요, 그녀는 방금 전에 나갔습니다.
Ella debe volver pronto.	그녀는 곧 돌아 올 것입니다.
Él volverá mañana.	그는 내일 돌아 올 것입니다.

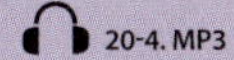

Internet	인터넷
red	인터넷 망
correo electrónico	이메일
chat	채팅
foro	토론방
mensaje	메시지
descarga	다운로드
fichero	파일
juego de rol	역할 게임
juego online	온라인 게임
Ordenador	컴퓨터
pantalla	화면
ratón	마우스

alfombrilla de ratón	마우스패드
DVD	DVD(m.)
lector de DVD	DVD 롬 드라이브
procesador	CPU
concentrador	허브
escáner	스캐너
memoria USB	USB
disquete	디스켓
cámara web	웹 카메라
teléfono móvil	핸드폰
tarjeta prepago	선불카드
pila	배터리, 건전지
consola	계기판

monitor	모니터
disco duro	하드디스크
grabación	리코딩, 저장
altavoces	스피커
portátil	노트북
impresora	프린터
teclado	키보드
modém	모뎀
Memoria principal RAM	램

tecla	키, 번호키
alimentación	전원장치
cable	케이블, 전선
mensaje corto	SMS 메시지
llamada	콜, 전화
llamada perdida	부재중 전화
buzón de voz	보이스메일

스페인어 공인시험

"스페인어 공인시험은 어떤 것이지?"
¿Cuál es el examen oficial de español?

스페인어능력시험 DELE (Diplomas de Español como Lengua Extranjera)

1. DELE란?
- 스페인 교육부의 이름으로 Instituto Cervantes가 수여하는 공인 자격증이다.
- 유럽어 공통 평가 기준에 따라 A1, A2, B1, B2, C1, C2의 6단계로 분류한다.
- 총 4개의 평가가 1그룹(독해능력 + 작문능력)과 2그룹(청해능력 + 회화능력)으로 나눠 진행된다.
- 합격(APTO)을 받기 위해서는 각 그룹별로 최소 30점을 받아야 한다.
- 최고 점수는 100점 (각 그룹 당 50점)이다.

2. DELE 응시 요건
- 스페인어가 공식언어가 아닌 국가의 국적을 증명해야 한다.
- 스페인어가 공식언어가 아닌 국가에서 거주하는 스페인어권 출신자들은 다음의 조건 중 두 개 이상
  을 충족할 경우 응시 가능하다.
  : 부모 중 한 명의 모국어가 스페인어가 아닌 경우
  : 스페인어가 최초 습득 언어가 아닌 경우
  : 스페인어가 일상적으로 사용하는 언어가 아닌 경우
  : 초등교육과 중등교육의 전체, 또는 일부를 스페인어로 이수하지 않은 경우

3. DELE 접수 방법
- DELE 접수는 응시 때마다 정해진 기간 내에 DELE 시험 기관을 통해 절차를 밟아야 한다.
- 신청서는 시험 기관에 구비되어 있으며, 인터넷을 통해서도 다운로드 가능하다.

4. 국내 DELE 시험 기관
- 서울 Aula Cervantes(Instituto Cervantes)
- 대구 스페인문화원 Centro cultural español(Centro Asociado del Instituto Cervantes)

5. 시험 결과 공지
- DELE 시험 3개월 후 홈페이지를 통해 시험 결과를 발표한다.
- 합격(APTO)한 응시자들은 스페인 교육부의 이름으로 Instituto Cervantes가 수여하는 자격증을 우
  편으로 받게 된다.

PHOTO villrejo /Shutterstock.com

스페인어 첫걸음 해답집
Primer paso,
desafío
fácil
de español

MODELO DE CLAVES

스페인어 첫걸음 **해답편**

LECCIÓN 1

1.

ⓐ Buenos días

ⓑ Más o menos

ⓒ hasta mañana

2.

ⓐ Qué tal

ⓑ Cómo estás

ⓒ Y usted

3.

ⓐ Yo

ⓑ Tú

ⓒ Él

ⓓ Ella

ⓔ Usted

ⓕ Nosotros

ⓖ Vosotros

ⓗ Ellos

ⓘ Ellas

ⓙ Ustedes

4.

ⓐ estoy

ⓑ estás

ⓒ está

ⓓ estamos

ⓔ estáis

ⓕ están

5.

ⓐ Buenas tardes

LECCIÓN 2

1.

ⓐ Ese señor

ⓑ Quiénes

ⓒ son estudiantes

2.

ⓐ Eres

ⓑ profesora de español

ⓒ Encantada

3.

ⓐ soy

ⓑ eres

ⓒ es

ⓓ somos

ⓔ sois

ⓕ son

4.

ⓐ este

ⓑ estas

ⓒ esa

ⓓ esos

ⓔ aquel

ⓕ aquellas

5.

ⓐ Ud.

ⓑ Uds.

ⓒ Sr.

ⓓ Sra.

ⓔ Srta.

LECCIÓN 3

1.
ⓐ profesora de español
ⓑ argentino
ⓒ de Buenos Aires

2.
ⓐ Vengo
ⓑ estudio chino
ⓒ para mí

3.
ⓐ estudio
ⓑ estudias
ⓒ estudia
ⓓ estudiamos
ⓔ estudiáis
ⓕ estudian

4.
ⓐ a mí
ⓑ a ti
ⓒ a ella
ⓓ a nosotros
ⓔ a vosotras
ⓕ a ustedes

5.
① viene
② venimos(= somos)
③ mexicana
④ canadiense
⑤ japonesa

LECCIÓN 4

1.
ⓐ amable y simpático
ⓑ cómo hablar
ⓒ alto y delgado

2.
ⓐ el pelo negro
ⓑ muy alegre
ⓒ ¿Qué es él?

3.
ⓐ tengo
ⓑ tienes
ⓒ tiene
ⓓ tenemos
ⓔ tenéis
ⓕ tienen

4.
ⓐ mis libros
ⓑ tu profesor
ⓒ su estudiante
ⓓ nuestra casa
ⓔ vuestras hermanas
ⓕ su profesora

5.
ⓐ alto, gordo
ⓑ bonita, delgada
ⓒ negro
ⓓ blancas
ⓔ bailadoras
ⓕ abogados

1.

ⓐ al centro de la ciudad

ⓑ la parada de autobús

ⓒ a 5 minutos de aquí

2.

ⓐ a 5 minutos andando

ⓑ Es usted de aquí

ⓒ De dónde eres

3.

ⓐ voy

ⓑ vas

ⓒ va

ⓓ vamos

ⓔ vais

ⓕ van

4.

ⓐ andando

ⓑ en metro

ⓒ arriba

ⓓ adentro

ⓔ toma

ⓕ toman

5. ⓒ

ⓐ Está ⓑ están ⓓ está ⓔ Está

1.

ⓐ Cómo

ⓑ Qué lenguas

ⓒ coreano

2.

ⓐ dónde

ⓑ pero

ⓒ hablas

ⓓ e inglés

3.

ⓐ se llama

ⓑ nos llamamos

ⓒ se llaman

4. ④

해설 : llamarse를 통해 이름을 물어볼 때는 의문사 cómo를 사용한다.

5.

ⓐ coreano

ⓑ español

ⓒ español

ⓓ inglés

ⓔ inglés

ⓕ francés

ⓖ alemán

1.

ⓐ las 5(cinco) y 10(diez)

ⓑ empieza

ⓒ cerca de

ⓓ a tiempo

ⓔ puntuales

2.

ⓐ A qué hora

ⓑ a las 10

ⓒ Es en el salón

3.

ⓐ hora

ⓑ las

ⓒ cuarto

ⓓ media

ⓔ menos

ⓕ de

4.

ⓐ treinta

ⓑ cincuenta

ⓒ dieciséis

ⓓ diecinueve

ⓔ veintitrés

ⓕ veintiséis

ⓖ veintinueve

5. ⑤

해설 : 대화에서 B의 말을 해석하면 시간을 알 수 있다.

B: 오후 6시 10분전입니다.

B: 2시간 후에.

1.

ⓐ invitarte

ⓑ 14(catorce) de abril

ⓒ reservar la mesa

ⓓ a las 7 de la noche

2.

ⓐ desea

ⓑ de primero

ⓒ marisco

ⓓ para beber

ⓔ Zumo

3.

ⓐ segundo

ⓑ cuarto

ⓒ quinto

ⓓ séptimo

ⓔ décimo

4. ③

해설 : '나가기 전에 저녁식사를 준비해줄 수 있니?' 이
기 때문에 부탁의 메모이다.

1.
ⓐ Qué tiempo
ⓑ Hace sol
ⓒ nado
ⓓ la piscina

2.
ⓐ llueve
ⓑ si sales
ⓒ llevas
ⓓ Hace viento
ⓔ hace frío

3.
ⓐ niebla
ⓑ nuebes
ⓒ nublado
ⓓ seco
ⓔ húmedo
ⓕ Nieva
ⓖ Llueve

4. ⑤
mucho가 명사를 수식할 때는 수식하는 명사의 성수에 따라 어미가 변화한다. 하지만 동사 뒤에서 단독 부사의 역할을 할 때는 형태의 변화가 없이 mucho로만 사용할 수 있다.

1.
ⓐ urgentemente
ⓑ para buscar
ⓒ De qué es
ⓓ Tengo que hacer

2.
ⓐ De dónde vienes
ⓑ Quizás
ⓒ buscarla

3.
ⓐ qué
ⓑ quién
ⓒ qué color
ⓓ qué empresa 또는 qué compañía

4. ③
해설: 시험보러 간다는 것에 대한 말이다.
① 천만에.
② 너무 예쁘다.
③ 행운이 있길.
④ 물론 아니다.
⑤ 다시한번 부탁해.

1.
ⓐ Qué día
ⓑ Qué fecha
ⓒ veintiséis

2.

ⓐ después de terminar

ⓑ al gimnasio

ⓒ un partido

3.

ⓐ el martes

ⓑ el jueves

ⓒ el viernes

ⓓ el sábado

4. ①

해설 : 한국에서 눈이 오고 추운 계절은 겨울인데, 겨울
에 해당하는 달을 찾으면 된다.

5.

① A, a

② En, en

③ el, de

LECCIÓN 12

1.

ⓐ demasiada gente

ⓑ en el centro

ⓒ hemana mayor

ⓓ muy parecida

2.

ⓐ alta y delgada

ⓑ tan guapa

ⓒ si soy guapa

ⓓ muy fuerte

3. ④

해설 : Guillermo는 Pilar와 Javier의 손자이다.

① 후안은 두명의 조카가 있다.

② 마르타와 아나는 사촌이다.

③ 필라르는 페드로의 할머니이다.

⑤ 에스테반은 안드레아의 남편이다.

4.

ⓐ pariente

ⓑ padres

ⓒ abuelos

ⓓ sobrino, sobrina

ⓔ nuera

LECCIÓN 13

1.

ⓐ Cuántos años

ⓑ hijo mayor

ⓒ de bachillerato

ⓓ Qué sorpresa

ⓔ Qué vergüenza

ⓕ Porbre de

2.

ⓐ Dónde trabaja

ⓑ se dedica

ⓒ que trabaja

ⓓ ayuda a manejar

3.

ⓐ Cuántos

ⓑ Qué edad

ⓒ Qué amable

ⓓ Qué interesante

ⓔ Qué hermoso

4. ②

해설 : 감탄문에서 qué는 부사, 형용사, 명사를 모두 직접 수식할 수 있다.

LECCIÓN 14

1.

ⓐ ayudarlo

ⓑ Cuánto vale

ⓒ está rebajada

ⓓ Me la llevo

2.

ⓐ la naranja fresca

ⓑ A cuánto

ⓒ algo menos caro

ⓓ más barato

3.

ⓐ Cuánto

ⓑ Cuánto

ⓒ barato

ⓓ rebajar

ⓔ quedo

ⓕ total

4.

ⓐ tanta

ⓑ tan

ⓒ tanto

5. ③

해설 : 가격을 묻는 문제이다.

LECCIÓN 15

1.

ⓐ De qué color

ⓑ de varios colores

ⓒ De qué talla

ⓓ Me quedan

ⓔ está agotada

2.

ⓐ desea

ⓑ quiere

ⓒ Me gusta

ⓓ probárselos

ⓔ Qué le parecen

ⓕ Le sientan

ⓖ con dinero

ⓗ con tarjeta de crédito

3.

ⓐ gusta

ⓑ gustan

ⓒ gusta

ⓓ gusta

4. ④

해설 : '소유'와 '재질'에 대한 표현이다. 소유는 '¿De quién~'으로, 재질은 '¿De qué~'로 표현한다.

5. ①

해설 : 역구조 동사 gustar의 사용을 묻는 문제이다. 의미상 목적어에 해당하는 문법적 주어는 la carne이다.

1.

ⓐ le gusta

ⓑ va a hacer

ⓒ la historia europea

ⓓ va a preparar

2.

ⓐ Qué te pasa

ⓑ Me duele

ⓒ la más importante

ⓓ Si es posible

3. ⑤

해설 : 좋아하는 것 세 가지를 언급하고 있다.

─hacer ejercicio 운동하기

─escribir cartas   편지쓰기

─ver la televisión TV보기

4.

ⓐ interesan

ⓑ parece

ⓒ falta

ⓓ duelen

5.

ⓐ Para mí

ⓑ Contigo

ⓒ En ella

ⓓ A él

ⓔ De usted

6. ④

해설 : 'preferir ⓐ a ⓑ' 문형에서 'ⓑ보다 ⓐ를 선호하다' 의미를 표현할 수 있다.

1.

ⓐ Tienes tiempo

ⓑ contigo

ⓒ invitarte

ⓓ otro día

2.

ⓐ da una fiesta

ⓑ Por supuesto

ⓒ un regalo

ⓓ Qué bonito

3.

ⓐ mía

ⓑ sus

ⓒ tuya

ⓓ suyo

ⓔ sus

4. ②

해설 : '잘 알지 못하는 것'을 말하는 표현이다.

① 천만에요

② 미안합니다

③ 분명하다

④ 실례합니다(허락구하기)

⑤ 천만에요

5. ①

해설 : ser동사는 '(행사 등이) 개최되다'라는 의미를 가지고 있다.

LECCIÓN 18

1.

ⓐ Andando

ⓑ cerca de

ⓒ a diez minutos

ⓓ en metro

ⓔ Media hora

2.

ⓐ Siga todo recto

ⓑ gire a la derecha

ⓒ tome la segunda calle

ⓓ Eso es

3.

ⓐ Estoy hablando

ⓑ Estás comiendo

ⓒ Está viviendo

ⓓ Estamos leyendo

ⓔ Estáis trayendo

ⓕ Están oyendo

　(= Están escuchando)

4.

ⓐ 카를로스는 성격이 차가운 사람이다(성격).

ⓑ 그는 좋은 사람이다.

ⓒ 그녀들은 약은 사람들이다.

ⓓ 카를로스가 냉담한 것 같다(개인의 느낌).

ⓔ 그는 지금 병이 나았다.

ⓕ 그녀들은 준비가 되어있다.

5. ④

해설: 주어를 사용하지 않고, 수동형 표현으로 사용하는 경우에는 tardarse형을 사용한다.

6. ③

해설: A가 찾고 있는 극장은 학교 맞은편, 은행 옆에 있다.

LECCIÓN 19

1.

ⓐ puede traer

ⓑ qué comer

ⓒ la comida de hoy

ⓓ para beber

ⓔ de postre

ⓕ Enseguida

2.

ⓐ De primer plato

ⓑ Prefiero

ⓒ Fruta del tiempo

ⓓ ahora mismo

3.

ⓐ prefiero

ⓑ prefiere

ⓒ preferís

4.

ⓐ puedo

ⓑ puede

ⓒ podéis

5. ②

해설 : 의문부정사는 '의문사 + 동사원형'을 말하는데, 만약 의문사가 없을 경우 선택의문문에 해당하는 'si'를 사용한다.

LECCIÓN 20

1.
ⓐ un momento
ⓑ Con
ⓒ ponerte

2.
ⓐ Diga
ⓑ si está
ⓒ de parte de
ⓓ algún mensaje
ⓔ más tarde

3.
① si: 선택 의문문
② si: 선택 의문문
③ si: 선택 의문문
④ Si: 가정법 현재
⑤ tiene:가정법 현재의 주절은 동사를 직설법 현재로
   사용한다.

4.
① Come
② Sé
③ Haz
④ Di
⑤ Ten

5.
① algún
② ningún
③ algunas
④ ninguna
⑤ alguno

LOS COLORES

일러스트 컬러링

스페인어의 매력에 빠지는 잠깐의 휴식
나만의 달콤한 시간

Buenos días.
¿Cómo estás?

¿Es Ud. profesora
de español?

¿Cómo
es tu
hermana?

Es muy
amable.
Es baja
y delgada.

¿Dónde está la parada
de autobús?

202

¿Qué día es hoy?

Hoy es martes.

Hablo coreano e inglés muy bien.
Pero, hablo español un poco.

Es una foto de mi familia.

Me duele la cabeza.
Es porque estoy
resfriado.

¿A cuánto está el kilo?

¿No tiene otra talla mayor?